孟子述要

meng zi shu yao

周应之 传述

meng
zi
shu
yao

尧
舜
禹
汤
文王
武王
周公
孔子
孟子

道性善以劝善
陈时中以求中

驳难百家以尊儒
奋烈六艺以显圣

导 言

其 一

战国之时,群雄争霸,百家争鸣。在后世以为争霸有利天下之一统,争鸣而能学术之勃兴也。然于当时,争霸已使山河变色,肝脑俱碎;争鸣亦使邪说横行,仁义顿阙。争霸之不止,岂非邪说昌披之所由?而邪说之昌披,又岂非争霸不止之所致?如何还世间以正道,予生民以休息,盖非辟邪息霸不能也!

而何以辟邪?

何以息霸?

孟子以"无父"斥墨家之兼爱,以"无君"斥杨朱之为我;以"其所不为""其所不欲"刺道家无为无欲之绝仁;以"以力服人"贬法家严刑峻法之悖德;以"义内也"拒名家议论之无实;以"人和"抗阴阳兵家唯天时地利是论之失允;以"好事者为之""齐东野人之语"笑小说家道听途说之鄙陋;以"妾妇之道"讥纵横家顺君所欲之谄媚;以"君子劳心"纠农家需自劳力之偏颇。但切辞激义之所在,如鼓清风而浩荡,有坐人云上之伟力;而邪说所以不堪,是其无本造说,不过一时眩惑众听,故稍触义锋,莫不作土泥之崩解矣。

是伟力者何?六经之义也,而于六经之御,唯圣者能之。子贡言夫子之言性与天道不可得而闻也,而孟子以后天之学,入微乎性与天道,豁然合天机而彻悟性之大本、心之原始;其开口即道性善,是天生人性以善也,接事则言良知,是天命人心以良也。以善性与乎天下之善,则志气塞天地而称浩然,遂为小诸侯而大生民者也;以良知与乎天下之事,则仁义充政教而曰蔚然,方能养生民而昌王业者也。生民之不幸动其恻隐,天吏之不良增其羞恶,善性之有同兴其辞让,王霸之迥异锐其是非,知其人性天之内,有悲悯之情深,自天理之盈衍也;仁义礼知,已是其不待求而能者,于是见其人心精爽利,容形晬盎,雅昌言以驳难,壮宏义以奋烈,尽心于圣道之不坠也。

时人竟以孟子为迂阔,但不知当时天下之路舍孟子而何由?既舍之而不由,则干戈之止,哀鸣之已,天下胜残去杀已是数百年之后事,而彼时天下所由,不为仁义乎?又而后百年、千年,凡天下承平,不由仁义乎?圣人之道平而易,精而微,不易为世人所省觉;而圣人之道大而远,光明而坦荡,又易为后世所观知也;则圣人之不遇于时,多命途之塞舛,亦因此可知也!

其 二

既潜心经籍,追蠡圣迹,久之遂萌传述之想,首述《论语》,再述《孟子》,本意浸淫《论语》既久,孟子大体不出其范围。岂料一入《孟子》,直觉有迅雷惊心,疾风凌意,盖孟子值乱世,上下交征利,君臣相信邪,以至圣道陵夷,王风殆尽,故不争不足以显义,不鸣不足以尊道;其言多引《诗》,莫不有比而尽兴;及引《书》时,岂信漂杵之不实?于诸侯去留而不失和为最难,观其应对莫不示《礼》文之精奥;议于夫子则曰"圣之时也",论《易》者有胜于此乎?而"与民同乐"之谓,一言已极《乐》德;至于断"春秋无义战",显然是夫子之意也;故其争鸣,自携六经之威烈以击云雷,极显儒家义髓之精博,气象之瑰伟也。既其了彻于心,道天良性善,立命事天,则于彼时义利之辩、王霸之辩、力命之辩、性命之辩、天人之辩、内外义之辩、名实之辩种种,虽事异理殊,呈纷杂之象,莫不心裁微妙,义奉高明;其之续乎圣道,开博儒学之宏规,岂是好辩一词所能道尽;观其所为,何不敢称其为圣人? 而所以称亚圣,是已有先师夫子在前,若夫子生于战国,其亦必孟子之所为者也。

孟子虽驳难百家以尊儒,是百家邪而不正也;虽邪而不正,非无一是可取,而不以大道以统御,正其偏邪,用其可用之处,则任百家而必落于放辟邪侈,将有大害于天下也;小道既有可观,故于驳难之时,孟子亦以其心性之发明多所取益,方融百家之学,以滋荣于儒业矣。故亦不必以为孟子是务去百家而后快,但为天下立其大本是其急务也。

时至今日,诸圣既往,而百家犹在,西学又兴,争鸣在所不免。如何承明道善,爂扬德教,不失儒家之正位,仁义之初心? 彼时孟子有忧道之仁,弘辨之勇,兼收之智,有雄视百代而立言之伟,当效于今日君子,虽直心贞正而能随方不居,强学各家之长,力昌于学术,优足于教义,辅时助化,厚仁情于远近,是争流于我不敢稍有所辞也!

传述《孟子》大有胸臆之快也,而述之不易,是其长篇雄俊,一言不识则义贯之不能,其小文精洁,一字不明则理失其可以,故前贤虽竭其力,犹多未释之疑;所幸今日四海向荣,学风方盛,体解圣道正合其时,又多同道来朋,故能高蹈圣域,决疑难而复其明也。

解则解矣,述则述矣,而孟子之大,又岂是解述之所能及,不行而空知其义,又何必知之;故知而行深,行而知进,不亦当勉同于君子同仁者乎。

其 三

晨门言孔子是知其不可为而为之者,未尝不是言孟子也。不可为者何？形势也，而形势又分理势与情势。心之理或性之理，其为天理而天下一同，此人心天理之流行蔚为天下之道，而道之汤汤，朝夕之不止，亘古今而未息，一如日月在天，此乃天下之理势也。而先王之道，本诸天理之当然，用于世则无不合于理势，故圣人无不可随时有为于世也。盖圣人所持者，先王之道也。而圣人有时不可为者，是天下情势之有所阻。情势者何？天下之欲求也，若天下之人顺性中情，所谓中和以位育，则情势合理势而无有不可为也；然孔孟之世，君臣逆性淫情，私欲滔天，天下人心不古，世情已失理势之合而为邪逆，圣人于此情势如何可为？而此情势又如何不可为？盖有天理之昭昭，犹可使在位者惕然醒觉，然后垂德教，施王政，从此天下人心收拾，而有情势之正也。情复中和虽难，而情有可复，理有所归，无有圣人大声呼急，躬身行正，天下如何能知之，则圣人之所为，岂非天下当务之急？因君臣不遇，上下无交，圣人所为未必见效一时，而其声教之流布，中道之昭示，天下但得以镜鉴，邪逆终有所惩惧，则圣人如何不为？况有君子同志，早已闻声愤起而继绝。故所谓明知者，是晨门之明知，非圣人之明知也。

2020年2月26日
周应之于海上孟母国际

例　言

一、本书章句以朱子《四书章句集注》(下简称《集注》)为基本。

二、本书句读亦以《集注》为基本,唯《离娄章句下》第十七章与《尽心章句上》第十七章二处与《集注》有异;第一处本书句读为:孟子曰:"言无实不祥,不祥之实蔽贤者当之。"第二处本书句读为:孟子曰:"无为,其所不为,无欲,其所不欲,如此而已矣。"

三、本书字词之释义,虽亦以《集注》为基本,而补订较多,凡补订之处,前皆画圆形以示之。

四、凡先王、周公、孔子、孟子所言,皆以"道"为表达,以区别其他人物之所言。

五、原文述要以白话,而议论多以文言为表达。

六、圣人有其情绪、神态,于言谈不能不显,显之则更能体现文意,故于述要中尽量体现。

七、或以为"述要"有增字解经之嫌,不然,就原文而说义,即已离原文而另述,文辞不能不变。

八、至于大义之抒,则未泥于《集注》。

目 录

卷一	梁惠王章句上	1
卷二	梁惠王章句下	23
卷三	公孙丑章句上	51
卷四	公孙丑章句下	75
卷五	滕文公章句上	99
卷六	滕文公章句下	123
卷七	离娄章句上	147
卷八	离娄章句下	175
卷九	万章章句上	203
卷十	万章章句下	227
卷十一	告子章句上	249
卷十二	告子章句下	277
卷十三	尽心章句上	303
卷十四	尽心章句下	339

次　第

何以为国,仁义而已矣。
如何而王?与民同其忧乐也。
不能致远,故霸术不足取。
一国之固,在得道多助。
君与尧舜同其性善,何愁不能为善国?
而为臣者,岂能无直?
仁义之施,先王有道也。
道之精纯,无分西东,但有古今之宜也。
先王之道,始于仁孝。
而天下无不以贤圣为治也。
仁义所以不充,天下多乱言也。
乱言不得其理,乱世不得其道也。
道理无不在心,尽心者亦尽天命也。
今放心而世道衰,救者其唯圣人乎?

卷一 梁惠王章句上

卷一　梁惠王章句上 凡七章。

1.1 孟子见梁惠王。梁惠王,魏侯罃也。都大梁,僭称王,谥曰惠。《史记》:"惠王三十五年,卑礼厚币以招贤者,而孟轲至梁。"**王曰:"叟不远千里而来,亦将有以利吾国乎?"**叟,长老之称。王所谓利,盖富国强兵之类。

孟子对曰:"王何必曰利?亦有仁义而已矣。○利,心生于物我之相形,为人欲之私也;殉人欲,则求利未得而害已随之。仁者,心之德、爱之理。义者,心之制、事之宜也。○仁义,根于人心之固有,为天理之公也;循天理,则不求利而自无不利。

王曰'何以利吾国?'

大夫曰'何以利吾家?'

士庶人曰'何以利吾身?'

上下交征利而国危矣。

万乘之国弑其君者,必千乘之家;千乘之国弑其君者,必百乘之家。万取千焉,千取百焉,不为不多矣。苟为后义而先利,不夺不餍。征,取也。上取乎下,下取乎上,故曰交征。国危,谓将有弑夺之祸。乘,车也。万乘之国者,天子畿内地方千里,出车万乘。千乘之家者,天子之公卿采地方百里,出车千乘也。千乘之国,诸侯之国。百乘之家,诸侯之大夫也。弑,下杀上也。○取,为之所取。餍,足也。**未有仁而遗其亲者也,未有义而后其君者也。**遗,犹弃也。后,不急也。**王亦曰仁义而已矣,何必曰利?"**

【述要】

某日孟子谒见梁惠王。惠王神色倨傲地嘲问说:"老者,你不辞辛苦,不远千里而来,一定将有大利以利于吾国吧?"

孟子语气平和道:

"大王您何必出言便称利呢?治国安邦也不过是有'仁义'二字罢了。

大王说:'有何可以利于吾国?'

朝中大夫接着说:'有何可以利于吾家?'

天下士人与百姓跟着说:'有何可以利于吾身?'

朝野上下若是这般交相征逐于利而唯利是图,则国家将陷入危急呀!

万乘大国的国君被弑,必定是国中家有千乘的大夫所为;千乘小国的国君被弑,必定是国中家有百乘的大夫所为。万乘之国被千乘之家所夺取,千乘之家被百乘之家所夺取,如此弑君而获取的不能说不多吧。倘若人人后义而先利的话,谁会嫌多呢?他唯有弑君弑上以取多,方能满足其欲望。如此,国中将危机四伏,大王您不就身处危急了吗?仁者必爱其亲,义者必急其君,所以自古以来,从未有仁者遗弃其双亲的;从未有义者弃其国君而不顾的。大王您于治国安邦也不过只要讲'仁义'罢了,又何必急于谈利呢?"

【议论】

孟子者,圣人也!当时举上下而趋利,交相倾轧,霸力者昌,而其出言即小利而大义,小诸侯而大生民,非彻然人性、悲悯众生者不能也。惠王所谓之利,不过国之广土、府之充盈而已,为其私欲之盛,何能虑及乎生民之利!为君者代天牧民,受命爱人,岂有以私害义、为己舍民而可为之者哉!孟子心念生民,唯生民为大,唯生民福祉为天下之大义,其毅然陈高义于君王,慨然欲以仁义省之,虽其通篇未言生民二字,而其相与同情之悲心,已然深会于君子,其心唯仁义,不为圣人乎!

义利之辨,从来严肃。众生之利曰义,一己之利曰私;求私利者必损众生之利,故君子凡事喻于义,不与天下争其利,不以一己之私而损天下之义也;舍义以求私,此谓得之无道而君子不为也。求义不容杂私,而众生其中有我,故求公义者未必尽废己利也,此公义下之己利,方可谓君子得之有道也;而若义利不可得兼,君子舍利而取义者也。

君子让利,是为劝善;有时让利,却反而止德,则当受而不让;故君子让与不让,唯比于义也。

1.2 孟子见梁惠王,王立于沼上,顾鸿雁麋鹿,曰:"贤者亦乐此乎?" 沼,池也。鸿,雁之大者。麋,鹿之大者。

孟子对曰:"贤者而后乐此,不贤者虽有此,不乐也。诗云:'经始灵台,经之营之。庶民攻之,不日成之。经始勿亟,庶民子来。王在灵囿,麀鹿攸伏。麀鹿濯濯,白鸟鹤鹤。王在灵沼,於牣鱼跃。'文王以民力为台为沼,而民欢乐之,谓其台曰灵台,谓其沼曰灵沼,乐其有麋鹿鱼鳖。古之人与民偕乐,故能乐也。 鹤,诗作翯。诗,《诗·大雅·灵台》之篇,经,量度也。灵台,文王台名也。营,谋为也。攻,治也。不日,不终日也。亟,速也,言文王戒以勿亟也。子来,如子来趋父事也。灵囿、灵沼,台下有囿,囿中有沼也。麀,牝鹿也。伏,安其所,不惊动也。濯濯,肥泽貌。鹤鹤,洁白貌。於,叹美辞。牣,满也。**汤誓曰:'时日害丧?予及女偕亡。'民欲与之偕亡,虽有台池鸟兽,岂能独乐哉?"** 汤誓,商书篇名。时,是也。日,指夏桀。害,何也。桀尝自言,吾有天下,如天之有日,日亡吾乃亡耳。民怨其虐,故因其自言而目之曰,此日何时亡乎?若亡则我宁与之俱亡,盖欲其亡之甚也。

【述要】

某日孟子谒见梁惠王。惠王立于灵沼之上,一面欣赏鸿雁麋鹿,一面得意地对孟子说:"贤者也有此观物游心之乐吗?"

孟子却正色道:"若为贤者,他当在百姓安乐之后方有此乐;而不贤者,虽拥有此一切,终将失之而不能乐享之啊!

百姓在《诗经·大雅·灵台》一篇中赞美文王说:'他开始谋建灵台,谋划之、测量之。国中百姓皆来建造之,不日便已建成之啊!他于经建之始说无须着急,而百姓却如子孝父般纷纷而来啊!文王他游乐在灵囿,麀鹿亦于深草中攸伏。那麀鹿哟,润毛色之濯濯,那白鸟哟,洁羽毛之翯翯。文王他游乐在灵沼,不可思议啊,满池是鱼儿的欢跃!'您看,文王他虽用百姓之力以建高台深池,可百姓却欣乐之而愿效其力,将其高台唤作'灵台',将其池沼唤作'灵沼',至于文王灵囿中有麋鹿鱼鳖,百姓则更加高兴了。古之贤者与百姓同乐,因此他能时时为乐,长久为乐啊!而反观恶毒残忍的夏桀,其情形却与之相反,他自比于太阳,以为能永不消亡。但百姓却在《汤誓》一篇中充满怨恨地诅咒他:'你这自比于太阳的桀呀,何时命丧?我宁肯与你一同消亡啊!'作为一国之君的夏桀,当时百姓竟恨之而欲与之同归于尽,他虽也有池台鸟兽,如何能独自受用呢?"

【议论】

此心同,此情同,君子所以能忧人所忧,乐人所乐也,表面观之是人之所忧引君子之所忧,人之所乐引君子之所乐,实则君子是以己之所忧、己之所乐比心而推以同情于他人,故君子忧人所忧、乐人所乐,亦君子之恕道也。君子同情乎生民,生民有忧,君子何以有乐?生民有乐,君子然后有乐也。若生民有忧而君子独乐,则不为恕道所容,其乐焉能为乐?不过一时快意,久而必为道之所弃也。

1.3 梁惠王曰:"寡人之于国也,尽心焉耳矣。河内凶,则移其民于河东,移其粟于河内。河东凶亦然。察邻国之政,无如寡人之用心者。邻国之民不加少,寡人之民不加多,何也?"寡人,诸侯自称,言寡德之人也。河内、河东皆魏地。凶,岁不熟也。

孟子对曰:"王好战,请以战喻。填然鼓之,兵刃既接,弃甲曳兵而走。或百步而后止,或五十步而后止。以五十步笑百步,则何如?"

曰:"不可,直不百步耳,是亦走也。"

曰:"王如知此,则无望民之多于邻国也。填,鼓音也。兵以鼓进,以金退。○笑,惠王行小惠而笑邻国无惠,实则五十步笑百步也。直,犹但也。**不违农时,谷不可胜食也;数罟不入洿池,鱼鳖不可胜食也;斧斤以时入山林,材木不可胜用也。谷与鱼鳖不可胜食,材木不可胜用,是使民养生丧死无憾也。养生丧死无憾,王道之始也。**农时,谓春耕夏耘秋收之时。凡有兴作,不违此时,至冬乃役之也。不可胜食,言多也。数,密也。罟,网也。洿,窊下之地,水所聚也。王道之始,古者网罟必用四寸之目,鱼不满尺,市不得粥,人不得食。山林川泽,与民共之,而有厉禁。草木零落,然后斧斤入焉。此皆为治之初,法制未备,且因天地自然之利,而撙节爱养之事也。然饮食宫室所以养生,祭祀棺椁所以送死,皆民所急而不可无者。今皆有以资之,则人无所恨矣。王道以得民心为本,故以此为王道之始。**五亩之宅,树之以桑,五十者可以衣帛矣;鸡豚狗彘之畜,无失其时,七十者可以食肉矣;百亩之田,勿夺其时,数口之家可以无饥矣;谨庠序之教,申之以孝悌之义,颁白者不负戴于道路矣。七十者衣帛食肉,黎民不饥不寒,然而不王者,未之有也。**五亩之宅,一夫所受,二亩半在田,二亩半在邑。田中不得有木,恐妨五谷,故于墙下植桑以供蚕事。五十,五十始衰,非帛不暖,未五十者不得衣也。畜,养也。时,谓孕子之时,如孟春牺牲毋用牝之类也。七十,七十非肉不饱,未七十者不得食。衣帛食肉但言七十,举重以见轻也。百亩之田,亦一夫所受。至此则经界正,井地均,无不受田之家矣。庠序,皆学名也。夫民衣食不足,则不暇治礼义;而饱暖无教,则又近于禽兽。申,重也,丁宁反复之意。孝,善事父母为孝,悌,善事兄长为悌。颁,与斑同,老人头半白黑者也。负,任在背。戴,任在首。黎,黑也。黎民,黑发之人,犹秦言黔首也。不饥不寒,少壮之人,虽不得衣帛食肉,然亦不至于饥寒也。王,尽法制品节之详,极财成辅相之道,以左右民,是王道之成也。

狗彘食人食而不知检,涂有饿莩而不知发;人死,则曰:'非我也,岁也。'是何异于刺人而杀之,曰:'非我也,兵也。'王无罪岁,斯天下之民至焉。检,制也。莩,饿死人也。发,发仓廪以赈贷也。岁,谓岁之丰凶也。

【述要】

梁惠王疑惑地问孟子:"寡人之于国家,真是费尽心力了。河内如不幸遭遇凶年饥荒,我便将部分百姓迁移至河东,同时将河东的粮食运至河内。若河东不幸遭遇凶年饥荒,也是同样的方法。曾经考察邻国的举措,无有一国能如寡人这般用心的。可是,邻国百姓并未明显减少,寡人的百姓并未明显增多,这是为何?"

孟子答道:"大王既然好战,便请以战争为喻吧。战鼓填然作响,两军兵刃一相交接,便有士卒丢盔弃甲而败走。有的士卒逃跑百步而后止,有的逃跑五十步而止。以五十步者耻笑一百步者,笑其胆子太小,如此情形,大王以为如何?"

惠王回答说:"不可,逃五十步者只不过没有跑及百步,而这也是败走呀。"

孟子接着道:"大王如能知晓此间道理,则不要指望您的百姓多于邻国了。因为大王您只是于凶年时在迁移百姓、转运粮食方面做得比邻国多一些,是能减少些百姓的损失,然而并没有任何增多百姓的具体举措,却以为邻国不如己,这情形与五十步笑百步有何区别呢?又如何指望您的百姓多于邻国呢?那么增加百姓的具体举措是什么呢?首先不要在农时征兵征役,保证正常的耕作收获,那五谷便不可胜食了;密网不准入池塘以滥捕,那鱼鳖便不可胜食也;入山伐木也要避开春月,不伐小木,那山林中的材木便不可胜用了。谷与鱼鳖不可胜食,材木不可胜用,这富足的财货,将使百姓于养生丧死无憾。百姓养生丧死无憾,这才是王道的开始啊!然后在五亩的家宅,种植桑树以养蚕,那五十岁者便可以穿丝制衣服了;于鸡豚狗彘等家畜的饲养,如不失其时,那七十岁者便可以食肉了;于百亩之田,不以征役的借口强夺其耕作的时间,那数口之家便可以不受饥饿了;谨慎实施地方学校的教化,申明孝悌的大义,那头发斑白的老者便不至于负戴重物而无助地流落于道路了。若能使国中七十老者衣帛食肉,黎民不陷入饥寒之苦,如此而为者却不能使民心归服、天下大治的,这是从所未有的啊!"

如果富家狗彘有食而穷人无食却不知检审过失,道途有饿莩却不知发放赈济;有人饿死、冷死,则说:'非我之过,是岁凶所致呀。'这何异于刺人而杀之,却说:'非我之过,是兵器所致呀。'大王如果不是将百姓的疾苦归罪于年成不好,而是有爱民的仁慈,富民的举措,那天下之民无不将携老扶幼而归附于大王啊!"

【议论】

惠王小惠于民,亦显其仁心也,然小惠即小道,小道小惠虽一时可观,远即显其狭促,滞于阻碍,终无益于仁心之用也,则此小惠何异于不惠,五十步何异于百步哉!唯王道之行能尽其仁心,盖仁心无王道不足以行深、行远、行广,故无王道之行,仁心不过心中之意,不成其仁也。故人非仁心而成仁,假王道以成仁也。

1.4 梁惠王曰:"寡人愿安承教。"
孟子对曰:"杀人以梃与刃,有以异乎?" 梃,杖也。
曰:"无以异也。"
"以刃与政,有以异乎?"
曰:"无以异也。"

曰:"庖有肥肉,厩有肥马,民有饥色,野有饿莩,此率兽而食人也。兽相食,且人恶之。为民父母,行政不免于率兽而食人。恶在其为民父母也?_{君者,民之父母也。恶在,犹言何在也。}仲尼曰:'始作俑者,其无后乎!'为其象人而用之也。如之何其使斯民饥而死也?"_{俑,从葬木偶人也。古之葬者,束草为人以为从卫,谓之刍灵,略似人形而已。中古易之以俑,则有面目机发,而大似人矣。故孔子恶其不仁,而言其必无后也。孟子言此作俑者,但用像人以葬,孔子犹恶之,况实使民饥而死乎?}

【述要】

梁惠王听罢似心有所动,于是诚恳地对孟子说:"寡人愿心怀诚悦以听示教。"

孟子遂神情严肃地问道:"杀人以梃杖与杀人以刀刃,两者有不同吗?"

惠王回答说:"无有不同。"

孟子又问:"杀人以刀刃与杀人以恶政,两者有不同吗?"

惠王回答说:"无有不同。"

孟子遂厉声道:"大王家庖厨有肥肉,马厩有肥马,而百姓却脸有饥色,野有饿莩。此是率野兽而食人啊!兽类相互残食,人类尚且厌恶之;而大王您作为民之父母,代天行政牧民,却不免于率兽而食人,您作为民之父母的天职何在?圣人仲尼曾道:'最初制作土俑以为活人殉葬之人,其罪恶之行恐让其断子无后吧!'圣人所以说这番话,是因为土俑像人而被用于陪葬啊!土俑尚且不行,而一国之君如何能使其活生生的百姓因饥饿而死去呢?"

【议论】

为君者爱人若为人父母;为人父母者,爱人无所不用其心,无所不用其心则无所失矣!

1.5 梁惠王曰:"晋国,天下莫强焉,叟之所知也。及寡人之身,东败于齐,长子死焉;西丧地于秦七百里;南辱于楚。寡人耻之,愿比死者一洒之,如之何则可?"洒与洗同。魏本晋大夫魏斯,与韩氏、赵氏共分晋地,号曰三晋。故惠王犹自谓晋国。惠王三十年,齐击魏,破其军,虏太子申。十七年,秦取魏少梁,后魏又数献地于秦。又与楚将昭阳战败,亡其七邑。○比,并也;言惠王与死者并皆受辱也,欲一洗之。

孟子对曰:"**地方百里而可以王**。百里,小国也。然能行仁政,则天下之民归之矣。**王如施仁政于民,省刑罚,薄税敛,深耕易耨。壮者以暇日修其孝悌忠信,入以事其父兄,出以事其长上,可使制梃以挞秦、楚之坚甲利兵矣**。省刑罚,薄税敛,此二者仁政之大目也。易,治也。耨,耘也。忠,尽己之谓忠。信,以实之谓信。**彼夺其民时,使不得耕耨以养其父母,父母冻饿,兄弟妻子离散**。彼,谓敌国也。**彼陷溺其民,王往而征之,夫谁与王敌?**陷,陷于阱。溺,溺于水。暴虐之意。征,正也。**故曰:'仁者无敌。'王请勿疑!**"

【述要】

梁惠王问孟子说:"魏国本是晋国,天下没有比之更强的,老者,这是您所知晓的。但到了寡人亲自执政时,却于东面的马陵之役败于齐国,长子也死于此役;西面则战败于秦国,丧失河西之地七百里;南面则战败而受辱于楚国,又失七城。寡人深以为耻啊!愿与死者一同洗此大辱,寡人如何作为则可呢?"

孟子劝慰并建言道:"只需地方百里便可以使民心归服,称王天下。大王您如能施仁政于民,减轻刑罚,减免税赋,于田亩深耕易耨。国中壮者以闲暇之日修其孝悌忠信,入以事其父兄,出以事其长上,若为政为教如此,则可使魏国即使是制作棍杖也可以挞伐秦楚的坚甲利兵了。之所以能如此,是因为秦楚之国始终以苦役剥夺民时,使百姓不得按时从事农耕生产以养其父母,以致父母冻饿,兄弟妻子离散。他们以暴政陷溺其百姓,大王您亲往而征讨之,将救百姓于水火之中,那谁能与大王为敌呢?所以说:'仁者无敌啊!'当年文王所据者也是地方百里,终以仁道称王天下,何况大王您的魏国地方千里,有何不能呢?请勿再疑了!"

【议论】

失仁则失民,失民者,虽千乘之国,无有不失之也;怀仁则得民,得民者,虽百里之地,无有不王者也;故知仁者无敌,是天下人心皆归于仁也。

1.6 孟子见梁襄王。襄王,惠王子,名赫。出,语人曰:"望之不似人君,就之而不见所畏焉。卒然问曰:'天下恶乎定?'吾对曰:'定于一。'语,告也。不似人君,不见所畏,言其无威仪也。盖容貌辞气,乃德之符。其外如此,则其中之所存者可知。卒然,急遽之貌。'孰能一之?'王问也。对曰:'不嗜杀人者能一之。'嗜,甘也。'孰能与之?'王复问也。与,犹归也。对曰:'天下莫不与也。王知夫苗乎?七八月之间旱,则苗槁矣。天油然作云,沛然下雨,则苗浡然兴之矣。其如是,孰能御之?今夫天下之人牧,未有不嗜杀人者也,如有不嗜杀人者,则天下之民皆引领而望之矣。诚如是也,民归之,由水之就下,沛然谁能御之?'"由当作犹,古字借用。后多放此。周七八月,夏五六月也。油然,云盛貌。沛然,雨盛貌。浡然,兴起貌。御,禁止也。人牧,谓牧民之君也。领,颈也。盖好生恶死,人心所同。故人君不嗜杀人,则天下悦而归之。

【述要】

某日孟子谒见梁襄王。孟子出来后便对其随从颇为失望道:"远望之,他不似人君,近就之,而不见他有任何令人敬畏之处。说话间他突然问我说:'天下如何能定呢?'我答道:'定于一统。'他又问:'谁能于天下一统之呢?'我答道:'不嗜好杀人的人君,能一统之。'他一脸疑惑又问:'不嗜杀何以立威?不立威,那谁能追随之?无人追随,何谈天下一统呢?'我正色道:'天下之民无不可以追随之啊。大王知晓禾苗的生长情形吗?七八月之间是旱季,则禾苗枯槁了。这时天若油然作云,沛然下雨,则禾苗浡然兴盛而生长!禾苗长势如此,谁能抵御之呢?而当今天下那些窃为人君而掌牧一方者,未有不嗜好杀人的。如有不嗜好杀人的人君,则天下之民皆引领而盼望之啊!诚然如是的话,天下之民便会从四方而来归附,犹任由大水从高以就下,其沛然奔涌之势,有谁能抵御之呢?'"

【议论】

民欲得仁,若苗欲得雨,民之归仁,若水之就下;故仁为天下之所望,为天下所归也;为君不知其理,是弃天爵而自弃之,自弃之君,其为人君乎?而所谓一统,一统于仁也,非一统于君也。

1.7 齐宣王问曰:"齐桓、晋文之事可得闻乎?"齐宣王,姓田氏,名辟疆,诸侯僭称王也。齐桓公、晋文公,皆霸诸侯者。

孟子对曰:"仲尼之徒无道桓、文之事者,是以后世无传焉。臣未之闻也。无以,则王乎?"道,言也。以、已通用。无已,必欲言之而不止也。王,谓王天下之道。

曰:"德何如,则可以王矣?"

曰:"保民而王,莫之能御也。"保,爱护也。

曰:"若寡人者,可以保民乎哉?"

曰:"可。"

曰:"何由知吾可也?"

曰:"臣闻之胡龁曰,王坐于堂上,有牵牛而过堂下者,王见之,曰:'牛何之?'对曰:'将以衅钟。'王曰:'舍之!吾

不忍其觳觫,若无罪而就死地。'对曰:'然则废衅钟与?'曰:'何可废也?以羊易之!'不识有诸?"胡龁,齐臣也。衅钟,新铸钟成,而杀牲取血以涂其衅郄也。觳觫,恐惧貌。

曰:"有之。"

曰:"是心足以王矣。百姓皆以王为爱也,臣固知王之不忍也。"是心足以王,王见牛之觳觫而不忍杀,即所谓恻隐之心,仁之端也。扩而充之,则可以保四海矣。故孟子指而言之,欲王察识于此而扩充之也。爱,犹吝也。

王曰:"然。诚有百姓者。齐国虽褊小,吾何爱一牛?即不忍其觳觫,若无罪而就死地,故以羊易之也。"

曰:"王无异于百姓之以王为爱也。以小易大,彼恶知之?王若隐其无罪而就死地,则牛羊何择焉?"

王笑曰:"是诚何心哉?我非爱其财。而易之以羊也,宜乎百姓之谓我爱也。"异,怪也。隐,痛也。择,犹分也。

曰:"无伤也,是乃仁术也,见牛未见羊也。君子之于禽兽也,见其生,不忍见其死;闻其声,不忍食其肉。是以君子远庖厨也。"无伤,言虽有百姓之言,不为害也。术,谓法之巧者。声,谓将死而哀鸣也。盖人之于禽兽,同生而异类。

王说曰:"诗云:'他人有心,予忖度之。'夫子之谓也。夫我乃行之,反而求之,不得吾心。夫子言之,于我心有戚戚焉。此心之所以合于王者,何也?"《诗·小雅·巧言》之篇。戚戚,心动貌。

曰:"有复于王者曰'吾力足以举百钧,而不足以举一羽;明足以察秋毫之末,而不见舆薪',则王许之乎?"

曰:"否。"

"今恩足以及禽兽,而功不至于百姓者,独何与?然则一羽之不举,为不用力焉;舆薪之不见,为不用明焉;百姓之不见保,为不用恩焉。故王之不王,不为也,非不能也。"
复,白也。钧,三十斤。百钧,至重难举也。羽,鸟羽。一羽,至轻易举也。秋毫之末,毛至秋而末锐,小而难见也。舆薪,以车载薪,大而易见也。许,犹可也。

曰:"不为者与不能者之形何以异?"

曰:"**挟太山以超北海,语人曰'我不能',是诚不能也。为长者折枝,语人曰'我不能',是不为也,非不能也。故王之不王,非挟太山以超北海之类也;王之不王,是折枝之类也**。形,状也。挟,以腋持物也。超,跃而过也。为长者折枝,以长者之命,折草木之枝,言不难也。**老吾老,以及人之老;幼吾幼,以及人之幼。天下可运于掌。诗云:'刑于寡妻,至于兄弟,以御于家邦。'言举斯心加诸彼而已。故推恩足以保四海,不推恩无以保妻子。古之人所以大过人者无他焉,善推其所为而已矣。今恩足以及禽兽,而功不至于百姓者,独何与?**老,以老事之也。吾老,谓我之父兄。人之老,谓人之父兄。幼,以幼畜之也。吾幼,谓我之子弟。人之幼,谓人之子弟。运于掌,言易也。诗,《诗·大雅·思齐》之篇。刑,法也。寡妻,寡德之妻,谦辞也。御,治也。**权,然后知轻重;度,然后知长短。物皆然,心为甚。王请度之!**权,称锤也。度,丈尺也。度之,谓称量之也。**抑王兴甲兵,危士臣,构怨于诸侯,然后快于心与?**"抑,发语辞。士,战士也。构,结也。

王曰:"否。吾何快于是?将以求吾所大欲也。"

曰:"王之所大欲可得闻与?"王笑而不言。

曰:"为肥甘不足于口与?轻暖不足于体与?抑为采色不足视于目与?声音不足听于耳与?便嬖不足使令于前与?王之诸臣皆足以供之,而王岂为是哉?"

曰:"否。吾不为是也。"

曰:"然则王之所大欲可知已。欲辟土地,朝秦、楚,莅中国而抚四夷也。以若所为求若所欲,犹缘木而求鱼也。"便嬖,近习嬖幸之人也。已,语助辞。辟,开广也。朝,致其来朝也。秦楚,皆大国。莅,临也。若,如此也。所为,指兴兵结怨之事。缘木求鱼,言必不可得。

王曰:"若是其甚与?"

曰:"殆有甚焉。缘木求鱼,虽不得鱼,无后灾。以若所为,求若所欲,尽心力而为之,后必有灾。"

曰:"可得闻与?"

曰:"邹人与楚人战,则王以为孰胜?"

曰:"楚人胜。"

曰:"然则小固不可以敌大,寡固不可以敌众,弱固不可以敌强。海内之地方千里者九,齐集有其一。以一服八,何以异于邹敌楚哉?盖亦反其本矣。殆、盖,皆发语辞。邹,小国。楚,大国。齐集有其一,言集合齐地,其方千里,是有天下九分之一也。以一服八,必不能胜,所谓后灾也。反本,说见下文。今王发政施仁,使天下仕者皆欲立于王之朝,耕者皆欲耕于王之野,商贾皆欲藏于王之市,行旅皆欲出于王之涂,天下之欲疾其君者皆欲赴愬于王。其若是,孰能御之?"行货曰商。居货曰贾。发政施仁,所以王天下之本也。○欲,情之应也,为情绪。近者悦,远者来,则大小强弱非所论矣。盖力求所欲,则所欲者反不可得;能反其本,则所欲者不求而至。

王曰:"吾惛,不能进于是矣。愿夫子辅吾志,明以教我。我虽不敏,请尝试之。"惛,与昏同。

曰:"无恒产而有恒心者,惟士为能。若民,则无恒产,因无恒心。苟无恒心,放辟邪侈,无不为已。及陷于罪,然后从而刑之,是罔民也。焉有仁人在位,罔民而可为也?恒,常也。产,生业也。恒产,可常生之业也。恒心,人所常有之善心也。士尝学问,知义理,故虽无常产而有常心。民则不能然矣。罔,犹罗网,欺其不见而取之也。**是故明君制民之产,必使仰足以事父母,俯足以畜妻子,乐岁终身饱,凶年免于死亡。然后驱而之善,故民之从之也轻**。轻,犹易也。

今也制民之产,仰不足以事父母,俯不足以畜妻子,乐岁终身苦,凶年不免于死亡。此惟救死而恐不赡,奚暇治礼义哉?赡,足也。**王欲行之,则盍反其本矣**。盍,何不也。

五亩之宅,树之以桑,五十者可以衣帛矣;鸡豚狗彘之畜,无失其时,七十者可以食肉矣;百亩之田,勿夺其时,八口之家可以无饥矣;谨庠序之教,申之以孝悌之义,颁白者不负戴于道路矣。老者衣帛食肉,黎民不饥不寒,然而不王者,未之有也。"

【述要】

某日齐宣王请教孟子:"齐桓公、晋文公是春秋的霸主,这二人如何称霸的事迹,可得听闻夫子的见教吗?"

孟子却道:"仲尼的门生,没有谈及齐桓、晋文的霸术,是以后世没有记载,臣因此也未有所闻了。既无有霸术以资听,那谈谈圣人的王道可以吗?"

于是宣王问:"人君之德行要如何,则可以称王呢?"

孟子答道:"保护百姓而称王,便无人能抵御了。"

问:"如寡人这般,可以保护百姓吗?"

答:"可以。"

问:"夫子从何处知我可以呢?"

答:"臣听闻胡龁说,大王坐于堂上,有人牵牛而过堂下,大王见了便问:'要将牛牵往何处?'牵牛人回答说:'将宰杀之以衅钟。'大王说:'放过它吧!我不忍见它哆嗦可怜之狀,它若无罪而被置于死地如何不可怜啊!'牵牛人回答说:'难道要废除衅钟的祭仪吗?'大王说:'如何可以废除呢,以羊替代牛吧。'不知有这事吗?"

宣王说:"有的。"

孟子肯定道:"有此不忍之心足以称王了。百姓皆以为大王爱牛而吝啬,臣固然早已知晓是大王的不忍之心啊!"

宣王说:"是的,确实有百姓如此说。然齐国虽国土褊小,我如何会吝惜一头牛呢?就是不忍见其哆嗦可怜,它若无罪而就死地如何不可怜啊!故以羊替代之。"

孟子为百姓开脱道:"百姓以为大王是吝啬,大王于此不要见怪。因为结果是以小羊替代大牛,他们如何能知晓其中原委呢?大王若可怜其无罪而就死地,那牛羊为何还要选择呢?皆不应该杀之啊。"

宣王无奈地笑着说:"各人想法竟如此不同,这中间到底是何种心理啊!我非爱财而代之以羊呀,但结果却是以羊代牛,看来百姓说我吝啬是对的。"

孟子称许道:"误解并没有伤损大王的不忍之心,这不忍之心便是仁,大王的举动本身已经是王道中的仁术了,仁术即推仁之术,是将己内心之仁推而广及,小可以及身边所见之物,大可以及天下政治。大王之所以只是推仁于牛,是因为大王只见及牛而未见及羊啊!君子对于禽兽,见其生,不忍见其死;闻其声,不忍食其肉。是以君子要刻意远离庖厨啊!"

宣王高兴地说:"《诗》说:'他人有心思,我能忖度而知之。'说的便是夫子您吧。我之所为确实如是,而反求其中原由,却始终不得其解;今夫子一番言语,于我心确有戚戚相应之处啊!然而夫子所说此推仁之术是合于王道,这如何解释呢?"

孟子回答道:"有人回复大王说:'我臂膀之力足以举百钧之重,而不足以举一羽之轻;眼睛之明足以察飞鸟的毫末,而不能见满车的柴薪。'那大王能听信他之所说吗?"

宣王说:"不能!"

孟子于是道:"今大王之恩仁足以推及禽兽,而政治之功业却不至于惠及百姓,这又是为何呢?然而一羽都不能举,是不用力呀；舆薪都不能见，是不用明呀；百姓都得不到保护，是不用恩呀。所以大王之所以不能称王，是不作为，不是不能啊！"

宣王问："不作为者与不能者的情形，作何区别呢？"

孟子道："要以手挟泰山以超北海，对人说：'我不能。'这是真的不能。而为长者折一小枝，却对人说：'我不能。'这便是不作为，不是不能了。所以大王之所以不能称王，非挟泰山以超北海的情形；大王之所以不能称王，是不肯为老者折枝的情形啊！"

孟子又道："尊家中老者，以此尊老之心推及他人家的老者；爱家中幼者，以此爱幼之情推及他人家的幼者；如此以推，则天下虽大，可运于掌中以轻松治理了。《诗》说：'人君的仪法首先是规范于君夫人，再至于兄弟族亲，而后推广之以御于家邦天下。'这不过是说举此心加于彼而已。所以推恩仁足以保四海，不推恩仁无以保妻子。古之贤君之所以有大过人之处，无他，不过是善于推其所为而已啊！今大王之恩仁足以及禽兽，而政治之功业却不至于惠及百姓，这又是为何？答案已不言自明了。权衡之，然后知轻重；度量之，然后知长短。凡物皆要权衡度量一番，而心更要权衡度量以知事。请大王仔细审度一下，难道大王兴甲兵以征战，驰士臣于危险之中，是要与诸侯结怨，然后图痛快于心吗？"

宣王说："不是的，我如何会于此图痛快呢？我所以要兴甲兵，是将以求我的大欲啊。"

孟子便问道："大王的大欲求，可以让老夫听闻吗？"宣王笑而不说。

孟子又问道："是为肥甘的美食不足于口欲呢？轻暖的羔裘不足于穿着呢？还是为鲜艳的色采不足视于目呢？美妙的乐声不足听于耳呢？逢迎取乐的宠臣不足使唤于前呢？朝中诸臣，也皆足以供大王驱使的，而大王难道是为了这些吗？"

宣王说："不，我不为这些。"

孟子于是道："那么大王的大欲求便可知晓了，是想开辟土地以扩张，让秦、楚等大国来朝，莅中国以为盟主，而能招抚四夷，称雄天下。以如此作为,而想求如此欲望,犹缘木而求鱼啊!"

宣王疑惑地问:"会至于如此地步吗?"

孟子严肃道:"恐怕更糟。缘木以求鱼,虽不得鱼,没有后灾;以如此作为,求如此欲望,必尽心力而为之,后必有灾祸啊!"

宣王慌忙说:"可以详细说说吗?"

孟子反问道:"如果邹人与楚人战,那大王以为谁胜?"

宣王说:"楚人胜。"

孟子于是道:"既然这样,那么,小固然不可以敌大,寡固然不可以敌众,弱固然不可以敌强。当今海内之地,地方千里之国有九个,齐国,若集各国之地,它也只占其中之一;要以一服八,何异于邹人与楚人争战啊!争战既不行,大概也只能返回根本了!如今大王若能发布政令以实施仁道,使天下仕者皆欲为官于大王之朝,耕者皆欲耕作于大王之野,商贾之人皆欲投身于大王之市,往来行旅皆欲取道于大王之路,天下那些内心痛恨其国君者,皆欲赴齐国而诉苦于大王:若是这样的情形,天下谁能抵御之呢?"

宣王惭愧地说:"我昏昏糊涂,不能进于夫子之道啊!愿夫子辅我治国之志,明大道以教我。我虽不聪敏,请尝试之!"

孟子开解道:"无恒产而有恒心者,惟士人能为之。至于民众,假如无恒产,因此也无恒心。如果无恒心,放辟邪侈的坏事,没有不敢妄为的。到了他们陷罪犯法,然后从刑法而严处之,这是陷害民众啊!哪有仁人在人君之位,为陷害民众之事的!所以英明的君王以制度保障民众的私产,必使民众上足以事奉父母,下足以畜养妻子,于乐岁丰收,可终年身享有足食,逢凶年灾荒,可免于死亡;然后驱使民众而至于善道,因此之故,民众追随明君也就轻松自然了。

如今制度所导致的民众私产,上不足以事奉父母,下不足以畜养妻子,逢上好年景,却身处危苦,逢凶年饥荒,更不免于死亡;如此徒剩救死犹恐不足,他们又如何有闲暇以讲求礼义啊!大王要是实行强国之抱负,那为何不返回至根本呢!

在五亩的家宅,种植桑树以养蚕,那五十岁者便可以穿丝制衣服了;于鸡豚狗彘等家畜的饲养,如不失其时,那七十岁者便可以食肉了;于百亩之田,不以征役的借口强夺其耕作的时间,那数口之家便可以不受饥饿了;谨慎实施地方学校的教化,申明孝悌的大义,那头发斑白的老者便不至于负戴重物而无助地流落于道路了。若能使国中七十老者衣帛食肉,黎民不陷入饥寒之苦,如此而为者却不能使民心归服,从而天下大治的,这是从所未有的啊!

【议论】

齐桓、晋文之事,仲尼之徒实言之不少,盖齐桓、晋文虽携天子以令诸侯,为霸业而多有僭越,尚能假仁义亦有仁义之实也;而今之诸侯谋动干戈于海内,以至社稷板荡,血肉靡烂,焦土之中已全然无有仁义可言,故孟子称仲尼之徒无道桓、文之事,盖其已深恶于诸侯之霸,但抗声乎王者之道也!

不忍之心,王道之始也;推而及人,王道之途也;惠及于百姓,王道之功也;而树桑蓄畜,田亩时务,谨庠序之教,申孝悌之要,又为王道之具体也。王道乃国之大本,而君之大欲者也,舍此大本、大欲,但逐于末,趋于利,其道之既驰,乱悖则不免矣!

而王道之任者谁?恒心之士也虽其无恒产,而于道则不移其恪虔之心,逆顺皆厚其仁义,务致其君为尧君,务治其国为乐土也。

卷二 梁惠王章句下

卷二　梁惠王章句下 凡十六章。

2.1 庄暴见孟子，曰："暴见于王，王语暴以好乐，暴未有以对也。"曰："好乐何如？"

孟子曰："王之好乐甚，则齐国其庶几乎！"庄暴，齐臣也。庶几，近辞也。言近于治。

他日，见于王曰："王尝语庄子以好乐，有诸？"

王变乎色，曰："寡人非能好先王之乐也，直好世俗之乐耳。"变色者，惭其好之不正也。

曰："王之好乐甚，则齐其庶几乎！今之乐犹古之乐也。"今乐，世俗之乐。古乐，先王之乐。

曰："可得闻与？"

曰："独乐乐，与人乐乐，孰乐？"

曰："不若与人。"

曰："与少乐乐，与众乐乐，孰乐？"

曰："不若与众。"孰乐，亦音洛。独乐不若与人，与少乐不若与众，亦人之常情也。

"臣请为王言乐：今王鼓乐于此，百姓闻王钟鼓之声，管籥之音，举疾首蹙頞而相告曰：'吾王之好鼓乐，夫何使我至于此极也？父子不相见，兄弟妻子离散。'今王田猎于此，百姓闻王车马之音，见羽旄之美，举疾首蹙頞而相告曰：'吾王之好田猎，夫何使我至于此极也？父子不相见，

兄弟妻子离散。'此无他，不与民同乐也。钟鼓管籥，皆乐器也。举，皆也。疾首，头痛也。蹙，聚也。頞，额也。人忧戚则蹙其额。极，穷也。羽旄，旌属。不与民同乐，谓独乐其身而不恤其民，使之穷困也。**今王鼓乐于此，百姓闻王钟鼓之声，管籥之音，举欣欣然有喜色而相告曰：'吾王庶几无疾病与，何以能鼓乐也？'今王田猎于此，百姓闻王车马之音，见羽旄之美，举欣欣然有喜色而相告曰'吾王庶几无疾病与？何以能田猎也？'此无他，与民同乐也。**与民同乐者，推好乐之心以行仁政，使民各得其所也。**今王与百姓同乐，则王矣。"**同乐，好乐而能与百姓同之，则天下之民归之矣，所谓齐其庶几者如此。

【述要】

某日齐宣王属下大臣庄暴来见孟子，他说："暴近日去朝见大王，大王对暴说，他好音乐，暴不能有言以对。"接着便问："人君好乐，当如何看待呢？"

孟子答道："乐是万物和顺的表达，人君若非爱民如子、治国有方，而与国中上下通和，内心则不能和柔宽朗而真喜于乐。大王甚好音乐，那齐国的治理应该是很有成效了吧！"

他日孟子来拜见宣王，便问："大王曾对庄子说，您好音乐，有这事吗？"

宣王脸色顿变，说："寡人不是能好先王之雅乐，只是好世俗之乐。"

孟子宽慰道："大王甚好音乐，那齐国的治理应该是很有成效了吧！今之音乐也是由古之音乐演变而来啊！"

于是宣王诚恳地说："可以听闻夫子的见教吗？"

孟子首先问道："独乐于乐，或与他人共乐于乐，二者谁更为悦乐？"

宣王说："不如与人。"

孟子又问道："与较少之人乐于乐，或与众人乐于乐，二者谁更为悦乐？"

宣王说："不如与众。"

孟子于是道："臣请为大王谈谈音乐吧。今大王鼓奏音乐于此，百姓听闻大王的钟鼓之声、管籥之音，皆痛心疾首、蹙頞顿足而相告说：'我们大王好鼓奏音乐，为何使我至于此般苦难不堪的境地啊？父子不相见，兄弟妻子离散。'今大王田猎于此，百姓听闻大王的车马之音，见羽旄之美，皆痛心疾首、蹙頞顿足而相告说：'我们大王好田猎，为何使我至于此般苦难不堪的境地啊？父子不相见，兄弟妻子离散。'所以有此番情形，无有其他原因，是不与民同乐啊！今大王鼓奏音乐于此，百姓听闻大王的钟鼓之声、管籥之音，皆欣欣然脸有喜色而相告说：'我们大王应该无有疾病吧？否则何以能鼓乐呢？'今大王田猎于此，百姓听闻大王的车马之音，见羽旄之美，皆欣欣然脸有喜色而相告说：'我们大王应该没有疾病吧？否则何以能田猎呢！'所以是此番情形也无其他原由，只是与民同乐啊！今大王若能与百姓同乐，那便是行王道而能称王了！"

【议论】

乐者，和通天人，共情四海也。而和通共情，可以是乐之使然也，乐之所以能使然者，是乐之感动于心，而使我之良知自发，我之善性自明也；真为好乐者，其良知善性之不昧，天下生民疾苦之声莫不闻之在耳，感之在心，其动情兴仁莫不与民，此谓与民同乐也；而若充耳不闻生民疾苦，其为好乐乎？其之好乐，不过耳欲而已矣。

2.2 齐宣王问曰："文王之囿方七十里，有诸？"

孟子对曰："于传有之。"囿者，蓄育鸟兽之所。古者四时之田，皆于农隙以讲武事，然不欲驰骛于稼穑场圃之中，故度闲旷之地以为囿。然文王七十里之囿，其亦三分天下有其二之后也与？传，谓古书。

曰:"若是其大乎?"

曰:"民犹以为小也。"

曰:"寡人之囿方四十里,民犹以为大,何也?"

曰:"文王之囿方七十里,刍荛者往焉,雉兔者往焉,与民同之。民以为小,不亦宜乎? 刍,草也。荛,薪也。臣始至于境,问国之大禁,然后敢入。臣闻郊关之内有囿方四十里,杀其麋鹿者如杀人之罪,则是方四十里为阱于国中。民以为大,不亦宜乎?"礼:入国而问禁。郊关,国都之外百里为郊,郊外有关。阱,坎地以陷兽者,言陷民于死也。

【述要】

齐宣王问孟子:"据闻文王用于游乐、田猎的苑囿方七十里,是有其实吗?"

孟子道:"于典籍书传中有之。"

齐宣王说:"若是方七十里,它大吗?"

孟子道:"百姓犹以为小呢!"

齐宣王说:"寡人之囿方四十里,百姓犹以为大,却是为何呢?"

孟子解惑道:"文王之囿虽方七十里,刍荛者可以往而打草拾柴,雉兔者可以往而猎鸟捕兽,文王是与百姓共有之啊!百姓以为小,不亦合宜吗? 微臣我初始至于大王之国境,首先问明什么是国中的大禁大忌,然后方敢入内。臣闻郊关之内有大王之囿方四十里,有关大禁的条例称,凡杀其中麋鹿者如同杀人之罪。对百姓而言,这方四十里之囿,就成为了国家设置的陷阱。因此百姓以为大,不也合宜吗?"

【议论】

仁君与民共天下,既其贵民,民亦贵之,故欲其君多享;暴君以己独天下,既其贱民,民亦贱之,故怨其君多享。

2.3 齐宣王问曰:"交邻国有道乎?"

孟子对曰:"有。惟仁者为能以大事小,是故汤事葛,文王事昆夷;惟智者为能以小事大,故大王事獯鬻,句践事吴。仁人之心,宽洪恻怛,而无较计大小强弱之私。故小国虽或不恭,而吾所以字之之心自不能已。智者明义理,识时势。故大国虽见侵陵,而吾所以事之之礼尤不敢废。汤事见后篇。文王事见《诗·大雅》。大王事见后章。獯鬻,即狄人也。句践,越王名。事见《国语》《史记》。以大事小者,乐天者也;以小事大者,畏天者也。乐天者保天下,畏天者保其国。天者,理而已矣。大之事小,小之事大,皆理之当然也。自然合理,故曰乐天。畏天,不敢违理,故曰畏天。保天下,包含遍覆,无不周遍,保天下之气象也。保其国,制节谨度,不敢纵逸,保一国之规模也。诗云:'畏天之威,于时保之。'"诗,《诗·周颂·我将》之篇。时,是也。

王曰:"大哉言矣!寡人有疾,寡人好勇。"言以好勇,故不能事大而恤小也。

对曰:"王请无好小勇。夫抚剑疾视曰:'彼恶敢当我哉!'此匹夫之勇,敌一人者也。王请大之!疾视,怒目而视也。小勇,血气所为。大勇,义理所发。诗云:'王赫斯怒,爰整其旅,以遏徂莒,以笃周祜,以对于天下。'此文王之勇也。文王一怒而安天下之民。诗,《诗·大雅·皇矣》篇。赫,赫然怒貌。爰,于也。旅,众也。遏,诗作"按",止也。徂,往也。莒,诗作旅。徂旅,谓密人侵阮徂共之众也。笃,厚也。祜,福也。对,答也,以答天下仰望之心也。书曰:'天降下民,作之君,作之师。惟曰其助上帝,宠之四方。有罪无罪,惟我在,天下曷敢有越厥志?'一人衡行于天下,武王耻之。此武王之勇也。而武王亦一怒而安天下之民。书,《周书·大誓》之篇也。然所引与今书文小异,今且依此解之。宠之四方,宠异之于四方也。有罪无罪,有罪者我得而诛之,无罪者我得而安之。我既在此,则天下何敢有过越其心志而作乱者乎?衡行,谓作乱也。今王亦一怒而安天下之民,民惟恐王之不好勇也。"

【述要】
齐宣王问孟子:"与邻国交往有道吗?"

孟子道:"有。唯仁者能爱人,从不以大欺小,故能以大国服事小国,当年汤事葛、文王事昆夷便是如此;唯智者能知人,从不因小惧大,故能以小国服事大国,当年太王事獯鬻,勾践事吴国便是如此。以大事小者,他是乐从天道,故能事事宽心而顺应民心;以小事大者,他是畏惧天道,故能事事谨慎而不背离民心!乐天者以仁周洽于小国,所以能保天下,畏天者以智周旋于大国,所以能保其国。《诗·周颂·我将》上说:'敬畏上天之威而行王道,方能于国、于天下时时而保之啊!'"

齐宣王听罢,赞佩孟子说:"大哉!夫子之言啊!但寡人有不良之好,寡人好杀人之勇,这能保国吗?"

孟子开解道:"大王请不要爱好小勇。一手抚剑,并以眼疾视他人说:'你怎敢阻挡我呢!'这是匹夫之勇,只是抵敌一人的小勇。大王请将此小勇扩而大之!《诗·大雅·皇矣》之篇说:'王者赫然奋其震怒,整顿其威武之旅,去徂往莒地以遏止来犯之敌,以笃定我大周之福祜,以强盛面对于天下。'

这是文王之勇啊!文王一怒而能安天下之民。又有《尚书·周书·秦誓》中说:'上天降我于下方生民,作生民之君,作生民之师。我之使命唯曰辅助上帝,将上帝之恩宠广敷于四方。无论谁有罪或无罪,唯我在而无不统治之,天下有谁敢越其本分而违背我之意志?'

当时纣王一人以残暴横行于天下,武王深以为耻,这是武王之勇啊!而武王亦一怒而安天下之民。今大王亦能一怒而安天下之民,民唯恐大王不好勇啊!"

【议论】

　　以大事小,但本仁义而多为宽宥,天下以宁;以小事大,但本礼智而勤于周旋,国家以安。仁义本其天性之善,故为仁义者,乐天也;礼智虽审情势而为,莫不求合仁义,故为礼智者,畏天也。但一心于仁义者,既是顺天承善,已有天下之气象也;而一心于礼智者,既是顺势承理,可有国家之规模也。仁者之怒,理义之怒也,莫不止于仁,故能安天下;匹夫之怒,血气之怒也,莫不归于暴,故而乱天下。

2.4 齐宣王见孟子于雪宫。

王曰:"贤者亦有此乐乎?"

孟子对曰:"有。人不得,则非其上矣。雪宫,离宫名。**不得而非其上者,非也;为民上而不与民同乐者,亦非也。乐民之乐者,民亦乐其乐;忧民之忧者,民亦忧其忧。乐以天下,忧以天下,然而不王者,未之有也。昔者齐景公问于晏子曰:'吾欲观于转附、朝儛,遵海而南,放于琅邪。吾何修而可以比于先王观也?'** 晏子,齐臣,名婴。转附、朝儛,皆山名也。遵,循也。放,至也。琅邪,齐东南境上邑名。观,游也。

晏子对曰:'善哉问也! 天子适诸侯曰巡狩,巡狩者巡所守也;诸侯朝于天子曰述职,述职者述所职也。无非事者。春省耕而补不足,秋省敛而助不给。夏谚曰:"吾王不游,吾何以休? 吾王不豫,吾何以助? 一游一豫,为诸侯度。" 述,陈也。省,视也。敛,收获也。给,亦足也。夏谚,夏时之俗语也。豫,乐也。巡狩,巡所守,巡行诸侯所守之土也。述职,述所职,陈其所受之职也。**今也不然:师行而粮食,饥者弗食,劳者弗息。睊睊胥谗,民乃作慝。方命虐民,饮食若流。流连荒亡,为诸侯忧**。今,谓晏子时也。师,众也。二千五百人为师。春秋传曰:"君行师从。" 粮,谓糗糒之属。睊睊,侧目貌。胥,相也。谗,谤也。慝,怨恶也,言民不胜其劳而起谤怨也。方,逆也。命,王命也。若流,如水之流,无穷极也。流连荒亡,解见下文。诸侯,谓附庸之国,县邑之长。**从流下而忘反谓之流,从流上而忘反谓之连,从兽无厌谓之荒,乐酒无厌谓之亡。**从流下,谓放舟随水而下。从流上,谓挽舟逆水而上。从兽,田猎也。荒,废也。乐酒,以饮酒为乐也。亡,犹失也,言废时失事也。**先王无流连之乐,荒亡之行。惟君所行也。'**

景公说,大戒于国,出舍于郊。于是始兴发补不足。召大师曰:'为我作君臣相说之乐!'盖徵招、角招是也。其诗曰:'畜君何尤?'畜君者,好君也。" 招,与韶同。戒,告命也。出舍,自责以省民也。兴发,发仓廪也。大师,乐官也。君臣,己与晏子也。徵招角招,乐有五声,三曰角,为民,四曰征徵,为事;招,舜乐也;其诗,徵招、角招之诗也。尤,过也。○畜,止也,制止也。言晏子能畜止其君之欲,宜为君之所尤,然其心则何过哉?臣能畜止其君之欲,乃是爱其君者也。

【述要】

齐宣王于其游乐的雪宫见孟子。

宣王得意地问:"贤者亦有此游乐吗?"

孟子淡然一笑道:"有。人若不能得此游乐,则往往要非议其君上了。不得而非其上,是不对的;而为民之君却不与民同乐,也是不对的。以民之所乐为乐者,民亦乐其所乐;以民之所忧为忧者,民亦忧其所忧。君上若能以天下之乐为乐,以天下之忧为忧,所谓与天下同忧乐,然而却不能称王以治国的,此有历史以来从未有过的。过去齐景公曾问于贤臣晏子说:'我想于转附、朝儛二山观赏游玩,然后遵循海岸而南,放迹而远行于琅邪。我需当如何修养而可以媲美于先王的观游呢?'

晏子回答说:'善哉!大王之问啊!天子去往诸侯之国称为巡狩;巡狩便是天子巡视诸侯所守之国,以观察其政治得失。诸侯朝见于天子称为述职;述职便是诸侯向天子陈述其所履之职,以讲明其在任得失。巡狩与述职皆为国事,没有例外。春天省察农耕情况而补百姓之不足,秋日省察收成情况而助百姓之不给。夏代的谚语说:'我王不春游,我何能得以休息?我王不秋豫,我何能得到资助?天子一游一豫,可以为诸侯作表率啊!'今日的情形则不然,君王的随从师众,一旦行动而需食大量米粮,这便造成饥者无粮以食,劳者无暇以息,皆睊睊然怨恨侧目而谗言四起、怨声载道,百姓于是就会作慝为乱了。违背上天所赋君王的使命而虐待百姓,所饮之酒、所食之粮若流水一般不知节制。君王若流连荒亡,便为诸侯所担忧了。顺水放舟而忘返称为'流',逆水挽舟而忘返称为'连',从兽田猎而无厌称为'荒',乐饮酒而无厌称为'亡',圣明的先王从无流连之乐,荒亡之行。或为诸侯表率,或为诸侯担忧,就看君王的所作所为了。'

齐景公听罢大悦,以晏子之意颁敕令而严训于国中,并出都城而止舍郊外,以诚意祭告天帝,于是开始兴发仓中米粮以补百姓之不足。景公又召来乐官太师说:'请为我创作君臣相悦之乐。'《徵韶》《角韶》这二首乐曲便是了。乐中的诗歌唱道:'止畜君王过分的欲求有何过错呢?'为臣者所以能畜君,是因为他爱君啊!"

【议论】

与民同乐者,亦与民同忧也。所以与民同忧乐者,是天子、诸侯、民人虽分贵贱,而其心未始有异也。为君之荒亡流连,其为独乐,既独其乐而不欲与民同乐,则其死生亦不为民之所忧也。反其独乐而乐其同乐,反其流荡而归于仁义,于安身保国,当为及时也!

2.5 齐宣王问曰:"人皆谓我毁明堂。毁诸?已乎?"明堂,泰山明堂。周天子东巡守朝诸侯之处,汉时遗址尚在。人欲毁之者,盖以天子不复巡守,诸侯又不当居之也。

孟子对曰:"夫明堂者,王者之堂也。王欲行王政,则勿毁之矣。"明堂,王者所居,以出政令之所也。能行王政,则亦可以王矣。何必毁哉?

王曰:"王政可得闻与?"

对曰:"昔者文王之治岐也,耕者九一,仕者世禄,关市讥而不征,泽梁无禁,罪人不孥。老而无妻曰鳏。老而无夫曰寡。老而无子曰独。幼而无父曰孤。此四者,天下之穷民而无告者。文王发政施仁,必先斯四者。诗云:'哿矣富人,哀此茕独。'"岐,周之旧国也。九一者,井田之制也。方一里为一井,其田九百亩。中画井字,界为九区。一区之中,为田百亩。中百亩为公田,外八百亩为私田。八家各受私田百亩,而同养公田,是九分而税其一也。世禄者,先王之世,仕者之子孙皆教之,教之而成材则官之。如不足用,亦使之不失其禄。盖其先世尝有功德于民,故报之如此,忠厚之至也。关,谓道路之关。市,谓都邑之市。讥,察也。征,税也。关市之吏,察异服异言之人,而不征商贾之税也。泽,谓潴水。梁,谓鱼梁。与民同利,不设禁也。孥,妻子也。诗,《诗·小雅·正月》之篇。哿,可也。茕,困悴貌。

王曰:"善哉言乎!"

曰:"王如善之,则何为不行?"

王曰:"寡人有疾,寡人好货。"

对曰:"昔者公刘好货。诗云:'乃积乃仓,乃裹糇粮,于橐于囊。思戢用光。弓矢斯张,干戈戚扬,爰方启行。'故居者有积仓,行者有裹粮也,然后可以爰方启行。王如好货,与百姓同之,于王何有?"公刘,后稷之曾孙也。诗,《诗·大雅·公刘》之篇。积,露积也。糇,干粮也。无底曰橐,有底曰囊。皆所以盛糇粮也。戢,安集也。戚,斧也。扬,钺也。爰,于也。启行,言往迁于豳也。何有,言不难也。

王曰:"寡人有疾,寡人好色。"

对曰:"昔者大王好色,爱厥妃。诗云:'古公亶甫,来朝走马,率西水浒,至于岐下。爰及姜女,聿来胥宇。'当是时也,内无怨女,外无旷夫。王如好色,与百姓同之,于王何有?"大王,公刘九世孙。诗,《诗·大雅·绵》之篇也。古公,大王之本号,后乃追尊为大王也。亶甫,大王名也。来朝走马,避狄人之难也。率,循也。浒,水涯也。岐下,岐山之下也。姜女,大王之妃也。胥,相也。宇,居也。旷,空也。无怨旷者,是大王好色,而能推己之心以及民也。

【述要】

齐宣王问孟子说:"当年周天子东巡守时在我国建有泰山明堂,今天子不复巡守,而为诸侯者又不当居之,国人皆建议我毁了明堂。毁吗?还是不毁?"

孟子道:"明堂是王者之堂,王者出政令、宣教化均在于此。大王若想行王政,便不要毁之了。"

宣王问:"何为王政?可得听闻吗?"

孟子道:"过去文王治理其旧国岐地,耕农的税赋只是十取其一,士人虽不为官,也能承其先世之功而世代领取俸禄,各道路关隘、都邑集市均只稽查异言异服之人,而不征税,不禁百姓于河泽设鱼梁以捕鱼,处罚罪人亦不株连其妻孥。老而无妻为鳏,老而无夫为寡,老而无子为独,幼而无父为孤。此四类人,是天下之穷民而无处申告其痛苦啊!故文王发政令、施仁惠,必先考虑这四类人。《诗·小雅·正月》上说:'是应该的呀,作为富人,当哀悯这些不幸的鳏寡孤独者啊!'"

宣王听罢,颇为感动地说:"善啊,夫子之言!"

孟子于是道:"大王如以我之所言为善,那为何不行此善道呢?"

宣王说:"寡人有不良之好,寡人好珍玩财货,这样能行善道吗?"

孟子道:"过去周的首领公刘也好财货;《诗·大雅·公刘》上说:'积五谷于粮仓,包裹好准备远征的干粮,装满大小的橐囊。于是团结一心用以扬我国光。将强弓利矢俱以伸张,带上干、戈、戚、扬,方率师旅向敌方启行。'所以国中百姓安居则有积粮之仓,行军打战则有包裹之粮,然后可以爰方启行。大王如果好货,能与百姓同好同享,那行善道于王而言有何困难呢?"

宣王又说:"寡人还有不良之好,寡人好色,这样能行善道吗?"

孟子道:"过去太王也好色,很爱他贤淑的妃子。《诗·大雅·绵》上说:'太王为避狄人之难,一清早便疾走骏马,率一众追随者循齱地之西的水浒,来至岐山之下。太王及其贤妃姜女,皆将于此定居啊!'当时的岐山,不是太王一人有妃子,国中女子皆有嫁,男子皆能娶,所以内无怨女,外无旷夫啊!大王如果好色,能与百姓同好同有,那行善道于王而言有何困难呢?"

【议论】

所欲好货,所欲好色,乃性情之自然,无有不善也;既为我之可欲,必为人之可欲也。纵其欲者必损人之可欲,乃是以己所不欲施于人也,恶因此生焉;而节其欲者无损人之可欲,乃是以己之所欲施于人也,善因此生焉。故所谓君子,顺其性情,节其欲求,推其可欲之心及人,而使天下之人各得其所欲求,以顺适其性情也;小人反之,莫不夺人所欲,损人性情也。

2.6 孟子谓齐宣王曰:"王之臣有托其妻子于其友,而之楚游者。比其反也,则冻馁其妻子,则如之何?"

王曰:"弃之。"托,寄也。比,及也。弃,绝也。

曰:"士师不能治士,则如之何?"

王曰:"已之。"士师,狱官也。其属有乡士遂士之官,士师皆当治之。已,罢去也。

曰:"四境之内不治,则如之何?"

王顾左右而言他。

【述要】

某日,孟子问齐宣王道:"大王朝中某一臣僚,他将妻子托付于朋友,而自己去往楚地以游。待他返回时,却发现其妻子受冻挨饿,那将如何对待其友呢?"

宣王不假思索地回答说:"弃之而绝交。"

孟子又问:"士师,作为掌刑狱的官员却不能管理好下属之士,那将如何处置士师呢?"

宣王回答说:"罢免之。"

孟子于是问:"于一国四境之内皆不能治理,那如何处置治理者呢?"

宣王为一国之君,却未能治理好国家,于孟子之问无言以对,只能顾盼左右而言其他之事了。

【议论】

君其天命所在,不能尽天命,则为天命所弃之;君其职分所在,不能尽职分,则为职分所弃之;君其仁义所在,不能施仁义,则为仁义所弃之。总之,不能治四境之内,终为民所弃之也。

2.7 孟子见齐宣王曰:"所谓故国者,非谓有乔木之谓也,有世臣之谓也。王无亲臣矣,昔者所进,今日不知其亡也。" 世臣,累世勋旧之臣,与国同休戚者也。亲臣,君所亲信之臣,与君同休戚者也。

王曰:"吾何以识其不才而舍之?" 不才,王意以为此亡去者,皆不才之人。我初不知而误用之,故今不以其去为意耳。因问何以先识其不才而舍之邪?

曰:"国君进贤,如不得已,将使卑逾尊,疏逾戚,可不慎与? 如不得已,言谨之至也。盖尊尊亲亲,礼之常也。然或尊者亲者未必贤,则必进疏远之贤而用之。是使卑者逾尊,疏者逾戚,非礼之常,故不可不谨也。**左右皆曰贤,未可也;诸大夫皆曰贤,未可也;国人皆曰贤,然后察之,见贤焉,然后用之。左右皆曰不可,勿听;诸大夫皆曰不可,勿听;国人皆曰不可,然后察之,见不可焉,然后去之。左右皆曰可杀,勿听;诸大夫皆曰可杀,勿听;国人皆曰可杀,然后察之,见可杀焉,然后杀之。故曰,国人杀之也。盖所谓天命天讨,皆非人君之所得私也。如此,然后可以为民父母。"传曰:"民之所好好之,民之所恶恶之,此之谓民之父母。"

【述要】

孟子谒见齐宣王时,曾说道:"所谓历史久远、令人眷念的祖国,不是说它仅有生长多年的高大乔木,而是历代都有修德敬业、与国休戚的老臣。可如今大王似已无这般亲近的大臣了,过去所进用的大臣,今日不知去哪了?"这些大臣或为宣王所弃而流亡,或为宣王所杀而消亡,所以孟子有此问。

宣王却辩解并反问说:"虽为我进用,之所以亡却是因为他们不才,我何以起初辨识其不才,而能舍之而不用呢?"

孟子直言道:"国君当然要进贤以用。如果出于不得已,一定要用这些原本卑微、平时疏远的贤者,将使他们的地位逾越原本在朝的位尊者和亲近者,他们的提拔是要打破旧有的君臣关系以任用新进,如此大的人事变动,可以不慎重吗?那如何才能辨识其才或不才呢?左右皆说其人贤能,未必可以;诸大夫皆说其贤,未必可以;若国人皆说其贤,然后考察之;见其人确有贤能之处,然后用之。左右皆说其人不可任用,勿需听之;诸大夫皆说不可,勿需听之;若国人皆说不可,然后考察之;见其人确有不可任用之处,然后罢免之。左右皆说其人可杀,勿需听之;诸大夫皆说可杀,勿需听之;若国人皆说可杀,然后考察之;见其人确有可杀之处,然后杀之。这便可以说,是国人要杀之,而非我要杀之。用人、弃人、杀人,需如此谨慎,然后可以为民父母而管理天下啊!"

【议论】

为君者岂能不经考察而随意以进贤之名以用人,稍不如意则言其不才而弃之、杀之。如此而为,一者背用人之法,一者害所用之人,一者伤朝中旧有之尊亲,一者损国家之政也!

有益于民者,贤也;无益于民者,不贤;为害于民者,有罪;故是非定夺一切在民。

2.8 齐宣王问曰:"汤放桀,武王伐纣,有诸?"

孟子对曰:"于传有之。"放,置也。《书》曰:"成汤放桀于南巢。"

曰:"臣弑其君可乎?"桀、纣,天子;汤、武,诸侯。

曰:"贼仁者谓之贼,贼义者谓之残,残贼之人谓之一夫。闻诛一夫纣矣,未闻弑君也。"贼,害也。残,伤也。害仁者,凶暴淫虐,灭绝天理,故谓之贼。害义者,颠倒错乱,伤败彝伦,故谓之残。一夫,言众叛亲离,不复以为君也。《书》曰:"独夫纣。"盖四海归之,则为天子;天下叛之,则为独夫。

【述要】

齐宣王问孟子说:"商汤流放夏桀,武王讨伐纣王,有其事吗?"

孟子道:"于史籍书传中有之。"

宣王似疑惑又不满地问:"当时商汤是夏桀之臣,武王是纣王之臣,二人作为臣子而弑其君,这可以吗?"

孟子严辞道:"无仁而害仁者称为贼,无义而害义者称为残,残贼之人称为一恶夫。我只听闻诛杀的是一恶夫,此恶夫被称为纣,未听闻有弑其君的。"

【议论】

夏桀商纣无仁无义,是贼仁贼义之恶夫,无配称君!

代天牧民者,是有仁义之受命,既其弃仁义而绝命,奈何为革命所诛之!

或亲厚于民而尊为父母;或残虐于民而沦为独夫;为君只其中一路,可不慎与?

2.9 孟子见齐宣王曰:"为巨室,则必使工师求大木。工师得大木,则王喜,以为能胜其任也。匠人斫而小之,则王怒,以为不胜其任矣。

夫人幼而学之,壮而欲行之。王曰'姑舍女所学而从我',则何如? 巨室,大宫也。工师,匠人之长。匠人,众工人也。姑,且也。言贤人所学者大,而王欲小之也。**今有璞玉于此,虽万镒,必使玉人雕琢之。至于治国家,则曰'姑舍女所学而从我',则何以异于教玉人雕琢玉哉?"** 璞,玉之在石中者。镒,二十两也。玉人,玉工也。不敢自治而付之能者,爱之甚也。治国家则殉私欲而不任贤,是爱国家不如爱玉也。

【述要】

孟子谒见齐宣王,进谏道:"要做巨室大宫,则必使工师入深山以寻求大木。工师若得大木,则大王心喜,以为工师能胜任其事。但若匠人将此大木斫小,那大王必定生怒,以为匠人不能胜任了。大王之所以怒,是因大木斫小了,何以为栋梁之才呢?

人于幼年学习善道,待壮年时想实行其所学。而大王却说:'姑且舍弃你之所学而跟从我治理国家吧',那情况会如何呢?今大王在此有一块璞玉,虽价值万金,自己却不敢雕琢,必使有专业技能的玉人雕琢之,这当然是对的。而至于治理国家这样的大事,大王却对贤者说'姑且舍弃你之所学而跟从我治理国家吧。'要知国家之贵重非璞玉可比,璞玉尚且需要玉人雕琢,国家当然更需贤者以治理。而大王却对贤者说可以舍弃他之所学,这与一个疏于雕玉技能之人却要教玉人雕琢美玉,二者有何区别呢?"

【议论】

斫大木而小之,知错在匠人,不在大木;独不知贤者无所尽其用,错为为君,不在贤者;庸君往往如此。于治玉知其有技,独于治国不知其中有道,庸君往往如此。为君不用贤,是其未知贤者何以为贤也,但以是否顺适于己为裁夺,故曰"舍女所学而从我"者也。如此,则贤者何以致其贤,于是乎庸君以为贤者无用而弃之、杀之;孔孟之不遇于君,可以知矣!

庸君视天下为私器,其刚愎自用,必逞欲以使天下威服;贤君视天下为公器,其宽宏准德,但用贤而使国家平治。故庸贤之分,实私公之分也。

2.10 齐人伐燕,胜之。按《史记》,燕王哙让国于其相子之,而国大乱。齐因伐之。燕士卒不战,城门不闭,遂大胜燕。**宣王问曰:"或谓寡人勿取,或谓寡人取之。以万乘之国伐万乘之国,五旬而举之,人力不至于此。不取,必有天殃。取之,何如?"**以伐燕为宣王事,与《史记》诸书不同,已见序说。

孟子对曰:"取之而燕民悦,则取之。古之人有行之者,武王是也。取之而燕民不悦,则勿取。古之人有行之者,文王是也。商纣之世,文王三分天下有其二,以服事殷。至武王十三年,乃伐纣而有天下。**以万乘之国伐万乘之国,箪食壶浆,以迎王师。岂有他哉?避水火也。如水益深,如火益热,亦运而已矣。"**箪,竹器。食,饭也。运,转也。

【述要】

燕王哙让位于宰相子之,从而燕国大乱,齐国因此兵伐燕国,而燕的士卒不战,城门不闭,所以齐人大胜。于是宣王来问孟子说:"有人劝说寡人不要吞取燕国,有人劝说要。以万乘之齐国伐万乘之燕国,五十日便一举攻克,仅凭人力不至于有此成功,其中一定有天意。所以如果不取,必有上天降下祸殃。如要取之,应当如何呢?"

孟子道:"若取之而燕民因此而悦,那便取之,古之人有如此而行的,周武王便是了。若取之而燕民因此不悦,那便不能取之,古之人有如此行事的,周文王便是了。以万乘之齐国伐万乘之燕国,如果燕民是以箪盛食、以壶灌浆,迎接大王之师于道路两旁,这岂有其他原因?是燕民要避国中内乱的痛苦,这痛若如水淹之患、火烧之热,自然是欢迎齐国来解救啊!如果是齐国吞取后,水更深,火更热,对燕民而言这只不过是国名转变而已,而痛苦依旧,那燕民自然便不会欢迎齐国了。"

【议论】

天意是民心,民心便是天意,两者皆不可违背。天意民心,大事之出发也。而圣人言天意民心,不为虚玄,但有箪食壶浆以迎王师之实也,则天意人人可会,民心人人可知也。否则天意民心岂非唇舌之吞吐,权柄之操弄耳。

2.11 齐人伐燕,取之。诸侯将谋救燕。宣王曰:"诸侯多谋伐寡人者,何以待之?"

孟子对曰:"臣闻七十里为政于天下者,汤是也。未闻以千里畏人者也。千里畏人,指齐王也。书曰:'汤一征,自葛始。'天下信之。'东面而征,西夷怨;南面而征,北狄怨。曰,奚为后我?'民望之,若大旱之望云霓也。归市者不止,耕者不变。诛其君而吊其民,若时雨降,民大悦。书曰:'徯我后,后来其苏。'两引《书》,皆《商书·仲虺》之诰文也。与今《书》文亦小异。一征,初征也。天下信之,信其志在救民,不为暴也。奚为后我,言汤何为不先来征我之国也。霓,虹也。云合则雨,虹见则止。变,动也。

徯,待也。后,君也。苏,复生也。他国之民,皆以汤为我君,而待其来,使己得苏息也。

今燕虐其民,王往而征之。民以为将拯己于水火之中也,箪食壶浆,以迎王师。若杀其父兄,系累其子弟,毁其宗庙,迁其重器,如之何其可也?天下固畏齐之强也。今又倍地而不行仁政,是动天下之兵也。 拯,救也。系累,絷缚也。重器,宝器也。畏,忌也。倍地,并燕而增一倍之地也。**王速出令,反其旄倪,止其重器,谋于燕众,置君而后去之,则犹可及止也。**"旄与耄同。反,还也。旄,老人也。倪,小儿也。谓所虏略之老小也。犹,尚也。及止,及其未发而止之也。

【述要】

齐人兵伐燕国,并吞取之。诸侯各国将合谋以救燕国。宣王来问孟子说:"诸侯很多想合谋以伐寡人,将何以应对?"

孟子望其自省道:"微臣闻知,一个小国方七十里便可有一番政治作为而让天下归服,商汤便是。未听闻以国土千里之广却畏惧他国的。《尚书》上说:'商汤征讨诸侯各国,是自葛国开始。'天下信商汤之志是在救民,因此'商汤向东面而征,西方之民则有不满的怨声;向南面而征,北方之民则有不满的怨声。西夷、北狄皆说,为何将我们考虑在后?'各地人民盼望商汤之师,若地中大旱而望天上能降大雨的云霓啊!重归于集市者络绎不止,复耕于田地者人数亦不变。商汤诛杀各国的暴君而吊慰其地之民,若及时雨从天而降,人民大悦。《尚书》上说:'等待我们的君王,君王来了可以复苏我们的生机。'

今燕国虐待其民,大王发兵征讨之。燕民以为大王将拯救他们于水火之中,于是悉皆以箪盛食、以壶灌浆,以迎接大王之师啊!如今大王却无故杀害他们的父兄,囚禁他们的子弟,毁弃他们的宗庙,迁走他们的国家宝器,这如何可以呢?天下固然畏惧齐国之强,但今日齐国比之燕国又更加不行仁政,这是扰动诸侯而自招天下之兵啊!请大王速出诏令,把被抓的老人和孩子遣送回燕国,停止重器之迁,然后跟燕国众臣商量谋划,重置其新君而后离开燕国,这样尚可以制止不测啊!"

【议论】

征讨之义在诛暴安良。诛暴而不予安良,复施暴于良,则其义既失而复为暴者,亦将复为诸侯所征讨之矣。故未为安良,不可谓诛暴也。

2.12 邹与鲁哄。穆公问曰:"吾有司死者三十三人,而民莫之死也。诛之,则不可胜诛;不诛,则疾视其长上之死而不救,如之何则可也?"哄,斗声也。穆公,邹君也。不可胜诛,言人众不可尽诛也。长上,谓有司也。民怨其上,故疾视其死而不救也。

孟子对曰:"凶年饥岁,君之民老弱转乎沟壑,壮者散而之四方者,几千人矣,而君之仓廪实,府库充,有司莫以告,是上慢而残下也。曾子曰:'戒之戒之!出乎尔者,反乎尔者也。'夫民今而后得反之也。君无尤焉。转,饥饿辗转而死也。充,满也。上,谓君及有司也。尤,过也。

君行仁政,斯民亲其上、死其长矣。"

【述要】

邹国与鲁国哄斗。邹穆公因此问孟子说:"此次哄斗,我的官吏死了三十三人,而百姓却无一人以死相救的。若要诛杀这些百姓,则人数太多不可胜诛;若不诛杀之,这些眼看着他们的长官之死而不救的百姓,当如何处置则可呢?"

孟子为民辩护道:"每逢凶年饥岁,君上的百姓中老弱的饥饿辗转而死于沟壑,青壮的流散而漂泊四方者,有几千人啊!而君上的仓廪中米粮充实,府库中财货充实,地方官吏却不将百姓的实际情形告于君上以请求赈济,这是欺瞒君上而残害下民啊!曾子说:'要戒之,要戒之啊!有什么出自于你,便有什么反报给你。'君上的百姓从今而后得以开始反报过去他们所得到的了!君上于此难道无过失吗?君上如行仁政,这些百姓便会亲爱他们的上司、以死来报答他们的长官啊!"

【议论】

爱民之道,君民同仁而已。民之有罪,罪在君,罪其仁爱不足也。

2.13 滕文公问曰:"滕,小国也,间于齐、楚。事齐乎?事楚乎?"滕,国名。

孟子对曰:"是谋非吾所能及也。无已,则有一焉:凿斯池也,筑斯城也,与民守之,效死而民弗去,则是可为也。"一,谓一说也。效,犹致也。

【述要】

滕文公不无忧虑地问孟子说:"滕是小国,处于齐、楚两个大国之间。是顺附于齐呢?还是顺附于楚?"

孟子却回答道:"国家间关系的谋略目前不是我所能涉及的。必不得已要我回答,则有一说在此。凿深城池,筑牢城墙,准备与民众共守之,君臣皆愿效死国家以尽忠义而民众亦不愿离去,这样滕国方可有所作为了。"

【议论】

国步方蹇之际,君有死社稷之心,其心无私虑而能尽仁义,则不失信于人民;其心无畏惧而能全礼智,则不失敬于大国;内为团结,外有宽余,则虽效死未必终能守土,但能使国运尽其命数也。

2.14 滕文公问曰:"齐人将筑薛,吾甚恐。如之何则可?" 薛,国名,近滕。齐取其地而城之,故文公以其逼己而恐也。

孟子对曰:"昔者大王居邠,狄人侵之,去之岐山之下居焉。非择而取之,不得已也。 邠,与豳同。邠,地名。**苟为善,后世子孙必有王者矣。君子创业垂统,为可继也。若夫成功,则天也。君如彼何哉? 强为善而已矣。"** 创,造。统,绪也。彼,齐也。强为善,君之力既无如之何,则但强于为善,使其可继而俟命于天耳。

【述要】

滕文公问策于孟子说:"齐国人攻取了薛国,将在薛国筑牢城池,而薛国这么靠近我国,我甚是恐慌,如何则可以应对呢?"

孟子宽解道:"过去周太王居于邠地,因北狄人的入侵,遂去往岐山之下定居。这不是经慎重选择而定取的结果,是不得已而为之,因为太王大善,虽迁岐山,众百姓皆追随之,后来太王的子孙文王武王终于一统天下。因此,如果为君者一心为善,无论地方大小,地处何方,目前处境如何,但仁义、王道不失,后世子孙必有称王于天下的。君子之所以要创基业、垂统绪,是为了后世可以继承其正而发扬光大,至于何时成功,则要看天数与时机了。君上于彼齐国的筑城又能如何呢? 强自努力为善就好了。"

【议论】

人君当竭力其所能为、当为之仁义,有行仁义,上下团结,天数尚可等待。而弃仁义以图,众心离散,已无所谓天数矣。仁心、义节乃天所命赋,尽仁义即是尽天命,所以尽仁义者必心地坦荡,临危不惧,而反观滕文公则不然。

成功在天,非无为以俟命,但须性尽其善,知尽其良,方可谓俟命于天也。君子亲其民,强为善,成功不必在我,而垂统则必从我,后世子孙欲王天下者,亦必以我为基业也。此解惑之辞岂非圣人之志哉!

2.15 滕文公问曰:"滕,小国也。竭力以事大国,则不得免焉。如之何则可?"

孟子对曰:"昔者大王居邠,狄人侵之。事之以皮币,不得免焉;事之以犬马,不得免焉;事之以珠玉,不得免焉。乃属其耆老而告之曰:'狄人之所欲者,吾土地也。吾闻之也:君子不以其所以养人者害人。二三子何患乎无君?我将去之。'去邠,逾梁山,邑于岐山之下居焉。邠人曰:'仁人也,不可失也。'从之者如归市。皮,谓虎、豹、麋、鹿之皮也。币,帛也。属,会集也。土地,土地本生物以养人,今争地而杀人,是以其所以养人者害人也。邑,作邑也。归市,人众而争先也。或曰:'世守也,非身之所能为也。效死勿去。'世守,谓土地乃先人所受而世守之者,非己所能专。但当致死守之,不可舍去。此国君死社稷之常法。《传》所谓:"国灭君死之,正也。"正谓此也。君请择于斯二者。"能如大王则避之,不能则谨守常法。盖迁国以图存者,权也;守正而俟死者,义也。审己量力,择而处之可也。

【述要】

滕文公问策于孟子说:"滕国是小国。竭力以服事大国,却仍然不得免于欺侮,似乎难逃厄运。要如何则可以呢?"

孟子宽解道:"过去周太王居于邠地,狄人时时来侵掠之。于是向狄人供奉毛皮与币帛,却不得免其侵;供奉以各色犬马,不得免其侵;供奉以珠玉珍玩,仍不得免。于是太王集合族中耆老而告知他们:'狄人所想要的,是我们肥美的土地。土地可以养育人民,但我听说:君子不以其所以养人者害人。我不能因为坚守养人的土地而害了诸位,诸位又何必担心无君呢? 狄人来了,一样可以为君,我将去往他处。'于是太王离开邠地,踰越梁山,重新定都于岐山之下以居住。太王走后,邠人都说:'太王是仁人啊! 不可失去这样的君上!'追从者如集市中归来的人群。有的邠人却说:'邠地是祖先世代相守之地,非我等所能擅自作为的。愿效死而留下不去。'君上请于这二者中选择其一吧。"

【议论】

留,可以效死以尽节义,去,可以获生以续王朝,为人君者可以择其一。而效死无君民上下一心不能,获生无百姓追随不能,所以无论去留,皆需仁义以得民心。

以谋策图存,以滕国之小反而有害,即或有之,圣人亦不屑为之也。或效文王以徙国,或从常法以守之,莫不推君于仁义。唯于仁义,效文王而有民从之,或可延其国祚;从常法而有民死之,或可全其国土,舍此别无他途。临难之时,圣人为此至理之推极,是天命之守要也。

2.16 鲁平公将出。嬖人臧仓者请曰:"他日君出,则必命有司所之。今乘舆已驾矣,有司未知所之。敢请。"

公曰:"将见孟子。"

曰:"何哉? 君所为轻身以先于匹夫者,以为贤乎? 礼义由贤者出。而孟子之后丧逾前丧。君无见焉!"

公曰:"诺。"乘舆,君车也。驾,驾马也。后丧逾前丧,孟子前丧父,后丧母。逾,过也,言其厚母薄父也。诺,应辞也。乐正子入见,曰:"君奚为不见孟轲也?"

曰:"或告寡人曰'孟子之后丧逾前丧',是以不往见也。"

曰："何哉君所谓逾者？前以士，后以大夫；前以三鼎，而后以五鼎与？"

曰："否。谓棺椁衣衾之美也。"

曰："非所谓逾也，贫富不同也。"乐正子，孟子弟子也，仕于鲁。三鼎，士祭礼。五鼎，大夫祭礼。

乐正子见孟子，曰："克告于君，君为来见也。嬖人有臧仓者沮君，君是以不果来也。"

曰："行或使之，止或尼之。行止，非人所能也。吾之不遇鲁侯，天也。臧氏之子焉能使予不遇哉？"克，乐正子名。沮尼，皆止之之意也。○天，道之所在也。

【述要】

鲁平公将外出，受宠嬖的臧仓见了，来请示他说："过去君上外出，则必告知有司所要去往之地。今日君上的乘舆都已起驾了，有司还未知君上所要去往之地。小臣敢冒昧请示。"

平公说："将见孟子。"

臧仓乘机挑拨说："这是为何？匹夫未来进谒，君上却先去拜访，您的所为是自轻其身、自降尊贵，是因为他贤吗？礼义是由贤者定出的，而孟子为他母亲所办的丧礼超逾以前为他父亲所办的丧礼，这如何是贤人所为呢！请君上不要见他了。"

平公于是说："好吧。"

乐正子入见平公，问："君上为何不见孟轲？"

平公说："有人告知寡人说，'孟子之后丧超逾前丧'，所以不去见他了。"

乐正子问："君上所谓的超逾是何意呀？是他操持父亲的前丧以简单的士礼，而他母亲的后丧却以大夫之礼呢？还是前丧用三鼎，而后丧却用五鼎呢？之所以不同，是因为前丧时，孟柯只是鲁国之士，而后丧时，他已成鲁国的大夫了。"

平公说:"皆不是。是说后丧的棺椁衣衾之美超逾前丧。"

乐正子说:"这不是所谓的超逾,只是孟柯在前丧时家贫,在后丧时家境已富,所以不同呀。"

乐正子来见孟子,说:"我将夫子的贤德告知于鲁君,鲁君本要来见夫子的。受他宠嬖的小人中有叫臧仓的阻止了鲁君,鲁君是以就不来了。"

孟子却不以介怀而坦然道:"有某种能力驰使方可以行,有某种能力尼阻方可以止。或行或止,非人力所能为呀,我之不能相遇鲁侯,是天意,臧氏之子如何能使我不遇呢?"

【议论】

由此观之鲁君非真爱贤,否则乐正子之解释应使鲁君释怀,当重新拜访孟子。孟子之时,礼崩乐坏已久,诸侯间相互争利而倾轧,无暇顾及于王道。鲁君想见孟子,是以为贤者多能,不过是想讨教些争利之法而已,何尝真心于王道?各国皆如此,故鲁君与孟子之相知相遇已无可能,即使相遇,不能相知,等于不遇,故孟子之所谓"不遇",是不能相知也!至于孟子"天也"之谓,是当时世道衰而未止,为君者仍未从现实中深刻感知王道之可贵,舍恶而从善之时机未熟,孟子为先觉者,于此当然知之,其信王道有觉者之担当,有觉后觉之践行,后世必有兴起之时,此乃孟子"天也"之真实义。

君臣相遇以礼,终合于道,然君臣相遇终以道,不以礼也,盖礼之用,合道而已。鲁平公以礼求遇,非以道求合,何能相遇于孟子而合其道也。

卷三 公孙丑章句上

卷三　公孙丑章句上凡九章。

3.1 公孙丑问曰："夫子当路于齐，管仲、晏子之功，可复许乎？" 公孙丑，孟子弟子，齐人也。当路，居要地也。管仲，齐大夫，名夷吾，相桓公，霸诸侯。许，犹期也。

孟子曰："子诚齐人也，知管仲、晏子而已矣。 齐人，但知其国有二子而已，不复知有圣贤之事。**或问乎曾西曰：'吾子与子路孰贤？'曾西蹙然曰：'吾先子之所畏也。'曰：'然则吾子与管仲孰贤？'曾西艴然不悦，曰：'尔何曾比予于管仲？管仲得君，如彼其专也；行乎国政，如彼其久也；功烈，如彼其卑也。尔何曾比予于是？'"** 曾西，曾子之孙。蹙，不安貌。先子，曾子也。艴，怒色也。曾，则也。烈，犹光也。得君，桓公独任管仲四十余年，是专且久也。卑也，管仲不知王道而行霸术，故言功烈之卑也。

曰："管仲，曾西之所不为也，而子为我愿之乎？" 曰，孟子言也。愿，望也。

曰："管仲以其君霸，晏子以其君显。管仲、晏子犹不足为与？" 显，显名也。

曰："以齐王，由反手也。" 由犹通。反手，言易也。

曰："若是，则弟子之惑滋甚。且以文王之德，百年而后崩，犹未洽于天下；武王、周公继之，然后大行。今言王若易然，则文王不足法与？" 滋，益也。文王九十七而崩，言百年，举成数也。文王三分天下，才有其二；武王克商，乃有天下。周公相成王，制礼作乐,然后教化大行。

曰:"文王何可当也? 由汤至于武丁,贤圣之君六七作。天下归殷久矣,久则难变也。武丁朝诸侯有天下,犹运之掌也。纣之去武丁未久也,其故家遗俗,流风善政,犹有存者;又有微子、微仲、王子比干、箕子、胶鬲皆贤人也,相与辅相之,故久而后失之也。尺地莫非其有也,一民莫非其臣也,然而文王犹方百里起,是以难也。犹方之犹,与由通。当,犹敌也。商,自成汤至于武丁,中间大甲、大戊、祖乙、盘庚皆贤圣之君。作,起也。自武丁至纣凡九世。故家,旧臣之家也。齐人有言曰:'虽有智慧,不如乘势;虽有镃基,不如待时。'今时则易然也。镃基,田器也。时,谓耕种之时。夏后、殷、周之盛,地未有过千里者也,而齐有其地矣;鸡鸣狗吠相闻,而达乎四境,而齐有其民矣。地不改辟矣,民不改聚矣,行仁政而王,莫之能御也。辟,与闢同。地未有过千里,三代盛时,王畿不过千里。齐有其地,今齐已有千里,异于文王之百里。鸡犬之声相闻,自国都以至于四境,言民居稠密也。

且王者之不作,未有疏于此时者也;民之憔悴于虐政,未有甚于此时者也。饥者易为食,渴者易为饮。王者之不作,自文、武至此七百余年,未有王者,异于商之贤圣继作。易为饮食,言饥渴之甚,不待甘美也。孔子曰:'德之流行,速于置邮而传命。'置,驿也。邮,䭾也。所以传命也。当今之时,万乘之国行仁政,民之悦之,犹解倒悬也。故事半古之人,功必倍之,惟此时为然。"倒悬,喻困苦也。事半功倍,所施之事,半于古人,而功倍于古人,由时势易而德行速也。

【述要】

弟子公孙丑问孟子说:"如果夫子您于齐国当路掌权,当年齐相管仲、晏子的不世功业,可以期许复兴吗?"

孟子语气不悦道:"你诚然是齐国人,知管仲、晏子而已呀!有人曾问于曾子之孙曾西说:'您与子路孰贤?'曾西蹴然不安说:'子路是我先父之所敬畏的。'此人又问:'那么您与管仲孰贤?'曾西听了艴然不悦,说:'你何至于将我比于管仲呢!管仲得其国君如此专一之信任,掌权而行国政又如此之长久,所建之功烈却如此卑而微小,你何至于将我比于他啊!'

孟子又道:"管仲,曾西之所不愿相比,而你却以为相比于管仲是我所愿吗?"

公孙丑不解地问说:"管仲因其国君的支持而使齐国称霸天下,晏子因其国君的支持而使齐国地位显赫于天下;难道管仲、晏子这般人物犹不足为相比吗?"

孟子淡然道:"以齐国当时之国力,要建管仲、晏子之功犹如反手之易。"

公孙丑更为不解地问说:"若是这么个说法,那弟子疑惑更甚了!即便以文王之才德,寿长百年而后崩亡,犹未能洽天下而统一之。武王、周公继承文王之才德,然后大行王道而一有天下。今夫子说管仲称霸之功不足称道,似乎统一天下是这般轻易,那文王是不足以效法了?"

孟子解疑道:"与文王相比,无论是谁如何可以当得起啊!商代由汤至于武丁,有六七位贤圣之君兴起;天下民心归服殷商已久,久则难变了。武丁时期,诸侯皆顺服来朝,他以德治有天下,犹如将天下运之掌中。至纣王时,他离武丁时并未久远,因此国中故旧能臣家的良好遗俗,若流风普及的惠民善政,犹有留存;又有微子、微仲、王子比干、箕子、胶鬲诸大臣,他们皆为贤人,一心相与辅佐纣王,故纣王虽无道,犹能久享其国而后才致失亡的。当时天下每尺土地莫非纣王所有,每一子民莫非纣王臣下,然而文王犹以方百里之地起事创业,所以难啊!齐人有谚言说:'虽有智慧,不如乘势而为;虽有镃基,不如待耕之时。'今日之时要行王政则容易了。夏后、殷、周三代在全盛之时,王畿方圆之地未有过千里的,而今齐国却已有这般广阔之地，国中人烟稠密，鸡鸣狗吠之声相闻，而能达于四方之境。而且齐国自有居民以来，原本开辟的国土未曾改变，人民聚落的城乡也未改变，说明齐国历史悠久，国家稳定，如要行仁政而称王天下，无人能抵御之啊！

况且自文王武王以来已有七百余年，圣贤之君一直未出现，在历史上未有比此时的时间疏隔更加长久的，而百姓憔悴于虐政，也未有比此时更凄惨的。饥者易有为食的需求，渴者易有为饮的需求，憔悴已久的百姓需要王者，需要贤圣之君啊！孔子也曾道：'德政流行之速，快于驿马传送君王之诏。'当今之时，作为万乘之国的齐国，若能顺百姓之急需而行仁政，则百姓心中的喜悦，犹如被解救于倒悬之苦啊！比之古人推行仁政，此时而为之，真能做到事半而功倍，之所以故，是因为唯此时的国中情势能为之如此啊！"

【议论】

管仲曾九合诸侯，一匡天下，孔子因此亦称许之曰："如其仁，如其仁。""微管仲，吾其被发左衽也。"管仲于齐国之盛、于当时王室之定，功业可谓显著。然管仲所行者究竟为霸道，以"尊周攘夷"为借口，以阴谋纵横于诸侯，虽一时稳定于天下，终不改周室礼崩乐坏、诸侯失和、天下分崩离析之衰势，其功业如何比之于文武周公诸圣之所为；故以贤圣观之，管仲之功业可谓卑矣。齐王始终未听圣人之言而行王道，是其以管仲为大贤，而以圣人为非也！

3.2 公孙丑问曰："夫子加齐之卿相，得行道焉，虽由此霸王不异矣。如此，则动心否乎？"

孟子曰："否。我四十不动心。" ○动心否乎，孟子加齐之卿相，任大责重如此，公孙丑以为孟子因此恐惧疑惑而动其心。四十，四十强仕，君子道明德立之时。孔子四十而不惑，亦不动心之谓。

曰："若是，则夫子过孟贲远矣。"

曰:"是不难,告子先我不动心。"孟贲,勇士。告子,名不害。

曰:"不动心有道乎?"

曰:"有。程子曰:"心有主,则能不动矣。"北宫黝之养勇也,不肤挠,不目逃,思以一豪挫于人,若挞之于市朝。不受于褐宽博,亦不受于万乘之君。视刺万乘之君,若刺褐夫。无严诸侯。恶声至,必反之。北宫姓,黝名。黝盖刺客之流,以必胜为主,而不动心者也。肤挠,肌肤被刺而挠屈也。目逃,目被刺而转睛逃避也。挫,犹辱也。褐,毛布。宽博,宽大之衣,贱者之服也。不受者,不受其挫也。刺,杀也。严,畏惮也。言无可畏惮之诸侯。孟施舍之所养勇也,曰:'视不胜犹胜也。量敌而后进,虑胜而后会,是畏三军者也。舍岂能为必胜哉?能无惧而已矣。'孟,姓。施,发语声。舍,名也。舍盖力战之士,以无惧为主,而不动心者也。会,合战也。孟施舍似曾子,北宫黝似子夏。夫二子之勇,未知其孰贤,然而孟施舍守约也。似,黝务敌人,舍专守己。子夏笃信圣人,曾子反求诸己;故二子之与曾子、子夏,虽非等伦,然论其气象,则各有所似。贤,犹胜也。约,要也。

昔者曾子谓子襄曰:'子好勇乎?吾尝闻大勇于夫子矣:自反而不缩,虽褐宽博,吾不惴焉;自反而缩,虽千万人,吾往矣。'"子襄,曾子弟子也。夫子,孔子也。○自反而不缩,反于内心而不能收心定止也。缩,收也,收心也,定止也。惴,恐惧之意。往,往而敌之也。

曰:"敢问夫子之不动心,与告子之不动心,可得闻与?"

"告子曰:'不得于言,勿求于心;不得于心,勿求于气。'不得于心,勿求于气,可;不得于言,勿求于心,不可。夫志,气之帅也;气,体之充也。夫志至焉,气次焉。故曰:'持其志,无暴其气。'"

"既曰'志至焉,气次焉',又曰'持其志无暴其气'者,何也?"

曰:"**志壹则动气,气壹则动志也。今夫蹶者趋者,是气也,而反动其心。**"壹,专一也。蹶,颠踬也。趋,走也。

"敢问夫子恶乎长?"

曰:"**我知言,我善养吾浩然之气。**"知言者,尽心知性,于凡天下之言,无不有以究极其理,而识其是非得失之所以然也。盖惟知言,则有以明夫道义,而于天下之事无所疑。浩然,盛大流行之貌。气,即所谓体之充者。本自浩然,失养故馁,惟孟子为善养之以复其初也。养气,则有以配夫道义,而于天下之事无所惧,此其所以当大任而不动心也。

"敢问何谓浩然之气?"

曰:"**难言也**。难言者,盖其心所独得,而无形声之验,有未易以言语形容者。**其为气也,至大至刚,以直养而无害,则塞于天地之间**。至大,初无限量。至刚,不可屈挠。塞于天地,盖天地之正气,而人得以生者,其体段本如是也;惟其自反而缩,则得其所养;而又无所作为以害之,则其本体不亏而充塞无间矣。**其为气也,配义与道;无是,馁也**。配者,合而有助之意。义者,人心之裁制。道者,天理之自然。馁,饥乏而气不充体也。**是集义所生者,非义袭而取之也。行有不慊于心,则馁矣。我故曰,告子未尝知义,以其外之也**。○集义,其心集合内义;盖圣人之义在内也。○义袭,其心袭取外义;盖告子以为义在外也。**必有事焉而勿正,心勿忘,勿助长也。无若宋人然:宋人有闵其苗之不长而揠之者,芒芒然归。谓其人曰:'今日病矣,予助苗长矣。'其子趋而往视之,苗则槁矣。天下之不助苗长者寡矣。以为无益而舍之者,不耘苗者也;助之长者,揠苗者也。非徒无益,而又害之。**"必有事焉而勿正,必有事焉,有所事也,如有事于颛臾之有事。正,预期也;春秋传曰"战不正胜",是也;如作正心义亦同;此与大学之所谓正心者,语意自不同也;此言养气者,必以集义为事,而勿预期其效。闵,忧也。揠,拔也。芒芒,无知之貌。其人,家人也。病，疲倦也。舍之不耘者，忘其所有事。揠而助之长者，正之不得，而妄有作为者也。

"何谓知言？"

曰："诐辞知其所蔽，淫辞知其所陷，邪辞知其所离，遁辞知其所穷。生于其心，害于其政；发于其政，害于其事。圣人复起，必从吾言矣。"诐，偏陂也。淫，放荡也。邪，邪僻也。遁，逃避也。四者相因，言之病也。蔽，遮隔也。陷，沉溺也。离，叛去也。穷，困屈也。四者亦相因，则心之失也。〇"害于其政"之政，正也。"发于其政"之政，政事也。

"宰我、子贡善为说辞，冉牛、闵子、颜渊善言德行。孔子兼之，曰：'我于辞命则不能也。'然则夫子既圣矣乎？"说辞，言语也。德行，得于心而见于行事者也。

曰："恶！是何言也？昔者子贡问于孔子曰：'夫子圣矣乎？'孔子曰：'圣则吾不能，我学不厌而教不倦也。'子贡曰：'学不厌，智也；教不倦，仁也。仁且智，夫子既圣矣！'夫圣，孔子不居，是何言也？"恶，惊叹辞也。夫子，孔子也。学不厌者，智之所以自明；教不倦者，仁之所以及物。是何言也，深拒之意。

"昔者窃闻之：子夏、子游、子张皆有圣人之一体，冉牛、闵子、颜渊则具体而微。敢问所安。"一体，犹一肢也。具体而微，谓有其全体，但未广大耳。安，处也。

曰："姑舍是。"

曰："伯夷、伊尹何如？"

曰："不同道。非其君不事，非其民不使；治则进，乱则退，伯夷也。何事非君，何使非民；治亦进，乱亦进，伊尹也。可以仕则仕，可以止则止，可以久则久，可以速则速，孔子也。皆古圣人也，吾未能有行焉；乃所愿，则学孔子也。"伯夷，孤竹君之长子。兄弟逊国，避纣隐居，闻文王之德而归之。及武王伐纣，去而饿死。伊尹，有莘之处士。汤聘而用之，使之就桀。桀不能用，复归于汤。

"伯夷、伊尹于孔子,若是班乎?"

曰:"否。自有生民以来,未有孔子也。"○于,如也。班,齐等之貌。

曰:"然则有同与?"

曰:"有。得百里之地而君之,皆能以朝诸侯有天下。行一不义、杀一不辜而得天下,皆不为也。是则同。"有,言有同也。以百里而王天下,德之盛也。行一不义、杀一不辜而得天下有所不为,心之正也。

曰:"敢问其所以异?"

曰:"宰我、子贡、有若智足以知圣人。污,不至阿其所好。污,下也。宰我曰:'以予观于夫子,贤于尧、舜远矣。'子贡曰:'见其礼而知其政,闻其乐而知其德。由百世之后,等百世之王,莫之能违也。自生民以来,未有夫子也。'有若曰:'岂惟民哉?麒麟之于走兽,凤凰之于飞鸟,太山之于丘垤,河海之于行潦,类也。圣人之于民,亦类也。出于其类,拔乎其萃,自生民以来,未有盛于孔子也。'"麒麟,毛虫之长。凤凰,羽虫之长。垤,蚁封也。行潦,道上无源之水也。出,高出也。拔,特起也。萃,聚也。

【述要】

公孙丑问孟子说:"夫子您若加官至齐国的卿相,得以在齐国行王道,虽由此或成霸业、或成王业是不足惊异的,因为以夫子的德能才智,定然可以。但如此的大任重责,其实施过程难免有各种是非得失、顺境逆境、他人毁誉等,会因此动摇心志而改变初衷吗?"

孟子语气坚定道:"不会。我四十便已体察人心的本质,故而不动心。"

公孙丑说:"若是这样,那夫子的境界超过孟贲太远了?"

孟子不以为然道:"这不难,告子先我不动心。"

公孙丑问:"不动心有具体方法吗?"

孟子道:"有。北宫黝作为杀人必胜的刺客,他培养勇气的方法是,身体肌肤被刺而不屈挠,目被刺而不转睛逃避。他的所思是,受他人一毫的挫辱,如同被人鞭挞于大庭广众的市朝;既不受制于着宽博褐衣的贫贱之士,亦不受制于尊贵的万乘之君;视刺杀万乘之君,如同刺杀一贫贱褐夫。他眼中根本无所谓威严的诸侯,只要听闻侮辱的恶声,必心无畏惧而反击之。而作为勇士的孟施舍,他所养勇的方法说的却是:'视不能战胜之敌,犹如能战胜之。如需先估量敌之强弱而后进取,先考虑胜负而后会战,这其实是畏惧三军的行为。我孟施舍岂能为必胜呢,不过能无惧而已啊!'从气禀上说,孟施舍的专于守己之勇似曾子的反求诸己,是向内以求之,而北宫黝的专于克敌之勇似子夏的笃信圣人,是向外以求之,此二子之勇敢,未知是谁更能胜出,然而孟施舍向内的专于守己比之北宫黝向外的专于克敌则更能守其要。那什么是其要呢?

过去曾子曾对子让、子襄说:'你们好勇吗?我尝听闻孔夫子有关大勇的说教:反于内而不能收心定止,虽面对褐宽博的贫士,我能不惴惴不安吗?反于内而能收心定止,虽面对千万人,我当一往而无前了。孟施舍虽也守己,所守者不过是一己的血勇之气,又不如曾子所守约的内心定止,这内心所定止的正是天下人心所共的明德与理要,也是最为重要的啊!"

公孙丑于是问:"敢问夫子所谓的动心,与告子所谓的不动心,可得闻教吗?"

孟子道:"告子说:'于言辞不能达义,则暂舍其言辞,不必反求于心而知其所以然;于内心不能定止,则暂舍其思虑,不必求助于意气以强止其心;这样便能不动心了。'告子所说的'不得于心,勿求于气。'是可行的;因为心为内主而外生意气,不能求外以制内,所以不外求可行。而'不得于言,勿求于心'则不可行。因为言辞是内心的表达,表达不好,当然要反求于内心,所以不内求不可行。再进一步说,内心之志,它是意气的主帅;意气是随志而生,用于充盈身体的。内心之志原是至极的核要,意气是依从于心志的、次一级的体现了。所以说:'坚持其内心之志,而不要暴动其意气。'"

公孙丑又问:"既然说'志至焉,气次焉。'又说'持其志,无暴其气。'这是为何呢?"

孟子道:"因为内心之志专一,则意气固然能从之而鼓动充盈;而只求意气专在,则内心之志便要随之动荡不安了。比如现在有人蹶跳趋走,这是意气在驱使他动作,为保持此意气,如何能不时时动荡其心志以应对呢?"

公孙丑接着问:"敢问夫子有何见长,而能做到不同于告子的不动心?"

孟子道:"我知言,我善养我的浩然之气。"

公孙丑于是问:"敢问何谓浩然之气?"

孟子道:"难以言表啊!所以难言,是因为它没有形声的验证,但也不妨说说。浩然之气为气,至大而初无限量,至刚而不可屈挠,以其洁然纯善而无需分别,直可养之而无有一丝之害,则自然充塞于人心、充塞于天地之间。浩然之气为气,需配合以向善之义与进德之道;无有道义,其浩然之气便气馁而枯竭了。浩然之气并非单纯之气,它是志意集合人心本有的道义所生,与道义天然一体,而非向外袭取道义而生浩然之气。言行若不满足于内心本有的道义,其浩然之气便气馁以至于枯竭了。我所以说:'告子未尝知晓道义本人心所有,以为道义是心外之物呢。'如必有大事以作为,而无需对本有的道义之心再加修正,既不能忘失其道义之心而不作,或背其道义之心而胡作,也不能强行用力以助长其道义之心。无需修正,是因道义无有偏邪本来即正;不能忘之,忘则无道义之用;勿要助长,是因道义本就生气昂然,用力反而不得。唯有如此,则道义自然随心而运,随事而行,至大至刚之气将浩然而磅礴,那大事便无有不成了。不能像那位宋人一般,曾有一位宋人,他担忧田中禾苗不长而将其拔高,便芒芒然乱拔一气而归,对家人说:'今日劳作很是疲倦,我拔苗助长了。'他儿子急忙赶往以视之,禾苗则已枯槁。天下不想助苗生长的人少啊!以为多作无益而舍之不作的,这是不耕耘管理禾苗;以人力助苗生长的,这是拔苗。前者是忘了禾苗需要耕耘管理,后者是不知生机本禾苗自有,却强行以人力干预禾苗的自然生长,这样的结果非徒无益于禾苗,而又害了禾苗啊!那些不知道义本人心自有,于道义常忘之、正之、助之,其结果如拔苗助长一般,也是害了人心道义,这样的人多啊。"

公孙丑问:"何谓知言?"

孟子道:"偏颇之辞,知其遮蔽所在,遮蔽则事理不明;放荡之辞,知其陷溺所在,陷溺则情志已昏;邪僻之辞,知其离经所在,离经则常则已背;逸遁之辞,知其穷屈所在,穷屈则走投无路。这四种言辞皆生于不明之心,而害于道理之正;如这四种言辞发生于国家之政,则要为害于国之政事了。如果有圣人复起再生,必然认同我之所言。"

公孙丑又问:"孔门弟子中宰我、子贡善为说辞,冉牛、闵子、颜渊善言德行,了二者孔子兼而有之。而孔子却道:'我于辞令,则还不能擅长。'孔子尚且自言不擅辞令,那孔子已是圣人了吗?"

孟子充满敬言道:"哎!这是何话呀!过去子贡曾问孔子说:'夫子已是圣人了吗?'孔子道:'圣人,那我还不能称之。我不过是好学先王之道而不厌,乐教后进之人而不倦。'子贡赞叹说:'学不厌,是夫子之智深明于大道,教不倦,是夫子之仁悲悯于大众。有仁且智,夫子已经是圣人了。'竟然说孔子不能居为圣人,这是何话呀!"

公孙丑便问:"我曾私下听闻:子夏、子游、子张,每人皆学有圣人的某一方面;而冉牛、闵子、颜渊,则学得具体而细微。敢问夫子您所安处的是孔门弟子中的哪一类呢?"

孟子道:"姑且舍此话题不谈。"

公孙丑于是又问:"伯夷、伊尹,二人如何?"

孟子道:"二人不同道。非其国君,不入朝做事,非其治下之民,不差遣以使,国家有治则入仕尽贤,乱则退以隐遁,这是伯夷啊!为何做事要遵循'非其君不事'呢?有君则可以;为何使民要遵循'非其民不使'呢?有民则可以;治也进,乱也进,这是伊尹啊!可以入仕则入仕,可以不入则不入,可以久任则久任,可以速去则速去,这是孔子啊!他们皆为古圣人,我未能有他们的德行;如问什么是我之所愿,则学孔子啊!"

公孙丑便问:"伯夷、伊尹如同孔子,是可以这样齐等而并列吗?"

孟子纠正道:"不。自有生民以来,未有如孔子之圣的。"

公孙丑又问:"那么古圣人之间有相同之处吗?"

孟子道:"有。得百里之地而为君,皆能以仁德使诸侯来朝,从而治有天下。行一不义之事,杀一无辜之人,而得天下,皆不肯为之,这是他们相同之处。"

公孙丑接着问:"敢问什么是他们的不同之处?"

孟子道:"孔门弟子宰我、子夏、有若,其智足以知晓圣人了,因此不至于卑污不堪到阿谀奉承其心中所好。宰我赞叹孔子说:'以我观于夫子,贤能远超于尧、舜啊!'子贡赞叹说:'见夫子逊让谦抑之礼,而知夫子为政必为万民所悦服,闻夫子和天尽性之乐,而知夫子休德必为万方所欣戴;即便由百世之后,差等百世而每一世均有王者,也没有谁能违弃夫子之道的。自生民以来,未有如夫子之圣啊!'有若则赞叹说:'难道唯人类有伟大与渺小之分吗?麒麟之于走兽皆兽,凤凰之于飞鸟皆鸟,泰山之于丘垤皆土,河海之于行潦皆水,是各同其类。圣人之于生民皆为人,亦为同类。而麒麟称神兽,凤凰称神鸟,泰山称高峻,河海称广大,至于圣人,他称人天之师,教化之主,虽出于其同类而皆特拔于同类之萃集。自生民以来,未有盛于孔子之圣啊!'"语气中满是敬慕!

【议论】

圣人无有诐、淫、邪、遁之辞,能不蔽、不陷、不离、不穷,是其知言也;所以知言,是圣人深究天下之至理,其穷心尽性,而于是非善恶明断有主,故为知言;明断有主,是道义深植于心也,而此道义,亦中心生机所在,接物则勃然兴意,于是乎意气集道义苗然而壮,遂成圣人浩然之气也!其气既生于道义之深心,日夕鼓涌之不息,则圣人虽承社稷之重,亦不复有惶恐疑惑矣。

人心岂有涯涘,天地莫不浑含其中,心即天地,天地即心,天地之道亦人心之经常,人心之理亦天地之法要,故而人心之浩然正气,亦天地间正气也。

孟子之志在学孔子,欲成孔子之圣,而非孔门弟子中贤者,故于公孙丑之"敢问所安"未予作答。孟子终以其刚大之志、浩然之气而成千秋之亚圣也!

3.3 孟子曰:"以力假仁者霸,霸必有大国,以德行仁者王,王不待大。汤以七十里,文王以百里。力,谓土地甲兵之力。假仁者,本无是心,而借其事以为功者也。霸,若齐桓、晋文是也。以德行仁,则自吾之得于心者推之,无适而非仁也。**以力服人者,非心服也,力不赡也;以德服人者,中心悦而诚服也,如七十子之服孔子也。诗云:'自西自东,自南自北,无思不服。'此之谓也。"**
赡,足也。诗,《诗·大雅·文王有声》之篇。

【述要】

孟子辨析道:"内心本无爱人之仁,却假借仁之名,并以爪牙之利对内强权,以土地之广、人数之众、甲兵之利对外侵略,此类君王可以称霸,称霸必有大国可居。因自觉其体仁之德美善而再行推仁及于天下,此类君王可以称王,称王无需国土之大,商汤只以七十里,文王只以百里。以威力压服他人,他人非心服,是力不足以抗啊。以仁德亲服他人,他人中心喜悦而诚服啊!如七十二弟子诚服于孔子。《诗·大雅·文王有声》之篇说:'自西自东,自南自北,无有不服的。'说的正是以德服人啊!"以德服人,何曾要他人归服呢?不过是推己之仁,与他人共举德业,如此久了,他人如何不感德而归服呢?以力服人者则相反了。

【议论】

以德服人,虽无意使众人归服于己,而推己之善,愿与众人共举德业,久之众人如何不善善而心服之?以力服人,欲威迫众人顺服于己,是推己之恶,强使众人助其恶行,久之众人如何不恶恶而心离之。

3.4 孟子曰:"**仁则荣,不仁则辱。今恶辱而居不仁,是犹恶湿而居下也。如恶之,莫如贵德而尊士,贤者在位,能者在职。国家闲暇,及是时明其政刑。虽大国,必畏之矣。**贵德,犹尚德也。士,则指其人而言之。贤,有德者,使之在位,则足以正君而善俗。能,有才者,使之在职,则足以修政而立事。国家闲暇,可以有为之时也。**诗云:'迨天之未阴雨,彻彼桑土,绸缪牖户。今此下民,或敢侮予?'**

孔子曰:'为此诗者,其知道乎!能治其国家,谁敢侮之?'诗,《诗·豳风·鸱鸮》之篇,周公之所作也。迨,及也。彻,取也。桑土,桑根之皮也。绸缪,缠绵补葺也。牖户,巢之通气出入处也。予,鸟自谓也。**今国家闲暇,及是时般乐怠敖,是自求祸也。祸福无不自己求之者。诗云:'永言配命,自求多福。'太甲曰:'天作孽,犹可违;自作孽,不可活。'此之谓也。"**诗,《诗·大雅·文王》之篇。永,长也。言,犹念也。配,合也。命,天命也。此言福之自己求者。太甲,商书篇名。孽,祸也。违,避也。活,生也,书作逭。逭,犹缓也。

【述要】

孟子深诫道："以仁居心、齐家、治国，则可以滋荣身心，增荣华于室家，显荣光于天下；以不仁居心、齐家、治国，则会羞辱身心，折辱室家，损辱天下。今憎恶于受辱却仍居于不仁，这犹如厌恶潮湿却仍居于卑下潮湿之地啊！以治国为例，如真心憎恶于受辱，莫如贵德而尊士，使贤德者在位，可以正邪乱、美风俗；使才能者在职，可以兴利益、振民生；国家若闲暇而内外无事，要及时修明其政令、刑典，这样即使是大国也必对其有所敬畏了。《诗·豳风·鸱鸮》之篇说：'每每等及天未为阴雨，我便彻治植桑之土，并绸缪修葺各家牖户。今天你等治下之子民，还敢对我攻诘而侵侮么？'

孔子曾道：'为此诗的人，其已知晓先王之道吧！能治其国家，谁敢欺侮他呢！'今国家闲暇无事，却不未雨绸缪，而是及时游乐嬉戏，遨游怠惰，这是自求灾祸啊！祸福吉凶，无不是自己求之的啊！《诗·大雅·文王》之篇说：'将永远配合于上天所赋之命，自求于仁并行仁者方能求多福啊！'《尚书·太甲》之篇说：'天作的灾祸，犹可逃避之。自作的罪孽，则不可有生路了！'说的便是这般道理啊！"

【议论】

荣辱有自，于仁为异；祸福无由，惟人自求。

3.5 孟子曰："尊贤使能，俊杰在位，则天下之士皆悦而愿立于其朝矣。俊杰，才德之异于众者。**市廛而不征，法而不廛，则天下之商皆悦而愿藏于其市矣**。〇廛，市宅也；公家所建，供商人储货。〇征，征税。〇法，市官之法。**关讥而不征，则天下之旅皆悦而愿出于其路矣**。〇关，关隘。〇讥，查问。**耕者助而不税，则天下之农皆悦而愿耕于其野矣。廛无夫里之布，则天下之民皆悦而愿为之氓矣**。〇夫里之布，税有夫布与里布之分。夫布，人口税，今谓丁钱；里布，一种地税；布，钱，货币。市宅之民，已赋其廛，又令出此夫里之布,非先王之法也。氓,民也。

信能行此五者,则邻国之民仰之若父母矣。率其子弟,攻其父母,自生民以来,未有能济者也。如此,则无敌于天下。无敌于天下者,天吏也。然而不王者,未之有也。"○济,成也。○天吏,奉行天命,施行德法。

【述要】

孟子开陈道:"为君者尊重贤良而使用有才能者,使其中俊杰之士在位当职,那天下士人皆心悦而愿立于其朝任事了。于集市,或仅于储存收租而不于货物征税,或仅以法征购而免于市廛,那天下商人皆心悦而愿藏于其市以经营了。于各处关隘,只稽查而不征税,那天下旅人皆心悦而愿出于其路以行游了。于耕者,只需其助耕公田而不征税,那天下农人皆心悦而愿耕于其野以生活了。于居民,既已缴廛宅之租,无需再承担丁钱、地税的额外费用,那天下人民皆心悦而愿为其民而迁居了。

一国之君确实能行此五种良政,那邻国之民也会仰之如父母啊!如果邻国要率其国中子弟,来攻伐其所敬仰的父母,自有生民以来未有能成功的。如此,则无敌于天下了。无敌于天下者,其君臣皆是天命所遣啊!然而不能称王的,从来未有啊!"

【议论】

五者为仁政之具体。为仁政者,为天下之父母;不为仁政,则为天下之寇仇。

3.6 孟子曰:"人皆有不忍人之心。不忍人之心,天地以生物为心,而所生之物因各得夫天地生物之心以为心,所以人皆有不忍人之心也。**先王有不忍人之心,斯有不忍人之政矣。以不忍人之心,行不忍人之政,治天下可运之掌上。**先王有不忍人之心,言众人虽有不忍人之心,然物欲害之,存焉者寡,故不能察识而推之政事之间;惟圣人全体此心,随感而应,故其所行无非不忍人之政也。**所以谓人皆有不忍人之心者,今人乍见孺子将入于井,皆有怵惕恻隐之心。非所以内交于孺子之父母也,非所以要誉于乡党朋友也,非恶其声而然也**。乍,犹忽也。怵惕,惊动貌。恻,伤之切也。隐,痛之深也。内,结。要,求。声,名也。

由是观之,无恻隐之心,非人也;无羞恶之心,非人也;无辞让之心,非人也;无是非之心,非人也。羞,耻己之不善也。恶,憎人之不善也。辞,解使去己也。让,推以与人也。是,知其善而以为是也。非,知其恶而以为非也。**恻隐之心,仁之端也;羞恶之心,义之端也;辞让之心,礼之端也;是非之心,智之端也**。恻隐、羞恶、辞让、是非,情也。仁、义、礼、智,性也。心,统性情者也。端,绪也。因其情之发,而性之本然可得而见,犹有物在中而绪见于外也。**人之有是四端也,犹其有四体也。有是四端而自谓不能者,自贼者也;谓其君不能者,贼其君者也**。四体,四支,人之所必有者也。自谓不能者,物欲蔽之耳。〇贼,暴弃之。

凡有四端于我者,知皆扩而充之矣,若火之始然,泉之始达。苟能充之,足以保四海;苟不充之,不足以事父母。"〇凡,共也。扩,推广之意。充,满也。四端在我,随处发见。知皆即此推广,而充满其本然之量,则其日新又新,将有不能自已者矣。〇然,同"燃"。〇达,畅通。

【述要】

孟子陈议道:"人人生而皆有不忍他人受屈辱、遭不幸之心。先王有不忍人之心,于是有不忍人之政了。以不忍人之心,行不忍人之政,则治理天下之易可谓运之掌上。所以说'人人生而皆有不忍人之心',有何可以证实呢?今有人乍见弱小的幼子将坠入井,皆会怵惕而惊,顿生哀恻隐伤而往救之;此怵惕恻隐之心,绝非因结交于孺子之父母所以生之,绝非为邀名誉于乡党朋友所以生之,亦绝非孺子的哭救之声使闻者不适、不安而产生之,此怵惕恻隐之心,天生已有,非思而得,触景即生,不勉而中。

由此观之,无哀恻隐伤之心,非人类呀;无羞耻恶恶之心,非人类呀;无推辞让人之心,非人类呀;无知是知非之心,非人类呀。恻隐之心,是心中之仁的发端;羞恶之心,是心中之义的发端;辞让之心,是心中之礼的发端;是非之心,是心中之智的发端。人有了这恻隐、羞恶、辞让、是非的四端,便能显用仁爱、义举、礼则、智识,犹如有了四肢而让人行止自若。有这四端之心却自蔽于私欲以至不能用之,而说自己不能有之,这是自我贼害暴弃啊!说其国君不能有而用之,这是贼害暴弃其国君啊!

共有四端在于我心,应当知晓,且皆要尽其量而扩充之,如火之始燃以燎原,泉之始达以成江海。如能扩充之,充分显用其仁爱、义举、礼则、智识,则足以保四海啊!如不能充之而任其为私欲所蔽,则不仁、不义、不礼、不智,不足以保全自己,更不足以侍奉父母了!"

【议论】

恻隐之心,是从心中之仁发端而产生之情绪,从而显现出仁爱;羞恶之心,是从心中之义发端而产生之情绪,从而显现出义举;辞让之心,是从心中之礼发端而产生之情绪,从而显现出礼则;是非之心,是从心中之智发端而产生之情绪,从而显现出智识。仁、义、礼、智是人心本有之性;恻隐、羞恶、辞让、是非,是人心实有之情;而仁爱、义举、礼则、智识则是人心性情之具体。性与情存乎一心,运于一心,由本性发端而生实情,并由实情之生而显其本性,最终显现其具体也。四端虽未言信者,既有四端之实,则信在其中矣。

3.7 孟子曰:"矢人岂不仁于函人哉?矢人唯恐不伤

人,函人唯恐伤人。巫匠亦然,故术不可不慎也。○矢人,制箭之人;矢,箭矢也。○函人,制甲之人;函,铠甲也。恻隐之心人皆有之,是矢人之心,本非不如函人之仁也。巫者为人祈祝,利人之生。匠者作为棺椁,利人之死。**孔子曰:'里仁为美。择不处仁,焉得智?' 夫仁,天之尊爵也,人之安宅也。莫之御而不仁,是不智也。**里仁为美,里有仁厚之俗者,犹以为美。尊爵,仁、义、礼、智,皆天所与之良贵。而仁者天地生物之心,得之最先,而兼统四者,所谓元者善之长也,故曰尊爵。安宅,尊爵在人则为本心全体之德,有天理自然之安,无人欲陷溺之危;人当常在其中,而不可须臾离者也,故曰安宅。○御,阻拦。**不仁、不智、无礼、无义,人役也。人役而耻为役,由弓人而耻为弓,矢人而耻为矢也。**由,与犹通。**如耻之,莫如为仁。**为仁,不言智、礼、义者,仁该全体。能为仁,则三者在其中矣。**仁者如射,射者正己而后发。发而不中,不怨胜己者,反求诸己而已矣。"**反求诸己,为仁由己,而由人乎哉?

【述要】

孟子开导道:"矢人难道比函人更不仁吗?表面看来,矢人制箭矢,函人制铠甲,矢、函皆武器为克敌制胜,矢人、函人的用心似无差别。但矢人制箭矢,惟恐箭矢不锋利而不能伤人;函人制铠甲,惟恐铠甲不坚牢而为人所伤,二者之仁便不同了。同理,巫医的职责是祈福与治病,匠人的职责是制棺椁以送葬,表面看来,二者皆服务于人,无有不同。但巫医利人之生,而匠人送人之死,二者之仁也是不同的,所以个人要选何种技艺谋生不可不慎了。孔子曾道:'心居于仁爱之域,身居于仁厚之乡,方为美善啊!择其居所而不以仁为处,如何能得为智者呢?''仁'字,她是上天最尊贵的爵位,被赋于人而人人皆有,是人世最安适的居宅,被藏于心而人人可用。有人却不使用而至于不仁,这是不智了。不仁不智,则无礼亦无义了,便要为邪慝所役使了。为邪慝所役而耻为所役,犹如弓人却耻于为弓,矢人却耻于为矢,这不是自相矛盾吗?如真心耻为他人所役,不如为仁。仁者一如射者,射者需先正身姿以瞄准,而后发箭,若发而不中,不怨胜己者,反求诸己以再正己而已啊!"

【议论】

虽言仁、义、礼、智四者皆上天所赋之良贵,为人本有之性。若无恻隐之仁,其心但为私欲所侵而失其纯然明彻之体,则易失是非之明,故为无智;是非不明,羞恶之心难生,故为无义;无智无义,何能辞让?故为无礼。故仁乃四者之首要,可以统摄统言诸要。有仁,人类方能于万灵中居尊,故仁乃天之尊爵;有仁,人类方能关爱结群,立室建邦以居安,故仁乃人之安宅也!又因此故,仁乃人心之主宰,失仁者,失其尊,失其居,更失其主也;失其主者,如何不为邪魇所役使?而仁存乎人人之心,但须及时为仁而自我作主也!

3.8 孟子曰:"子路,人告之以有过则喜。○喜,良知发现。喜其得闻而改之,其勇于自修如此。**禹闻善言则拜**。○拜,诚心以受。《书》曰:"禹拜昌言。"盖不待有过,而能屈己以受天下之善也。**大舜有大焉,善与人同。舍己从人,乐取于人以为善**。有大焉,言舜之所为,又有大于禹与子路者。善与人同,公天下之善而不为私也。舍己从人,己未善,则无所系吝而舍以从人。乐取于人以为善,人有善,则不待勉强而取之于己,此善与人同之目也。**自耕、稼、陶、渔以至为帝,无非取于人者。取诸人以为善,是与人为善者也。故君子莫大乎与人为善。"** 与,犹许也,助也。与人为善,取彼之善而为之于我,则彼益劝于为善矣,是我助其为善也。能使天下之人皆劝于为善,君子之善,孰大于此。

【述要】

孟子陈述道:"子路,若有人以他所犯过失告之,则心生喜悦。大禹不待有过,只要听闻善言,则心喜而拜。大舜则更有伟大之处了,他将善视为天下共同之善,而不以为有一己之善;可以舍弃自我而乐从于他人之善;又乐学取他人之善以为益助,而自为善之不倦。他自耕稼于历山、做陶器于河滨、渔猎于雷泽,以至后来为帝,无非是学取于他人之善而自为善之不止啊。学取于他人之善以为善,这是与天下之人相与劝善而共同为善呀,故君子的可贵,莫大于与人为善啊!"

【议论】

　　故知为善亦有次第。大者,与人为善,是乐与天下共善,自然为善也;次者,闻善则拜,是欣受天下之善,积极向善也;再次,闻过则喜,是自省以改过,勇于为善也。至于闻过而不改,至死不悟者,不在为善之范围也。

3.9 孟子曰:"伯夷,非其君不事,非其友不友。不立于恶人之朝,不与恶人言。立于恶人之朝,与恶人言,如以朝衣朝冠坐于涂炭。推恶恶之心,思与乡人立,其冠不正,望望然去之,若将浼焉。是故诸侯虽有善其辞命而至者,不受也。不受也者,是亦不屑就已。涂,泥也。○涂炭,喻肮脏之地。乡人,乡里之常人也。望望,去而不顾之貌。浼,污也。屑,赵氏曰:"洁也。"说文曰:"动作切切也。"不屑就,言不以就之为洁,而切切于是也。已,语助辞。

柳下惠,不羞污君,不卑小官。进不隐贤,必以其道。遗佚而不怨,阨穷而不悯。故曰:'尔为尔,我为我,虽袒裼裸裎于我侧,尔焉能浼我哉?'故由由然与之偕而不自失焉,援而止之而止。援而止之而止者,是亦不屑去已。"柳下惠,鲁大夫展禽,居柳下而谥惠也。不隐贤,不枉道也。遗佚,放弃也。阨,困也。悯,忧也。袒裼,露臂也。裸裎,露身也。由由,自得之貌。偕,并处也。不自失,不失其止也。援而止之而止者,言欲去而可留也。**孟子曰:"伯**

夷隘,柳下惠不恭。隘与不恭,君子不由也。"隘,狭窄也。不恭,简慢也。

【述要】

孟子解述道:"伯夷,非其欲事之君不事,非其欲友之友不友,不立于恶人之朝,不与恶人言。立于恶人之朝,与恶人言,如以整洁之朝衣朝冠坐于泥涂灰炭之中。常推其厌恶恶德之心以待人接物,以至于与乡人并立,如乡人的衣冠稍有不正,便望望然嫌弃而离去,好像将受染污一般。所以,虽有诸侯能善其辞命而来招引之,他也坚辞不受。不受,也是不屑高就于诸侯所招。

柳下惠,不以事污德之君为羞愧,不以居位小之官为卑下,只待进仕于朝,无论君德如何,无论官职大小,皆不隐其贤能而不用,必以君子之道为臣为事。虽被遗佚不用而不怨天尤人,虽遭阨穷之困而不自悯自忧。所以他说:'你为你,我为我。你虽袒裼露臂、裸裎露身于我侧,如何能染污我呢!'所以柳下惠由由然自得而与他人偕相并处,却不自失其正。只需援其手止之便可留下他,之所以能轻易留下他,也是因为他不屑轻易便离去呀。"

孟子因此又道:"伯夷的行为,显得狭隘;而柳下惠的行为,显得于事不恭。隘与不恭,不应为君子所效法了。"

【议论】

隘与不恭虽各有所偏,而伯夷与柳下惠虽有所偏而不失为君子。然偏者不为常道,非伯夷与柳下惠此等先天气禀之高、且心思洁清者不能用之,否则易入于邪道,因此不为君子所由。君子于二人可齐其高尚之心,不可效其偏颇之行;君子所效法者,当为人人可学而从之常道也。

卷四 公孙丑章句下

卷四　公孙丑章句下

凡十四章。

自第二章以下,记孟子出处行实为详。

4.1 孟子曰:"**天时不如地利,地利不如人和**。天时,谓时日支干、孤虚、王相之属也。地利,险阻、城池之固也。人和,得民心之和也。**三里之城,七里之郭,环而攻之而不胜。夫环而攻之,必有得天时者矣,然而不胜者,是天时不如地利也**。夫,音扶。三里七里,城郭之小者。郭,外城。环,围也。**城非不高也,池非不深也,兵革非不坚利也,米粟非不多也;委而去之,是地利不如人和也**。革,甲也。粟,谷也。委,弃也。**故曰:域民不以封疆之界,固国不以山谿之险,威天下不以兵革之利。得道者多助,失道者寡助。寡助之至,亲戚畔之;多助之至,天下顺之**。域,界限也。**以天下之所顺,攻亲戚之所畔,故君子有不战,战必胜矣**。"○畔,同"叛"。

【述要】

孟子陈议道:"利用自然因素、自然现象规律的变化,以及敌我双方盛衰强弱对比的不同所造的天时,不如利用城池之据、山川之势、物产之便的地利;而地利却不如人心之和呀。三里的城域,外加七里的外郭,环围而攻之却不胜。所以想环围而攻之,攻城者必觉有得天时的助益,然而不胜者,是因为他所筹算的天时不如他所凭借的地利呀。而城墙不是不高,城池不是不深,兵刃、革甲不是不坚利,米粟不是不多,却委弃城池而逃去,那是他所凭借的地利不如其属下众人心之和呀。

所以说:不以国之疆界来限制人民的去留,不以山河之险来稳固国家,不以兵革之利来威慑天下。施仁政、得道义者必将多得人民之助,施暴政、失道义者必少得人民之助。寡助者甚至于亲戚故旧皆背叛之;而多助者则将至于天下人民皆顺从之。以天下之所顺攻亲戚之所畔,胜负已明,所以君子不战则已,一战必胜啊!"天时、地利,均在于人用之而显其便利,唯人和方能尽天时与地利,所以人和最先。

【议论】

天人之辨所以难,难在天既生人,人本可以籍天道、天理以行人道,而人往往忘其人道之用,不能尽人事而徒听命于天,如此则天亦不能显其大用也。

阴阳兵家强调天时地利,而天时、地利,唯大行人道方能尽其大用也,而大行人道者,岂不有人伦之和美?纵有天时一时不时,地利一时不利,而若能得道多助,盛德以和人,君子终有避凶趋吉,化险为夷之机也。

4.2 孟子将朝王,王使人来曰:"寡人如就见者也,有寒疾,不可以风。朝将视朝,不识可使寡人得见乎?"

对曰:"不幸而有疾,不能造朝。" ○如,如其心思,本当其心。○朝,夫子来朝。○视朝,齐王临朝听政。○识,知也。○造,去往。王,齐王也。

明日出吊于东郭氏。

公孙丑曰:"昔者辞以病,今日吊,或者不可乎?"

曰:"昔者疾,今日愈,如之何不吊?" 东郭氏,齐大夫家也。昔者,昨日也。或者,疑辞。

王使人问疾,医来。孟仲子对曰:"昔者有王命,有采薪之忧,不能造朝。今病小愈,趋造于朝,我不识能至否乎?"

使数人要于路,曰:"请必无归,而造于朝!"要,平声。孟仲子,孟子之从昆弟,学于孟子者也。采薪之忧,言病不能采薪,谦辞也。

不得已而之景丑氏宿焉。

景子曰:"内则父子,外则君臣,人之大伦也。父子主恩,君臣主敬。丑见王之敬子也,未见所以敬王也。"曰:"恶!是何言也!齐人无以仁义与王言者,岂以仁义为不美也?其心曰'是何足与言仁义也'云尔,则不敬莫大乎是。我非尧舜之道,不敢以陈于王前,故齐人莫如我敬王也。"景丑氏,齐大夫家也。景子,景丑也。恶,叹辞也。**景子曰:"否,非此之谓也。礼曰:'父召,无诺;君命召,不俟驾。'固将朝也,闻王命而遂不果,宜与夫礼若不相似然。"**礼曰:"父命呼,唯而不诺。"又曰:"君命召,在官不俟屦,在外不俟车。"○诺,应答声。急用唯,缓用诺。○俟,待也。○宜,适也。**曰:"岂谓是与?曾子曰:'晋、楚之富,不可及也。彼以其富,我以吾仁;彼以其爵,我以吾义,吾何慊乎哉?'夫岂不义而曾子言之?是或一道也。天下有达尊三:爵一,齿一,德一。朝廷莫如爵,乡党莫如齿,辅世长民莫如德。恶得有其一以慢其二哉?**慊,恨也,少也。达,通也。○或,语词。○齿,年龄。**故将大有为之君,必有所不召之臣。欲有谋焉,则就之。其尊德乐道不如是,不足与有为也。**大有为之君,大有作为,非常之君也。**故汤之于伊尹,学焉而后臣之,故不劳而王;桓公之于管仲,学焉而后臣之,故不劳而霸。**先从受学,师之也。后以为臣,任之也。**今天下地丑德齐,莫能相尚。无他,好臣其所教,而不好臣其所受教。**丑,类也。尚,过也。所教,谓听从于己,可役使者也。所受教,谓己之所从学者也。**汤之于伊尹,桓公之于管仲,则不敢召。管仲且犹不可召,而况不为管仲者乎?**"不为管仲,孟子自谓也。

【述要】

孟子本将朝见齐王。齐王不知,正巧也使人来告知孟子说:"寡人本当就贵处来见夫子的,不幸患有寒疾,不可受风吹。倘若夫子来朝,我将力疾以临朝,不知可否使寡人得见夫子?"

孟子回答道:"微臣也不幸而有疾,不能前往朝见。"

明日,孟子出往齐大夫东郭氏家吊丧。

弟子公孙丑不解地说:"昨日以病辞齐王,今日却往吊丧,这么做或许不妥当吧?"

孟子却道:"昨日患疾,今日已痊愈,如何不可出吊呢?"

齐王使人来慰问夫子之疾,有医者同来,而夫子不在,孟仲子见状应付说:"昨日有王命来召,夫子却不幸有采薪之忧,不能前往朝见。今日夫子病体小愈,现已前往于朝,我不知他自己是否能至?"

于是急忙派遣数人拦于要路,并关照他们说:"请务必不让夫子归来而直接请他造朝。"

夫子不得已而去往大夫景丑氏家留宿。景子不解地问:"在内则是父子关系,在外则是君臣关系,这是人之大伦啊。父子之间以相互恩爱为主,君臣之间以互相敬重为主。我已见齐王敬重夫子,却未见夫子敬重齐王,所以如此,不知为何?"

孟子道:"唉!这是何话!齐人从未有以仁义说与齐王的,难道以为仁义不美吗?他们心中一定会说'齐王有何德行可与他言说仁义呀'等,这才是最大的不敬重了。我非尧、舜之道不敢陈说于王前,所以齐人皆不如我敬重齐王啊!"

景子说:"不,我的意思非夫子如此之言。《礼》上说:'父亲有召唤,应声"惟"即需动身,不能应声"诺"而迟缓。君上有命召,不待侍车驾即当动身。'夫子本来将去朝见,听了王命反而不去,这应该与《礼》所说似乎不同吧。"

孟子道:"岂能这样讲呢?"曾子曾说:'晋、楚二国之富,天下无人可及。他们以其富贵夸世,我以我之仁心示人;他们以其爵禄傲人,我以我之义心处世。我有何慊恨嫌少的呢?'曾子此番言语岂有不明理达义的?这本是一大道理呀!有通达于天下的三类尊贵:一是爵位,一是年齿,一是仁德。

在朝廷排班莫如爵位之尊,在乡党序齿莫如年龄之长,而于辅佐人世、长养生民莫如仁德之厚。怎么能拥有其中一类便可以怠慢其他二类呢?即便是国君,亦不能以其一国之尊而轻慢长者与贤者。所以将大有作为之君,必有所不可命召之臣,想与贤者谋划国事,则需礼贤而往就之。国君当尊德乐道,不如是便不足与贤者有大作为了。所以商汤对于伊尹,是先向伊尹学习而后任他为臣,因此以伊尹之贤,商汤无需大费辛劳而可以称王。齐桓公对于管仲也是如此,先向管仲学习而后任管仲为臣,因此能不劳而霸。今天下各诸侯,其上地大小类似、品德行为等齐,相互间却不能有所崇尚和学习,原因无他,是为君者皆好为臣者听其所教,而不好有所受教于为臣者。商汤对于伊尹,齐桓公对于管仲,则不可命召。管仲尚且不可命召,何况我这不愿做管仲的人呢。"

【议论】

当时孟子在齐国为宾师,未入朝为臣,是以孟子将朝见齐君,是出于礼节。然此时齐君使人来召,虽言辞委婉恳切,而孟子非臣,且贤者德尊,若为君敬贤重德,势必屈驾亲就;既以命召,必不以德贤为尊,而以爵为尊也;以爵为尊,但有所听命于君,不必闻教于贤,则不足以有为也。

礼者,德之表也,齐王德既不尊,虚与也。

4.3 陈臻问曰:"前日于齐,王馈兼金一百而不受;于

宋,馈七十镒而受;于薛,馈五十镒而受。前日之不受是,则今日之受非也;今日之受是,则前日之不受非也。夫子必居一于此矣。"陈臻,孟子弟子。兼金,好金也,其价兼倍于常者。一百,百镒也。

孟子曰:"皆是也。皆适于义也。**当在宋也,予将有远行。行者必以赆,辞曰:'馈赆。'予何为不受?**赆,送行者之礼也。**当在薛也,予有戒心。辞曰:'闻戒。'故为兵馈之,予何为不受?**○薛,地名,在今山东滕县东南。戒心,时人有欲害孟子者,孟子设兵以戒备之。薛君以金馈孟子,为兵备。辞曰"闻子之有戒心也"。**若于齐,则未有处也。无处而馈之,是货之也。焉有君子而可以货取乎?**"未有处也,无远行戒心之事,是未有所处也。取,犹致也。○处,以也,依循也。○货,有收买之意。

【述要】

弟子陈臻问孟子说:"前些日在齐国,齐君馈赠兼金一百而不受;后来在宋国,宋君馈赠七十镒而受;于薛国,薛君馈赠五十镒而受。如果前日不接受齐王馈赠是合理的,那后来接受其他国君的馈赠则不合理;如果后来接受是合理的,那前日不接受则不合理。夫子必于二者间居其一吧。"

孟子回答道:"二者皆为合理。当日在宋国,我将有远行。送行者必以财货送远行者,因此宋君辞别时说:'这是馈赠的财赆',我为何不受呢?当日在薛国临行时,我于途中可能遇险而有戒心。因此薛君辞别时说:'听闻一路需戒备贼人,所以为购兵器而有所馈赠。'我为何不受呢?若是在齐国,则没有远行、戒备的理由可处。不以任何理由而有所馈赠,那是与贤者作货物的交易了。哪有君子而可以用财货换取的呢?"

【议论】

齐君命召而不礼,陈臻以为孟子因此而不受齐君馈赆,故有此问。然接物不同,礼自不同,孟子岂能意气用事而混同命召与送行?既无理可循,则不能受人馈赆,此与命召无关。孟子于礼义循循然遵守之!

4.4 孟子之平陆。谓其大夫曰:"子之持戟之士,一日而三失伍,则去之否乎?"平陆,齐下邑也。大夫,邑宰也。戟,有枝兵也。士,战士也。伍,行列也。去之,杀之也。

曰:"不待三。"

"然则子之失伍也亦多矣。凶年饥岁,子之民,老羸转于沟壑,壮者散而之四方者,几千人矣。"

曰:"此非距心之所得为也。"子之失伍,言其失职,犹士之失伍也。距心,大夫名。

曰:"今有受人之牛羊而为之牧之者,则必为之求牧与刍矣。求牧与刍而不得,则反诸其人乎?抑亦立而视其死与?"

曰:"此则距心之罪也。"牧之,养之也。牧,牧地也。刍,草也。

他日,见于王曰:"王之为都者,臣知五人焉。知其罪者,惟孔距心。为王诵之。"

王曰:"此则寡人之罪也。"为都,治邑也。邑有先君之庙曰都。孔,大夫姓也。为王诵其语,欲以讽晓王也。○诵,进过也。

【述要】

孟子到了齐国边境的平陆,对当地的邑宰孔距心说:"您属下持戟的战士,一日而三次失伍掉队,那是否要严办?"

距心回答说:"无需等待三次。"

孟子接着道:"那么您的失职之处也多呀!凶年饥岁,您的子民中老迈、羸弱而辗转死于沟壑的,健壮而流散四方的,有几千人啊!"

距心辩解说:"这不是我所造成的。"

孟子严肃道:"今有人受人之托而为之放牧牛羊,那必定要为牛羊寻求牧地与刍草了。求牧与刍而不得,那是要将牛羊返还给原主呢,还是无动于衷地立于原地而视牛羊逐渐死去呢?"

距心惭愧地说:"这真是我的罪责啊!"

过了些日子,孟子朝见齐王,他对齐王道:"大王属下治理都邑的大臣,微臣知晓的有五人。而知晓自己失责犯罪的,唯孔距心一人而已。"孟子为齐王复述了他与孔距心的对话。

齐王也惭愧地说:"这真是寡人的罪责啊!"

【议论】

恻隐之心虽人人有之,因此而同情人民之为政者却少见,是其私心自蔽,故冷漠而刻急者多矣!或能显其恻隐之心者,如齐王与孔距心,亦不过一时之显,仁政于齐国终未得以施行,可见有其心未必有其政也。由恻隐之心而落实于仁政,在圣人看来不过如折枝之易,而现实却是上下交征于利,仁政之施何其难也!亦由此可知仁政之最大障碍在人心私欲,而人心之正,非行圣人之道不能也。

4.5 孟子谓蚳蛙曰:"子之辞灵丘而请士师,似也,为其可以言也。今既数月矣,未可以言与?" 蚳蛙,齐大夫也。灵丘,齐下邑。似也,言所为近似有理。可以言,谓士师近王,得以谏刑罚之不中者。

蚳蛙谏于王而不用,致为臣而去。 致,犹还也。

齐人曰:"所以为蚳蛙,则善矣;所以自为,则吾不知也。"

公都子以告。 公都子,孟子弟子也。

曰:"吾闻之也:有官守者,不得其职则去;有言责者,不得其言则去。我无官守,我无言责也,则吾进退岂不绰绰然有余裕哉?"官守,以官为守者。言责,以言为责者。绰绰,宽貌。裕,宽意也。

【述要】

孟子对齐大夫蚔䵷道:"您辞去灵丘邑宰的职位而请求做执法的士师,似乎有一定道理,因为士师近国君,可以向其劝谏国中刑罚的弊病。今任士师已数月了,还不可以劝谏了吗?"

于是蚔䵷向齐王进谏,却未得齐王采用,因此蚔䵷辞官而去。

有齐人听闻此事后便讥讽孟子说:"蚔䵷谏齐王而不听则辞官而去,他所以这么做则是善呀。而孟子劝齐王行仁道,齐王不听,却未见他辞行,他为什么还没走,我则不知原因了。"

弟子公都子以齐人之言告知孟子。

孟子道:"我曾有所闻教:以官为职守者,不得为国家尽其职守则辞官而去。以言为责任者,不得为国家尽其言则辞位而去。我于齐国,既无官守,也无言责,那我的进退岂不是绰绰有余吗?"

【议论】

孟子时为宾师,未食齐国之禄。然孟子犹能守君子之职,尽其言责,以仁义之道说于齐王,孟子所为岂不有益于齐人,而况其未干禄于齐王也。讥谤者全不念孟子仁义之行,却舍本事末,足见讥谤者皆为小人也。当时齐国之世道人心令人堪忧,孟子之处境亦令人堪忧也!

4.6 孟子为卿于齐,出吊于滕,王使盖大夫王驩为辅行。王驩朝暮见,反齐、滕之路,未尝与之言行事也。○出吊于滕,吊滕文公之丧。盖,齐下邑也。王驩,王嬖臣也。辅行,副使也。反,往而还也。行事,使事也。

公孙丑曰:"齐卿之位,不为小矣;齐、滕之路,不为近矣。反之而未尝与言行事,何也?"

曰:"夫既或治之,予何言哉?"王驩盖摄卿以行,故曰齐卿。夫既或治之,言有司已治之矣。

【述要】

孟子于齐国为卿大夫,奉命为使出往于滕国吊丧。齐王又遣盖邑的大夫王驩为副使辅助孟子之行。王驩虽与孟子朝暮相见,却于往返齐、滕二国的途中,未尝与孟子谈论此次出行之事。

弟子公孙丑不解地问:"夫子居齐卿之位,地位不小了。齐、滕间的路途,也不近呀。您既作为此次出行的主使,却于往返途中未曾谈论此次出行之事,这是为何?"

孟子无奈道:"途中既然有官吏理治诸事,我还有何言语呢?"

【议论】

孟子居卿之位,地位不为小矣,而诸事皆由王驩主理。王驩为副使,何以越权摄职?皆因其宠嬖于齐王,可知孟子虽高居卿位,未曾有行使之权也。当年管仲拜相,得桓公授权,方有霸业可言,而王道之行岂能无权,孟子终于不能于齐国有所作为,亦由此可知也。

4.7 孟子自齐葬于鲁,反于齐,止于嬴。充虞请曰:"前日不知虞之不肖,使虞敦匠事。严,虞不敢请。今愿窃有请也,木若以美然。"孟子仕于齐,丧母,归葬于鲁。嬴,齐南邑。○不肖,不成才,谦词。充虞,孟子弟子,尝董治作棺之事者也。○郭,治也。○匠事,木工。严,急也。木,棺木也。以,已通。○以美,为美。以,为也,肯定之词。○然,其然乎? 然,如此也。

曰："古者棺椁无度，中古棺七寸，椁称之。自天子达于庶人。非直为观美也，然后尽于人心。度，厚薄尺寸也。中古，周公制礼时也。椁称之，与棺相称也。欲其坚厚久远，非特为人观视之美而已。不得，不可以为悦；无财，不可以为悦。得之为有财，古之人皆用之，吾何为独不然？不得，谓法制所不当得。得之为有财，言得之而又为有财也。且比化者，无使土亲肤，于人心独无恔乎？○比，将心比心。化者，死者也。○独，岂也。恔，快也。吾闻之君子：不以天下俭其亲。"送终之礼，所当得为而不自尽，是为天下爱惜此物，而薄于吾亲也。

【述要】

孟子为官于齐，其母亲去世，孟子自齐国将其母归葬于鲁国。返回齐国时，止息于齐国南面的嬴邑。

弟子充虞请教说："前些日您不知弟子不才，使弟子操持作棺之事，事情严急，弟子虽有疑问，不敢请教。今日想私下有所请益：此次葬礼的棺木似乎华美了些，是这样吗？"

孟子心情沉重道："古代棺椁无有厚薄尺度。周公制礼后方有之，棺厚七寸，椁与之相称。自天子一直到平民百姓，父母的棺椁不是只为观感之美，然后才说是尽了人子的孝心。棺椁如果不得合礼法的尺度，不可以称心；如果没有财资购得，也不可以称心。得合于礼法，又有财资购得较好的棺椁，过去的人皆如此行用，我为何独独不能呢？且将心比心于去逝者，使用较好的棺椁能存之长久，而无使泥土亲近于逝者的肌肤，这于人子的孝心而言，难道不会称意而无所遗恨吗？我曾有所闻教：君子不以节省天下财货的名义而薄葬其双亲。"

【议论】

为圣人不易，事事责备求全于人！孟子既为卿大夫于齐国，自不缺财资以备棺椁,虽稍显美观,用木坚牢细密之故,但愿存之长久,并非逾礼失度,追求华美而近于侈靡也。圣人虽倡礼制从简,不能因此过简而成俭啬,以至失孝子之心。孟子所为,自有人子、礼制、财费之权衡,并不因此悖于圣人所倡之礼简也。

4.8 沈同以其私问曰:"燕可伐与?"

孟子曰:"可。子哙不得与人燕,子之不得受燕于子哙。有仕于此,而子悦之,不告于王而私与之吾子之禄爵;夫士也,亦无王命而私受之于子,则可乎?何以异于是?" 沈同,齐臣。以私问,非王命也。子哙,燕王。子之,燕相。仕,为官也。士,即从仕之人也。**齐人伐燕。**

或问曰:"劝齐伐燕,有诸?"

曰:"未也。沈同问'燕可伐与?'吾应之曰'可',彼然而伐之也。彼如曰'孰可以伐之?'则将应之曰:'为天吏,则可以伐之。'

今有杀人者,或问之曰'人可杀与?'则将应之曰'可'。彼如曰'孰可以杀之?'则将应之曰:'为士师,则可以杀之。'今以燕伐燕,何为劝之哉?" 天吏,奉天以治民。

【述要】

齐国大臣沈同私下问孟子说:"燕国可以讨伐吗?"

孟子肯定道:"可以。燕王子哙不得将天子分封的、并由先君所传的燕国私自托付与他人,相国子之也不得于燕王子哙手中接受燕国。如果有人为官于此,而他为您所欣赏,于是您不告知君王,而将君王赐予您的禄爵私自给与他。而这位士人,也无君王之命而私自接受您的给与,那可以吗?燕王让国于子之,与此有何差异呢?"于是齐人伐燕。

有人便责问孟子说:"劝齐国伐燕,有这事吗?"

孟子不容置疑道:"没有。沈同问'燕国可伐吗?'我应他说:'可以。'他便以我的回答为然而让齐王讨伐燕国。他如问说:'谁可以讨伐之?'我将应他说:'要为主张正义的天吏,才可以讨伐之。'

今有人杀人,有人问说:'此杀人者可杀吗?'那我将应他说:'可以。'他如要问:'谁可以杀之?'那我将应他说:'要为掌管刑罚的士师,才可以杀之。'燕王私自让国于子之,结果造成内乱,燕国的君王与相国皆有罪啊。今齐国伐燕,本当以正义的天吏之名,讨伐有罪的君臣而保护其民,却屠杀燕国的父兄,虐待燕国的子弟,齐国这是犯罪啊!与燕君之罪有何区别呢?以犯罪之国伐有罪之燕,这不是以另一个燕国讨伐罪国吗?这样的强盗行径,劝之又能为如何啊!"

【议论】

可伐者,伐其有罪也,燕国君臣有罪而祸人民,岂能不伐,不伐何以解民于倒悬?然伐罪非虐杀无辜,即使孟子未言"孰可伐之?"有仁之君亦不能借讨伐之名行杀人毁国之事,将伐燕之过归咎于孟子,实属可耻!而所以问于孟子,不过是假贤者之名行不义之实也。一意孤行于不义者,劝之又能如何?

4.9 燕人畔。王曰:"吾甚惭于孟子。"_{燕人畔,齐破燕后二年,燕人共立太子平为王。〇畔,叛也。}

陈贾曰:"王无患焉。王自以为与周公,孰仁且智?"

王曰:"恶!是何言也?"

曰:"周公使管叔监殷,管叔以殷畔。知而使之,是不仁也;不知而使之,是不智也。仁智,周公未之尽也,而况于王乎?贾请见而解之。"_{陈贾,齐大夫也。管叔,名鲜,武王弟,周公兄也。武王胜商杀纣,立纣子武庚,而使管叔与弟蔡叔、霍叔监其国。武王崩,}

成王幼,周公摄政。管叔与武庚畔,周公讨而诛之。

见孟子问曰:"周公何人也?"

曰:"古圣人也。"

曰:"使管叔监殷,管叔以殷畔也,有诸?"

曰:"然。"

曰:"周公知其将畔而使之与?"

曰:"不知也。"

"然则圣人且有过与?"

曰:"周公,弟也;管叔,兄也。周公之过,不亦宜乎?且古之君子,过则改之;今之君子,过则顺之。古之君子,其过也,如日月之食,民皆见之;及其更也,民皆仰之。今之君子,岂徒顺之,又从为之辞。"顺,犹遂也。顺而为之辞,则其过愈深矣。责贾不能勉其君以迁善改过,而教之以遂非文过也。○食,同蚀。更,改也。更之则无损于明,故民仰之。辞,辩也。

【述要】

齐人伐燕,杀其人民,毁其宗庙,欲吞并之,诸侯与燕人合谋另立燕王以反抗齐国。齐王听闻燕人反叛的消息说:"我于孟子很惭愧。当时攻下燕国后,他即建议我速出诏令,返还燕国的旗帜,停止掠夺他们的宝器,与燕国上下合谋以立他们的新君,然后离开燕国。若能早听孟子之言,何至于今日!"

大夫陈贾便劝解说:"大王不必虑患。大王自以为与周公相比,谁更为仁且智?"

齐王连忙说:"哎!这是何话!我怎敢比之周公。"

陈贾接着说:"周公派遣其兄管叔监督商纣王之子武庚,一同治理商朝遗民,结果管叔与殷人合谋反叛。如果早知管叔不良而派遣之,是不仁;如果不知管叔不良而派遣之,是不智。如此看来,仁与智,以周公之圣尚且未尽呢,而况于大王您呀?我请见孟子而听他如何解说。"

于是陈贾拜见孟子,问说:"周公是怎样之人?"

孟子道:"是古之圣人。"

陈贾说:"使管叔监督治理商朝遗民,结果他与殷人合谋以叛。有这事吗?"

孟子道:"是的。"

陈贾说:"周公知管叔将叛却仍派遣之吗?"

孟子道:"不知。"

陈贾说:"那么圣人姑且也有过失了。"

孟子斥正道:"周公为弟,管叔为兄,那周公的过失,不也合乎情理吗?况且古之君子,有过则改之;今之所谓'君子',有过则顺其过而不改。古之君子,其过如日食月蚀,人民皆能见之;当他更改时,又如日月悬照于天,人民皆又仰望之。今之所谓'君子',岂只顺其过而不改,又顺其过而为之强辞以辩。"

【议论】

管叔为武王之子,有其志,有其才,否则周公何以分封管叔去往管殷地以监殷;而管叔又为周公之兄,分封亦合于国之礼法;故曰周公同仁于管叔,知人于管叔,周公于管叔可谓尽其仁,亦尽其智也。初始管叔并无叛心,何能以其后来之变为初始之断也?如此逆推有背情理。如以此逆推之罪加于管叔而初始不用之,反而显周公不仁不智也。管叔之变,周公本无过失,然周公当时摄政,天下之过唯在周公一人,故亦可言周公于此事有过,未尝不是,而周公之过,自是在情理之中。何况周公知过而能及时平叛以补过,还天下以平静,又显周公其仁其智也。周公是大君子,如日月为民所仰望之也!

保全圣人之名,是君子之德。而保全之法,是同情顺理,无需曲迎,亦无需强辞。孟子于保全周公有功也!

4.10 孟子致为臣而归。○致,辞也。孟子久于齐而道不行,故去也。**王就见孟子,曰:"前日愿见而不可得,得侍,同朝甚喜。今又弃寡人而归,不识可以继此而得见乎?"**

对曰:"不敢请耳,固所愿也。"

他日,王谓时子曰:"我欲中国而授孟子室,养弟子以万钟,使诸大夫国人皆有所矜式。子盍为我言之?" 时子,齐臣也。中国,当国之中也。万钟,穀禄之数也。钟,量名,受六斛四斗。○矜式,效法。矜,敬也。式,法也。盍,何不也。

时子因陈子而以告孟子,陈子以时子之言告孟子。 ○因,籍也,借由也。陈子,即陈臻也。

孟子曰:"然。夫时子恶知其不可也?如使予欲富,辞十万而受万,是为欲富乎?季孙曰:'异哉子叔疑!使己为政,不用,则亦已矣,又使其子弟为卿。人亦孰不欲富贵?而独于富贵之中,有私龙断焉。' 季孙、子叔疑,不知何时人。龙断,冈垄之断而高也。龙,冈垄也。**古之为市也,以其所有易其所无者,有司者治之耳。有贱丈夫焉,必求龙断而登之,以左右望而罔市利。人皆以为贱,故从而征之。征商,自此贱丈夫始矣。"** 治之,谓治其争讼。○丈夫,古时成年男子通称。○垄断,网罗市利。○登,踏入。左右望者,欲得此而又取彼也。○望,望货物差价。罔,谓罔罗取之也。从而征之,谓人恶其专利,故就征其税,后世缘此遂征商人也。

【述要】

孟子久仕于齐,见道不能行,于是辞却卿大夫职而欲归故里。齐王至孟子住处来见孟子,他说:"过去愿见夫子而不可得,终得以同朝相侍为君臣,心中甚喜。今日夫子却又弃寡人而归,不知可以继此君臣相侍之乐而得终日相见吗?"齐王欲挽留孟子。

孟子婉辞道:"我是不敢有所请,君臣相侍本我所愿啊!"

过了些时日,齐王对属臣时子说:"我想在国都之中而授孟子一处房室,以万钟之禄养其弟子,使齐国各大夫以及国人皆能有所敬重与效法,你何不为我向夫子说说?"

时子因籍孟子弟子陈子,而以齐王之言转告孟子。于是陈子以时子之言转告孟子。

孟子轻轻一笑道:"是了。时子他如何能知晓此事不可呢?假如我想富,辞十万俸禄的卿大夫不做而受齐王万钟之禄,这是为求富吗?季孙曾说过:'奇怪呀,子叔疑这人!想使自己为政于朝,结果不受重用,这也便罢了,又想使他的子弟为卿大夫。谁不想富贵?这是人人如此,而独独于富贵之中,却有人想垄断天下富贵为私有。'古代为集市,是商人以其所有贸易其所无,官吏只是治理集市而不加收任何赋税。可就是有品德下贱之人,必求垄断集市中所有买卖而踏入集市,左右望货物以比较差价,从而求一网捞尽集市中利益。人人皆以为此类丈夫下贱,所以从今而后开始征收赋税。向商人征税自此贱丈夫便开始了。"

孟子去意已决。

【议论】

贤者是天下之富贵,盖唯贤者可以行仁政而使天下富贵均沾。既用贤者,但大用其贤以求天下富贵,焉能畜养而不用?而贤者又焉能为一国所垄断?孟子仁心义身,直为天下之大富贵,焉能为齐国所专,齐王垄断孟子之想,表面观之齐王欲留孟子是敬贤,实则是贱大夫所为,不想孟子为天下所用,实求一己之私利!孟子此番隐喻,自有其深义也!

4.11 孟子去齐,宿于昼。昼,齐西南近邑也。**有欲为王留行者,坐而言。不应,隐几而卧**。隐,凭也。○坐,跪坐。○几,坐几。

客不悦曰:"弟子齐宿而后敢言,夫子卧而不听,请勿

复敢见矣。"

曰:"坐!我明语子。昔者鲁缪公无人乎子思之侧,则不能安子思;泄柳、申详,无人乎缪公之侧,则不能安其身。齐宿,齐戒越宿也。齐,同"斋"。○鲁缪公,名显,在位三十三年,缪,同"穆"。泄柳,鲁贤人。申详,子张之子也。**子为长者虑,而不及子思,子绝长者乎?长者绝子乎?"**○子思,孔子之孙,名伋。长者,孟子自称也。

【述要】

孟子离开齐国时,停宿于齐国西南的昼邑。有一位齐人,他想为齐王挽留归行中的孟子,端身跪坐而向孟子进言。孟子不应,兀自凭几而卧。

来客不悦,他说:"弟子昨晚是沐浴斋戒而后方敢进言,夫子您却卧而不听,弟子请求不再敢拜见您了。"

孟子于是道:"来,靠近点坐。我明话告诉你。过去鲁缪公极尊礼子思,无不随时遣人恭谨地伺候于子思之侧,否则不能安留子思。而泄柳、申详,却无不随时遣人伺候于缪公之侧,否则二位自己便不能安身而留。可见泄柳、申详二位虽也是贤者,却比不上子思受鲁缪公重视啊!所以,你既要为我谋虑留下之事,就应该想到我的处境不及子思。若齐王想留我,便应亲自派人来,而齐王并未如此做,可见我的去留齐王未必在意,我的处境不及子思啊!而你非齐王派遣,我若应允,却非齐王本意,那你不是绝我之路吗?我若不允,正合齐王本意,又怎么是我杜绝你的好意呢?"

【议论】

来客不知齐王本意,属私自贸然行事。孟子知齐王本意,且去意已决,故意不应,使来客能知难而退。若来客能知难而退,亦无此番议论也。议论必有是非之说也,既决意去之,又何必多一是非?孟子此番议论实属无奈。可见孟子虽高义之人,于世态人情亦无不通达耳!

4.12 孟子去齐。尹士语人曰:"不识王之不可以为汤、武,则是不明也;识其不可,然且至,则是干泽也。千里而见王,不遇故去。三宿而后出昼,是何濡滞也? 士则兹不悦。" 尹士,齐人也。干,求也。泽,恩泽也。濡滞,迟留也。

高子以告。 高子,亦齐人,孟子弟子也。**曰:"夫尹士恶知予哉? 千里而见王,是予所欲也;不遇故去,岂予所欲哉? 予不得已也。** 见王,欲以行道也。今道不行,故不得已而去,非本欲如此也。**予三宿而出昼,于予心犹以为速。王庶几改之。王如改诸,则必反予。夫出昼而王不予追也,予然后浩然有归志。予虽然,岂舍王哉? 王由足用为善。王如用予,则岂徒齐民安,天下之民举安。王庶几改之,予日望之。** 浩然,如水之流不可止也。〇子思,孔子之孙,名伋。由,同"犹"。〇庶几,也许,可能。**予岂若是小丈夫然哉? 谏于其君而不受,则怒,悻悻然见于其面。去则穷日之力而后宿哉?"** 悻悻,怒意也。穷,尽也。**尹士闻之曰:"士诚小人也。"**

【述要】

孟子不得已离开齐国。齐人尹士对人议论说:"不能认识到齐王不可能成为汤、武那样的圣王,那是孟子智识不明。既认识到齐王不可,然而仍来齐国,那是孟子想干求齐王的恩泽。千里而来拜见齐王,不能知遇于齐王,故而离去,却在昼邑连住三宿而后出国,这是孟子故意濡滞迟留而不愿离去啊! 我尹士对此很是不悦!"

弟子高子以尹士之言告孟子。

孟子无奈又痛心道:"尹士怎能知我呢? 千里而来拜见齐王,是我所想。然不能知遇于齐王故而离去,这岂是我所想要的? 我离开齐国是不得已啊!我停三宿方出昼邑,这于我心仍然以为太快了,齐王或许能改变想法。齐王如能改变之,那一定会让我返回。一旦出昼邑而齐王不予追赶,我心然后浩然如水而有归去之志。虽然归去,岂是有心舍弃齐王啊?虽不能成为汤武,然齐王犹足以为善。齐王如能用我,那岂只是齐国之民安居乐土,天下之民皆能安居乐土。齐王或许能改之,我日以盼望。我岂能像是小丈夫一般呢?劝谏于国君而不被接受,则心中生怒,悻悻然怒色表现于面,离去时则穷尽每日之力以奔走,而后方得停宿吗?"

尹士听闻孟子之言,惭愧地说:"我尹士诚然是小人啊!"

【议论】

人无动之以情,晓之以理,不能豁然醒悔,贤圣情理之现真乃天下之大教也!

贤圣之情系于众生,若有仁政一日不施,则不安其心;贤圣之理定于仁义,虽于际会一时不遇,犹不动其心。既具其情,又具其理,贤圣不以天下何以成其志业!

4.13 孟子去齐。充虞路问曰:"夫子若有不豫色然。前日虞闻诸夫子曰:'君子不怨天,不尤人。'" 路问,于路中问也。豫,悦也。尤,过也。

曰:"彼一时,此一时也。 彼,前日。此,今日。**五百年必有王者兴,其间必有名世者。** 自尧、舜至汤,自汤至文、武,皆五百余年而圣人出。名世,谓其人德业闻望可名于一世者,为之辅佐。若皋陶、稷、契、伊尹、莱朱、太公望、散宜生之属。**由周而来,七百有余岁矣。以其数则过矣,以其时考之则可矣。** 周,谓文、武之间。数,谓五百年之期。时,谓乱极思治可以有为之日。**夫天未欲平治天下也;如欲平治天下,当今之世,舍我其谁也?吾何为不豫哉?"**

【述要】

　　孟子离开齐国时,弟子充虞于路中问说:"夫子好像有不悦之色。过去弟子曾闻教于夫子,那时您引用孔子的话说:'君子不抱怨天,不责怪人。'那夫子今日为何有不悦之色呢?"

　　孟子慨然道:"'君子不怨天,不尤人。'是君子彼时遇难自省,而'不豫'是我此时感伤道之未行,二者不同啊!自尧帝、舜帝至商汤,自商汤至文王、武王皆五百余年,可说是每五百年必有王者圣君兴起,其间必有标名万世的善道与德业。由文王、武王而来至今,已七百余岁了。以年数论,则过了五百年;以此时的天下形势考察之,则可以有王者所兴的条件了。如今我却不得于齐国广行善道,崇建德业,看来上天还未想平治天下,如想平治天下,当今之世,舍我其谁呢?我为何还有不悦之色呢?"

【议论】

　　贤圣不豫,但于善道未行,而贤圣无有不豫,盖因善道在我。充虞能见孟子不豫,而不能见孟子无有不豫,故而起问,孟子遂道经世济时之志!王者所以德业彪炳,非唯王者高居王位,有号令天下之能,而是王者从善如流,好行善道也。当时之世,天下霸术横行,唯孟子一人昌言善道,劝行仁政,而齐王虽非圣君,若能采纳善言,何尝不能建王者之德业!舍我其谁,是当时之事实,非孟子狂妄之言!

4.14 孟子去齐,居休。

公孙丑问曰:"仕而不受禄,古之道乎?"休,地名。

曰:"非也。于崇,吾得见王。退而有去志,不欲变,故不受也。崇,亦地名。**继而有师命,不可以请。久于齐,非我志也。"**师命,师旅之命也。

【述要】

孟子离开齐国,居于休地。

弟子公孙丑问说:"为官而不受俸禄,这合古道吗?"

孟子摇了摇头而略显遗憾道:"不合。当时于崇地,我得以朝见齐王。见罢归来,因与齐王不合遂而有离去之志,因不欲改变去志,故而不受俸禄。不久齐国即有战事而命师旅,不可以请辞。久留于齐国,非我之志啊!"

【议论】

俸禄,虽君王所予,原来民脂民膏。既食民之膏脂,如何能不谋福于民,施惠于民。贤圣不能知遇于君王而展其伟抱,何忍心尸位素餐也!

卷五 滕文公章句上

卷五　滕文公章句上 凡五章。

5.1 滕文公为世子，将之楚，过宋而见孟子。世子，太子也。孟子道性善，言必称尧舜。道，言也。性者，理也，人所禀于天以生之理也，浑然至善，未尝有恶。喜、怒、哀、乐未发，何尝不善。发而中节，即无往而不善；发不中节，然后为不善。故凡言善恶，皆先善而后恶；言吉凶，皆先吉而后凶；言是非，皆先是而后非。人与尧、舜初无少异，但众人汩于私欲而失之，尧、舜则无私欲之蔽，而能充其性尔。

世子自楚反，复见孟子。

孟子曰："世子疑吾言乎？夫道一而已矣。疑吾言乎？时人不知性之本善，而以圣贤为不可企及；故世子于孟子之言不能无疑，而复来求见，盖恐别有卑近易行之说也。成𪲔谓齐景公曰：'彼丈夫也，我丈夫也，吾何畏彼哉？'颜渊曰：'舜何人也？予何人也？有为者亦若是。'公明仪曰：'文王我师也，周公岂欺我哉？'成𪲔，人姓名，齐国勇者。彼，谓圣贤也。有为者亦若是，言人能有为，则皆如舜也。公明，姓；仪，名；鲁贤人，曾子学生。文王我师也，盖周公之言。公明仪亦以文王为必可师，故诵周公之言，而叹其不我欺也。今滕，绝长补短，将五十里也，犹可以为善国。书曰：'若药不瞑眩，厥疾不瘳。'"绝，犹截也。书，《商书·说命》篇。瞑眩，愦乱。〇瘳，病愈。

【述要】

滕文公为世子，将前往楚国，过宋国而拜见孟子。孟子道人性本善，一由天赋而未尝有恶，言谈间必称颂尧舜之德。

世子自楚国而返,再次拜见孟子。

孟子诚恳道:"世子怀疑我之所言吗?以为人性本善,是否泯灭了善人、恶人之间的差异;尧舜的美德是凡庸之人所能企及的吗?其实无论善人与恶人,他们本无差异,恶人不过是本善之性为私欲所遮蔽了;无论是尧舜还是凡庸之人,他们本无区别,皆能深行善道而成美德,凡庸之人是自弃善道而不为之。因此为人所当遵行之道,同一而无二,只是一从其性善出发而已。所以齐国勇臣成覸对齐景公说:'他是大丈夫,我也是大丈夫,我为何要畏惧他呢?'孔门弟子颜渊则说:'舜是何人?舜是圣人;我是何人?不过一庶人;但我若能顺性善而有所作为,亦能若舜一般。'鲁国贤人公明仪则说:'周公说他是以文王为师。周公所言其实是告知天下,文王既可以为他所学,那文王便可以为天下师,为人人所学。周公此言岂有欺骗我呢,我也是以文王为师啊!'今滕国,绝长补短的话,国土将近五十里,犹可以向学于文王而成为善国。《尚书》上说:'若药力不能令人眼花目眩,这疾病便不能治愈。'眼花目眩虽是病体于药力的正常反应,但能治愈。同理,若重用贤者以行王道,必损小人之利而起风波,但能治理。因此希望世子能知晓利弊,痛下决心以推行王道。"

【议论】

性,人之所受于天,天之所赋于人者,故性乃人天合处。其合天处曰性天,其合人处曰性本。性天性本,一也。性天,自与天道汇流,性本但为人道开源。因与天道汇流,故能生生不已,能为人道开源,必有仁爱之不止。故性天性本、生生仁爱,皆为一也。生生之不已,仁爱之不止,故其亦为心地纯善之端也。

人性本善,故而人人可以为尧舜;人性本善,故能有本于性善之王道之确立;人性本善,王道方能和性善而大行天下。故无性善不足以成人,不足以立国,不足以赞成王道,不足以化成天下。

人性本善,而非人心向善。我心若无本善,何能向善?若无本善,何能知善恶？若无本善之力,何能抑恶扬善？若无本善之力,何能相与为善？且性由天赋,天岂有不善乎？向善之说,其左右于恶,终觉浅陋也。

人虽天性本善,人心却有后天之习恶,常使善性为之遮掩,以致有人误解以为性恶。种种遮掩,种种误解,是人世浊乱之原由,是王道不行之滞碍,贤圣所为,务在正本清源,使人心复归其善性以图治。固执性善而不移,能立千古不磨之志,贞万代坚忍之行者莫不由此。

5.2 滕定公薨。世子谓然友曰:"昔者孟子尝与我言于宋,于心终不忘。今也不幸至于大故,吾欲使子问于孟子,然后行事。" 定公,文公父也。然友,世子之傅也。大故,大丧也。事,谓丧礼。**然友之邹问于孟子。**

孟子曰:"不亦善乎！亲丧固所自尽也。曾子曰:'生,事之以礼;死,葬之以礼,祭之以礼,可谓孝矣。'诸侯之礼,吾未之学也;虽然,吾尝闻之矣。三年之丧,齐疏之服,飦粥之食,自天子达于庶人,三代共之。" 问于童子,当时诸侯莫能行古丧礼,而文公独能以此为问,故孟子善之。固所自尽,父母之丧,固人子之心所自尽者。盖悲哀之情,痛疾之意,非自外至,宜乎文公于此有所不能自已也。三年之丧者,子生三年,然后免于父母之怀;故父母之丧,必以三年也。本孔子告樊迟者。齐,衣下缝也;不缉曰斩衰,缉之曰齐衰。疏,粗也,粗布也。飦,糜也。丧礼:"三日始食粥。既葬,乃疏食。"此古今贵贱通行之礼也。

然友反命,定为三年之丧。父兄百官皆不欲,曰:"吾宗国鲁先君莫之行,吾先君亦莫之行也,至于子之身而反之,不可。且《志》曰:'丧祭从先祖。'"曰:"吾有所受之也。" 父兄,同姓老臣也。滕与鲁俱文王之后,而鲁祖周公为长。兄弟宗之,故滕谓鲁为宗国也。莫之行,二国不行三年之丧者,乃其后世之失,非周公之法本然也。《志》,记也。

谓然友曰:"吾他日未尝学问,好驰马试剑。今也父兄百官不我足也,恐其不能尽于大事,子为我问孟子。"

然友复之邹问孟子。

孟子曰:"然。不可以他求者也。孔子曰:'君薨,听于冢宰。歠粥,面深墨。即位而哭,百官有司,莫敢不哀,先之也。'上有好者,下必有甚焉者矣。'君子之德,风也;小人之德,草也。草尚之风必偃。'是在世子。"不我足,谓不以我满足其意也。然者,然其不我足之言。不可他求者,言当责之于己。冢宰,六卿之长也。歠,饮也。深墨,甚黑色也。即,就也。尚,加也。偃,伏也。

然友反命。

世子曰:"然。是诚在我。"

五月居庐,未有命戒。百官族人可,谓曰知。及至葬,四方来观之,颜色之戚,哭泣之哀,吊者大悦。五月居庐,诸侯五月而葬,未葬,居倚庐于中门之外。未有命戒,居丧不言,故未有命令教戒也。○可谓曰知,可谓终于知晓礼义也。

【述要】

滕定公去世。世子对师傅然友说:"过去孟子曾与我言善道于宋国,于心终不能忘之。如今国家不幸遭遇大丧,我想派遣您请教孟子当如何举行丧礼,然后再行丧事。"

于是然友前往邹国,请教于孟子。

孟子陈议道:"世子能慎重丧礼,这不令人称善吗?父亲丧亡,为人子的固当有所自尽其哀痛之情,自尽其治丧之意。曾子曾说:'父母在世时,以礼奉侍,无违于父母之意;父母离世之后,以礼葬之,以礼祭祀,无违于内心之哀啊。'诸侯之礼,我未尝有学。虽然未学,我曾闻教于经籍:'子生三年,然后免于父母之怀,所以父母之丧必于三年。三年之丧期间,人子要穿粗疏麻布制的齐衰,三日后开始食粥,既葬之后,每日疏食,这是上自天子,下至于庶人,夏、商、周三代共同遵守的通行之礼。"

然友听罢返回滕国以复命,世子于是定文公丧礼为三年之丧。

然而世子的父兄及朝中百官皆不愿意,他们说:"我们同宗的鲁国先君已不行三年之丧,我们的先君也不行三年之丧。到了世子却要返回古礼,不可以。而且《志》书上说:'丧祭之礼依从于先祖。'"

他们又说:"先祖既然不行三年之礼,我们有所接受的,应该是这样的传统。"

世子对然友说:"我过去未尝用功于学问,只好驰骏马、试宝剑。如今父兄百官不能满意我的做法,我担心他们不能尽心于大丧之礼。请您为我再请教孟子。"

然友再次前往邹国以请教孟子。

孟子语气坚定地道:"是这样的。但自尽己意而不可以他求。孔子曾道:'国君去世,国事皆听令于六卿之长的冢宰;太子则每日饮粥,伤痛难眠而面色深黑,即祭位而长哭;朝中百官及各部官吏,不敢不哀,是因太子先行哀之啊!'在上者有所好,在下者必从其所好而更甚。所以孔子又道:'君子居上之德,如风之扬扬,小人居下之德,如草之盈盈,风其来拂,草必为之偃仆而倾啊!'此事在世子如何为之。"

然友听罢返回滕国以复命。

世子闻孟子之教后说:"是了。此事诚然在我自己如何为之。"

当时诸侯之礼,国君去世五月之后入葬,于是世子于中门之外的草庐中独居五月,期间没有任何命令、教戒,这对于百官族人而言,可以说是才开始知晓了丧礼的真实含义。到了文公入葬之时,四方皆来观礼,见世子颜色悲戚,哭泣哀痛,吊丧者无不为太子的孝心深深感动!

【议论】

四方所以为之感动,是因人人皆为父母之子也!人人心中皆有孝爱之情也！人性本善，岂非如此乎？而百官所以反对三年之丧，是长期流俗之弊所致，而非本善之孝爱之情亡失。圣人之教是身体而力行，能自尽其情，自尽其意，必能感发众人本善之心，丧礼之义在此，而民德归厚之义亦在此。有此本善之心之感发，将来王道之推行岂不有人心之基础，孟子尽一事而能动全体，是其知心，知仁爱之心也！

5.3 滕文公问为国。

孟子曰："**民事不可缓也。诗云：'昼尔于茅，宵尔索绹；亟其乘屋，其始播百谷。'**"民事，谓农事。诗，《诗·豳风·七月》之篇。于，往取也。绹，绞也。亟，急也。乘，升也。播，布也。**民之为道也，有恒产者有恒心，无恒产者无恒心。苟无恒心，放辟邪侈，无不为已。及陷乎罪，然后从而刑之，是罔民也。焉有仁人在位，罔民而可为也？是故贤君必恭俭礼下，取于民有制。阳虎曰：'为富不仁矣，为仁不富矣。'**"阳虎，阳货，鲁季氏家臣也。天理人欲，不容并立。虎之言此，恐为仁之害于富也；孟子引之，恐为富之害于仁也。君子小人，每相反而已矣。

夏后氏五十而贡，殷人七十而助，周人百亩而彻，其实皆什一也。彻者，彻也；助者，藉也。五十而贡，夏时一夫授田五十亩，而每夫计其五亩之入以为贡。七十而助，商人始为井田之制，以六百三十亩之地，画为九区，区七十亩。中为公田，其外八家各授一区，但借其力以助耕公田，而不复税其私田。百亩而彻，周时一夫授田百亩。乡遂用贡法，十夫有沟；都鄙用助法，八家同井。耕则通力而作，收则计亩而分，故谓之彻。其实皆什一者，贡法固以十分之一为常数，惟助法乃是九一，而商制不可考。周制则公田百亩，中以二十亩为庐舍，一夫所耕公田实计十亩。通私田百亩，为十一分而取其一，盖又轻于什一矣。彻，通也，均也。藉，借也。**龙子曰：'治地莫善于助，莫不善于贡。贡者校数岁之中以为常。乐岁，粒米狼戾，多取之而不为虐，则寡取之；凶年，粪其田而**

不足，则必取盈焉。为民父母，使民盻盻然，将终岁勤动，不得以养其父母，又称贷而益之，使老稚转乎沟壑，恶在其为民父母也？'龙子，古贤人。狼戾，犹狼藉，言多也。粪，壅也。盈，满也。盻，恨视也。勤动，劳苦也。称，举也。贷，借也。取物于人，而出息以偿之也。益之，以足取盈之数也。稚，幼子也。**夫世禄，滕固行之矣。** 世禄者，授之土田，使之食其公田之入，实与助法相为表里，所以使君子野人各有定业，而上下相安者也。孟子尝言文王治岐，耕者九一，仕者世禄，二者王政之本也。今世禄滕已行之，惟助法未行，故取于民者无制耳。**诗云：'雨我公田，遂及我私。'惟助为有公田。由此观之，虽周亦助也。** 诗，《诗·小雅·大田》之篇。雨，降雨也。

设为庠序学校以教之：庠者，养也；校者，教也；序者，射也。夏曰校，殷曰序，周曰庠，学则三代共之，皆所以明人伦也。人伦明于上，小民亲于下。 庠以养老为义，校以教民为义，序以习射为义，皆乡学也。学，国学也。共之，无异名也。伦，序也。父子有亲，君臣有义，夫妇有别，长幼有序，朋友有信，此人之大伦也。**有王者起，必来取法，是为王者师也。** 滕国褊小，虽行仁政，未必兴王业；然为王者师，则虽不有天下，而其泽亦足以及天下矣。**诗云'周虽旧邦，其命惟新'，文王之谓也。子力行之，亦以新子之国。"** 诗，《诗·大雅·文王》之篇。言周虽后稷以来，旧为诸侯，其受天命而有天下，则自文王始也。子，指文公，诸侯未逾年之称也。

使毕战问井地。

孟子曰："子之君将行仁政，选择而使子，子必勉之！夫仁政，必自经界始。经界不正，井地不钧，谷禄不平。是故暴君污吏必慢其经界。经界既正，分田制禄可坐而定也。 毕战，滕臣。井地，即井田也。经界，谓治地分田，经画其沟涂封植之界也。

夫滕壤地褊小，将为君子焉，将为野人焉。无君子莫治野人，无野人莫养君子。 君子，即仕者。野人，即耕者。**请野九**

一而助,国中什一使自赋。此分田制禄之常法,所以治耕者使养君子也。野,郊外都鄙之地也。九一而助,为公田而行助法也。国中,郊门之内,乡遂之地也。自赋,田不井授,但为沟洫,使什一而自赋其一,盖用贡法也。周所谓彻法者盖如此,以此推之,当时非惟助法不行,其贡亦不止什一矣。**卿以下必有圭田,圭田五十亩**。此世禄常制之外,又有圭田,所以厚君子也。圭,洁也,所以奉祭祀也。不言世禄者,滕已行之,但此未备耳。余夫二十五亩。此百亩常制之外,又有余夫之田,以厚耕者也。**死徙无出乡,乡田同井。出入相友,守望相助,疾病相扶持,则百姓亲睦**。死,谓葬也。徙,谓徙其居也。同井者,八家也。友,犹伴也。守望,防寇盗也。**方里而井,井九百亩,其中为公田。八家皆私百亩,同养公田。公事毕,然后敢治私事,所以别野人也**。此详言井田形体之制,乃周之助法也。公田,公田以为君子之禄,而私田耕者之所受。先公后私,所以别君子耕者之分也。不言君子,据耕者而言,省文耳。**此其大略也。若夫润泽之,则在君与子矣。**"大略,井地之法,诸侯皆去其籍,此特其大略而已。润泽,谓因时制宜,使合于人情,宜于土俗,而不失乎先王之意也。

【述要】

滕文公请教如何为国治政。

孟子侃侃道:"民生之事不可延缓。《诗·豳风·七月》上说:'于白昼往取茅草,于深宵来作索绹。需尽快上屋修庐,因来春复将始播百谷。'平民的为人之道,有恒定家产的才有安居乐业的恒定之心,无恒定家产的则无有安居乐业的恒定之心。民如无恒心,那种种放辟邪侈之恶,便无所不为了。待他们陷溺于罪责,然后从其罪而刑罚之,这是有意罗网以害民啊!哪有仁人在位而可以做罔民之事呢?所以贤良之君必恭谦节俭,且礼待下民,虽需取用于民,必有所制约。当年鲁国季氏的家臣阳虎虽是小人,却也说过一句有道理的话:'为求富便要不仁,为求仁则不能富。'搜刮民财以求富,如何能仁爱于民呢?

三代征收赋税方法不同。夏后氏用贡法,每位成年男子授五十亩,而贡纳其中五亩的收入以为税;殷人用助法,将六百三十亩地以井字分为九区,每区七十亩,中区为公田,另外八区分授八家为私田,八家既要治私田,同时也要助耕公田,而私田不征税;周人则用彻法,每位成年男子授田百亩,而收取其中十亩收入以为税;其实三种征税方法皆是什中取一。彻法,表明是能贯彻于天下的通行之法,不损伤平民的利益;助法,只是借民力以助耕公田,也不损害平民本有的收益。可如今各诸侯却弃用彻法与助法,而采用贡法。但他们的贡法却遭到龙子的批评,他说:'治田征收助法最善,贡法最恶。'龙子为何如此批评呢?原来如今采用的贡法已完全不同于夏后氏的贡法。如今的贡法是比较数年的收成取中间值为常数,以此为征收税赋的基数。那么在丰收之年,粒米充足,虽多取税赋也不算虐民,却少取之;欠收之年,无论给田亩如何施肥亦不能足收,却必需按常数取满税赋。如此为民父母,必使民盼盼然怒视,他们将终年辛勤劳动,却不得以养其父母,又需举债而补足税赋,终为生计逼困,而使老幼辗转弃尸于沟壑,这哪里在为民之父母啊?当年文王治理岐地,采用井田之制,耕者以助法征税,这样方可保证仕者世代受朝廷俸禄。仕者乐于在朝为官治国,而耕者亦乐在野为民治田,上下各安其业,王政才有了基础。这一点我们可以从《诗·小雅·大田》中看到,这首诗说:'愿天降雨我们的公田,然后再降雨我们的私田。'

唯有助法才有公田的制度,所以由此诗观之,虽于周代早期也是推行助法,那时的耕者是先公后私,可见王政深得人心,而耕者内心安乐啊!如今世禄的制度在滕国一直在实行,而征税却以贡法实施,那耕者还能安居乐业吗?耕者不能安居乐业,仕者又以什么为世禄呢?王政又有什么基础呢?因此,助法的推行刻不容缓。

再有,在乡党要设庠序学校以教人。庠者,养老所在;校者,教民所在;序者,习射所在。教民的场所在夏代称为校,在殷代称为序,在周代称为庠,无论称谓如何变化,有所学则是三代共同的特点,皆要使民了解为何要明人伦的道理。父子有亲,君臣有义,夫妇有别,长幼有序,这便是人之大伦,人伦若能昌明于上,小民必而亲和于下。教化既已流行,仁政也可同时推行了,以滕国五十里大小,或许不能兴王业而有天下,而将来有王者兴起,必来贵国取法学习,这是为王者之师,而将德泽惠及天下啊!《诗·大雅·文王》篇说:'周自后稷以来虽一直是旧时王朝的邦国,而其国运常新,故而能禀天命使天下焕然一新。'说的是文王啊!您力行教化、推行仁政,也可以重新您的邦国,您的邦国一新,必然为天下所向往。"

文公听罢悦然,遂依孟子之言而使毕战主井田之事,并又派遣其向孟子请教井田之制。

孟子教授道:"您的国君将行仁政,选择贤者而使您来主持井田之事,您必当勉力而为之。仁政,必需自治地分田,经画沟渠、道途、封植的界限开始,经界不正,以致井田面积不均造成收成差异,那每亩应该上缴作为谷禄的米粮就有差异,这一定会让暴君污吏轻慢经界的制约作用,从而以种种不实的借口对耕者巧取豪夺。所以经界一旦画正,那定分田亩、制定谷禄便可轻松坐而定夺了。

滕国土地面积虽然褊小,总要有人将为在朝的君子,有人将为在野的平民。无君子为官,不能治理广大的平民;无平民的劳作,不能养君子。因此分田制禄的实行,方能使君子与平民各安其业。请于郊野之地实行九一的井田制而采用助法;而于国中之地不用井田,而是实行什中取一的贡法,使其自赋税收。在朝的卿大夫以下官吏除现行的享有世禄之外,必另外享有供祭祀用的圭田,圭田五十亩,这是厚待君子;其余所有在野的男子除原先的百亩之田外,另加二十五亩,这是厚待平民。人民丧葬、迁徙皆不出乡里,乡中田亩八家同井,出入相友为伴,守望相助以防寇,疾病相扶持,那百姓之间自然就亲睦了。井田制的具体方法是,每一里见方而设一井田,以井字画九百亩为九区,当中百亩为公田,以公田为君子的谷禄;其余八区分授八家皆为私田百亩,它是平民的私产,然后由八家同养公田。八家需先治公田，待公事毕，然后敢治私田之事，所以这样做，是表明君子与平民之间有所区别。以上是井田制的大略，至于如何因地制宜以合于人情，那就要看国君和您如何主持了。"

【议论】

画正经界，实行助法，以制约在朝君子，同时予民利以最大，使君子、众民各安其事，各正其业也；然后兴教化，重人伦，睦父兄，亲乡党，而仁政可以大行也。虽无君子不足以治国，而无民力亦不足以养君子，故经界之用首在保障众民之利，此仁政之本也。无有众民之恒产与恒心，何谈国基之固与国祚之久也？在朝君子本当明此简单之理而同情于民，进而及时推施仁政。然彼时普天之下竟无君子有此善念，可见人心私欲之泛滥，流弊积久而难返矣！王道制度仍可就其大略以恢复，是孟子期待于诸侯，期待于君子也！

孟子劝文公举丧礼，正经界，前者厚其民德，后者重在民生，二者皆王道之大本，治国之大要也，此非至善而深恤于民者不能，可见圣人之学植于性善，唯植于性善方能识事物之大体也。先王之法亦不过出于性善，今虽其制度节文难考，既性善之不异，仍可从三代依稀之迹，大体之说，推而恢复其原来样貌，此亦可见圣人于性善之大用也，而圣人所以命世，亦在其性善之用也。

5.4 有为神农之言者许行，自楚之滕，踵门而告文公曰："远方之人闻君行仁政，愿受一廛而为氓。"

文公与之处，其徒数十人，皆衣褐，捆屦、织席以为食。

神农，炎帝神农氏，始为耒耜，教民稼穑者也；为其言者，史迁所谓农家者流也。许，姓，行，名也。踵门，足至门也。仁政，上章所言井地之法也。廛，民所居也。氓，野人之称。褐，毛布，贱者之服也。捆，扣之欲其坚也。以为食，卖以供食也。**陈良之徒陈相与其弟辛，负耒耜而自宋之滕，曰："闻君行圣人之政，是亦圣人也，愿为圣人氓。"** 陈良，楚之儒者。耜,所以起土。耒,其柄也。

陈相见许行而大悦,尽弃其学而学焉。

陈相见孟子,道许行之言曰:"滕君,则诚贤君也;虽然,未闻道也。贤者与民并耕而食,饔飧而治。今也滕有仓廪府库,则是厉民而以自养也,恶得贤?"饔飧,熟食也。朝曰饔,夕曰飧。厉,病也。

孟子曰:"许子必种粟而后食乎?"

曰:"然。"

"许子必织布而后衣乎?"

曰:"否。许子衣褐。"

"许子冠乎?"

曰:"冠。"

曰:"奚冠?"

曰:"冠素。"

曰:"自织之与?"

曰:"否。以粟易之。"

曰:"许子奚为不自织?"

曰:"害于耕。"

曰:"许子以釜甑爨,以铁耕乎?"

曰:"然。"

"自为之与?"

曰:"否。以粟易之。"釜,所以煮。甑,所以炊。爨,燃火也。铁,耜属也。

"以粟易械器者,不为厉陶冶;陶冶亦以其械器易粟者,岂为厉农夫哉?且许子何不为陶冶,舍皆取诸其宫中而用之?何为纷纷然与百工交易?何许子之不惮烦?"

曰:"百工之事,固不可耕且为也。"械器,釜甑之属也。陶,为甑者。冶,为釜铁者。舍,止也,或读属上句。舍,谓作陶冶之处也。

"然则治天下独可耕且为与?有大人之事,有小人之事。且一人之身,而百工之所为备。如必自为而后用之,是率天下而路也。故曰:或劳心,或劳力;劳心者治人,劳力者治于人;治于人者食人,治人者食于人:天下之通义也。 路,谓奔走道路,无时休息也。治于人者,见治于人也。食人者,出赋税以给公上也。食于人者,见食于人也。**当尧之时,天下犹未平,洪水横流,泛滥于天下。草木畅茂,禽兽繁殖,五谷不登,禽兽逼人。兽蹄鸟迹之道,交于中国。尧独忧之,举舜而敷治焉。舜使益掌火,益烈山泽而焚之,禽兽逃匿。禹疏九河,瀹济、漯,而注诸海;决汝、汉,排淮、泗,而注之江,然后中国可得而食也。当是时也,禹八年于外,三过其门而不入,虽欲耕,得乎?** 天下犹未平者,洪荒之世,生民之害多矣;圣人迭兴,渐次除治,至此尚未尽平也。洪,大也。横流,不由其道而散溢妄行也。泛滥,横流之貌。畅茂,长盛也。繁殖,众多也。五谷,稻、黍、稷、麦、菽也。登,成熟也。道,路也。兽蹄鸟迹交于中国,言禽兽多也。敷,布也。益,舜臣名。烈,炽也。禽兽逃匿,然后禹得施治水之功。疏,通也,分也。九河:曰徒骇,曰太史,曰马颊,曰覆釜,曰胡苏,曰简,曰洁,曰钩盘,曰鬲津。瀹,亦疏通之意。济、漯,二水名。决、排,皆去其壅塞也。汝、汉、淮、泗,亦皆水名也。据禹贡及今水路,惟汉水入江耳。汝、泗则入淮,而淮自入海。此谓四水皆入于江,记者之误也。

后稷教民稼穑,树艺五谷,五谷熟而民人育。人之有道也,饱食、暖衣、逸居而无教,则近于禽兽。圣人有忧之,使契为司徒,教以人伦:父子有亲,君臣有义,夫妇有别,长幼有序,朋友有信。放勋曰:'劳之来之,匡之直之,辅之翼之,使自得之,又从而振德之。'圣人之忧民如此,而暇耕乎? 后稷,官名,弃为之。然言教民,则亦非并耕矣。树,亦种也。艺,殖也。契,亦舜臣名也。司徒,官名也。人之有道,言其皆有秉彝之性也,然无教则亦放逸怠惰而失之,故圣人设官而教以人伦,亦因其固有者而道之耳。《书》曰:

卷五 滕文公章句上

"天叙有典,敕我五典五惇哉。"此之谓也。放勋,本史臣赞尧之辞,孟子因以为尧号也。德,犹惠也。

尧以不得舜为己忧,舜以不得禹、皋陶为己忧。夫以百亩之不易为己忧者,农夫也。易,治也。**分人以财谓之惠,教人以善谓之忠,为天下得人者谓之仁。是故以天下与人易,为天下得人难。**分人以财,小惠而已。教人以善,虽有爱民之实,然其所及亦有限而难久。惟若尧之得舜,舜之得禹、皋陶,及所谓为天下得人者,而其恩惠广大,教化无穷矣,此其所以为仁也。**孔子曰:'大哉尧之为君!惟天为大,惟尧则之,荡荡乎民无能名焉!君哉舜也!巍巍乎有天下而不与焉!'尧、舜之治天下,岂无所用其心哉?亦不用于耕耳。**则,法也。荡荡,广大之貌。君哉,言尽君道也。巍巍,高大之貌。不与,犹言不相关,言其不以位为乐也。

吾闻用夏变夷者,未闻变于夷者也。陈良,楚产也。悦周公、仲尼之道,北学于中国。北方之学者,未能或之先也。彼所谓豪杰之士也。子之兄弟事之数十年,师死而遂倍之。夏,诸夏礼义之教也。变夷,变化蛮夷之人也。变于夷,反见变化于蛮夷之人也。产,生也。陈良生于楚,在中国之南,故北游而学于中国也。先,过也。豪杰,才德出众之称,言其能自拔于流俗也。倍,与背同。**昔者孔子没,三年之外,门人治任将归,入揖于子贡,相向而哭,皆失声,然后归。子贡反,筑室于场,独居三年,然后归。他日,子夏、子张、子游以有若似圣人,欲以所事孔子事之,强曾子。曾子曰:'不可。江、汉以濯之,秋阳以暴之,皜皜乎不可尚已。'**三年,古者为师心丧三年,若丧父而无服也。任,担也。场,冢上之坛场也。有若似圣人,盖其言行气象有似之者,如《檀弓》所记子游谓有若之言似夫子之类是也。所事孔子,所以事夫子之礼也。江、汉水多,言濯之洁也。秋日燥烈,言暴之干也。皜皜,洁白貌。尚,加也。言夫子道德明著,光辉洁白,非有若所能仿佛也。**今也南蛮鴃舌之人,非先王之道,子倍子之师而学之,亦异于曾子矣。**鴃,博劳也,恶声之鸟。南蛮之声似之,指许行也。**吾闻出于幽谷迁于乔木者,未闻下乔木而入于幽谷者**。《诗·小雅·伐木》之篇云:"伐木丁丁,鸟鸣嘤嘤。出自幽谷,迁于乔木。"《鲁颂》曰:'戎狄是膺,荆、舒是惩。'周公方且膺之,子是之学,亦为不善变矣。"《诗·鲁颂·閟宫》之篇也。膺,击也。荆,楚本号也。舒,国名,近楚者也。惩,艾也。

"从许子之道,则市贾不贰,国中无伪。虽使五尺之童适市,莫之或欺。布帛长短同,则贾相若;麻缕丝絮轻重同,则贾相若;五谷多寡同,则贾相若;屦大小同,则贾相若。"五尺之童,言幼小无知也。

曰:"夫物之不齐,物之情也;或相倍蓰,或相什伯,或相千万。子比而同之,是乱天下也。巨屦小屦同贾,人岂为之哉? 从许子之道,相率而为伪者也,恶能治国家?"倍,一倍也。蓰,五倍也。什伯千万,皆倍数也。比,次也。人岂为之哉,孟子言物之不齐,乃其自然之理,其有精粗,犹其有大小也。若大屦小屦同价,则人岂肯为其大者哉? 今不论精粗,使之同价,是使天下之人皆不肯为其精者,而竞为滥恶之物以相欺耳。

【述要】

当时有一位农家叫许行的,言行皆仿效炎帝神农氏,教人稼穑。他自楚国到滕国,登门谒见而告文公说:"我是远方之人,听闻国君将行仁政,愿受一廛之居而为百姓。"

滕文公便给予他居所。他的徒众有数十人,皆穿着褐衣,以捆扎草鞋、编织竹席谋生。楚国儒者陈良之徒陈相,与他弟弟陈辛,肩负耒耜而自宋国到滕国,也谒见文公说:"听闻国君行圣人之政,那国君也是圣人了,愿意为圣人的百姓。"

陈相见许行后大为心悦,尽弃原先所学而向许行学习。

陈相来拜见孟子时,向孟子转述许行之言:"滕国之君,那诚然是贤君。虽然为贤君,可惜未闻为贤君之道。贤者与平民一起耕作,自己收获米粮为食,早晚熟食要自行炊事,而兼治理之事。如今滕国却有粮仓、府库,这是侵害平民之利而以自养。如此而为如何得称贤者呢?"

孟子问道:"许子必亲自种粟而后才食吗?"

陈相答:"是的。"

问道:"许子必亲自织布而后才穿衣吗?"

答:"不是,许子穿他人所做的褐衣。"

问道:"许子戴冠吗?"

答:"戴冠。"

问道:"什么冠呢?"

答:"素冠。"

问道:"自织的吗?"

答:"不是,是以自种米粟交易的。"

问道:"许子为何不自织?"

答:"这会妨害他耕作。"

问道:"许了以釜甑为炊事,以铁制农具耕作吗?"

答:"是的。"

问道:"是亲自为之吗?"

答:"不是,是以自种米粟交易的。"

孟子于是道:"如此看来,许子以自种的米粟交易陶冶者所制的釜甑,却不认为自己的行为侵害了陶冶者的利益;那陶冶者也以自制的釜甑交易农夫的米粟,难道陶冶者便会侵害了农夫的利益吗?显然没有,百工只要各司其职,各尽其能,相互之间可以物物交易,又何必每一械器皆要亲力亲为呢?如果一定要亲力亲为,那许子为何不亲自为陶冶而制作釜甑呢?那样的话便可以放置好制成的械器,然后皆可以从家中取而用之。却为何不断地与百工交易所需,这许子真是不嫌麻烦啊!"

陈相辩解说:"百工之事繁杂,固然不可以且耕且做的。"

孟子诘问道:"那么治天下独独可以且耕且治吗?国家有在朝

君子之事，有在野平民之事。而且一人之身所需要的，皆可由百工所为以备。如必需亲自为之而后方敢用之，这样的事事亲为，是率天下之人奔忙于道路而无休息啊！所以说：'或劳其心为君子，或劳其力为平民；劳心者治理人事、管理国政，劳力者为劳心者所出的政令制度所管理；被管理者养活管理者，管理者由被管理者养活，这是为天下共识的道理。当尧帝之时，天下犹未太平；洪水不由道而横流，泛滥于天下，草木畅茂，禽兽繁殖；五谷不能收获，禽兽多而逼人，兽蹄鸟迹之道，交错于中国。帝尧独自忧之，推举大舜而广为治理。大舜又派遣属臣益掌火，益以烈火焚烧山泽，禽兽逃匿。然后大禹疏通、分流九河，并疏济、漯之水，而将其注之于大海；同时冲决汝、汉之水的壅塞，并将淮、泗之水排出，而注之于大江。然后中国之地可以耕作而食了。当时，大禹治水八年于外，三过其门而不入，虽想耕作，可能吗？

后稷教民稼穑以种植五谷，五谷熟而养育人民。人之所以为人自有其道理，否则饱食暖衣，放逸居常之心而无有教养，则近于禽兽了。圣人对此有忧患，于是又使大舜的属臣契为司徒之官，教民以人伦：父子有亲，君臣有义，夫妇有别，长幼有序，朋友有信。所以帝尧命契道：'劳心劳力并以诚德招来他们，匡直他们的邪枉，辅翼他们的立行，使他们自得其善性，又从而提振他们的进德之心。'圣人忧民如此，而能得闲暇以耕作吗？

帝尧以不得大舜为己忧，大舜以不得大禹、皋陶为己忧；而以百亩之田耕作不易为己忧的，那是农夫了。分人以财货，只是小恩小惠而已；教人以善德，虽称得上尽已之忠，但对民之实惠终究有限；唯有为天下得贤人，从而兴教化，行王政，使人人得财、得教，恩泽普于天下而恒久，这才是大仁啊！所以，以天下给予人，不过是分财罢了，此事容易；但要为天下得贤人，从而天下大治，那真是困难了。农夫之忧如何相比于圣人之忧呢？所以孔子赞美道：'伟大啊！帝尧之为君！唯有天为至大，巍巍然不可及，而唯有帝尧能效法天道啊！帝尧之功德，荡荡无边，人民无法以言语赞美于帝尧。

巍巍然不可及,帝尧有教成天下之大功啊!帝尧富有文章,焕然而光明,可并丽于天地啊!'尧、舜治天下,难道能无所用其心吗?当然需大用其心,因此也不用耕作了。

我听闻要用诸夏的礼乐教化蛮夷之人,未听闻蛮夷之人教化诸夏。陈良,他是楚国生人,心悦周公、仲尼之道,因此北游而来学于中国;北方的学者,或许无人能超越之,他是所谓的豪杰之士啊!你们兄弟,事奉而向学于他数十年;可老师一旦去世,便很快背弃他的学问而另投师门。过去孔子辞世,弟子如同丧父,身无丧服而心哀三年,三年心丧之后,门人中有担任治理要务的将先期归返,入子贡室向其作揖,相向而哭,皆失声音,然后归。子贡返回孔子坟冢,筑墓室于坛场,独居三年,然后归。过些时日,子夏、子张、子游,以有若的言行气象似圣人的缘故,想以事孔子之礼事有若,并勉强曾子也如此。曾子说:'不可。我等受教于孔子,如同以江、汉之水洗濯之,又以秋阳之烈暴晒之,孔子所示的皜皜然道德之光辉与精神之洁白,已无以复加了。'如今的许行不过是楚地南蛮之人,所说的也不过是鴃鸟嚼舌的恶声,决非先王之道,你背弃老师而向学之,也全然不同于曾子啊!我只听闻飞鸟出于幽暗之谷,迁于高大之木;未闻飞鸟下高大之木而入于幽暗之谷。《诗·鲁颂·閟宫》篇说:'戎狄之人是当痛击,荆、舒之人是当严惩。'周公尚且要痛击之,而你却以许行之学为是,这是不善于思考变化了。"

陈相又为辩解:"如从许子之道,凡同类器物均可等价交易,则集市中各类物价统一,国中便无虚伪了。虽使五尺孩童去往集市,也无人欺骗之。布帛长短同,则价格相同;麻缕丝絮轻重同,则价格相同;五谷数量多少同,则价格相同;鞋屦大小同,则价格相同。"

孟子斥责道:"万物各异,不能齐等,这是物之常情,所以物价不同,也是物之常情。物价或相差一倍五倍,或相差什倍百倍,或相差千倍万倍。你却类比之而视为相同,这是扰乱天下的行为。大鞋小鞋同价,鞋匠还愿意为之吗?所以从许子之道,是误导众人相互共为虚伪欺瞒,怎么能治理国家呢?"

【议论】

理者,是使人心悦诚服之说。物有物理,事有事理,治有治理,所以成理,是其皆合于心,合于道也,所以能使人心悦诚服。亚圣所以能眼法精妙,擅胜在细微之处,见人之所不能见,说人之所不能说,何尝不是自净其意,纳众生万物于一心,体察其中种种,审其情态,详其本末,诸变化之理了然于心,然后属辞比事,遂而能扫除邪见,收拾人心也!

孟子虽分劳心劳力,劳心劳力实一人而已,劳心为君子、劳力为民,随其所愿,以孟子人性之识,于劳力者岂有轻视之意;犹夫子言君子小人,亦一人而已,向上为君子,向下为小人,随其所欲,以夫子无类之教,于小人岂无救正之心;圣人两分,实出一理,为君子者不可不知也。

农家偏颇在失理据。

5.5 **墨者夷之,因徐辟而求见孟子。**

孟子曰:"吾固愿见,今吾尚病,病愈,我且往见,夷子不来!"墨者,治墨翟之道者。庄子曰:"墨子生不歌,死无服,桐棺三寸而无椁。"是墨之治丧,以薄为道也。夷,姓;之,名。徐辟,孟子弟子。

他日又求见孟子。

孟子曰:"吾今则可以见矣。不直,则道不见;我且直之。吾闻夷子墨者。墨之治丧也,以薄为其道也。夷子思以易天下,岂以为非是而不贵也? 然而夷子葬其亲厚,则是以所贱事亲也。"又求见,则其意已诚矣,直,尽言以相正也。以薄为道,易天下,谓移易天下之风俗也。

徐子以告夷子。

夷子曰:"儒者之道,古之人'若保赤子',此言何谓也? 之则以为爱无差等,施由亲始。"

徐子以告孟子。

孟子曰:"夫夷子,信以为人之亲其兄之子为若亲其邻之赤子乎? 彼有取尔也。赤子匍匐将入井,非赤子之罪也。且天之生物也,使之一本,而夷子二本故也。"若保赤子",《尚书·周书·康诰》篇文,此儒者之言也。本为小民无知而犯法,如赤子无知而入井耳。〇彼,夷子所引"如保赤子"。〇取,取譬也。〇尔,语助也。

盖上世尝有不葬其亲者。其亲死,则举而委之于壑。他日过之,狐狸食之,蝇蚋姑嘬之。其颡有泚,睨而不视。夫泚也,非为人泚,中心达于面目。盖归反虆梩而掩之。掩之诚是也,则孝子仁人之掩其亲,亦必有道矣。"〇盖,语助。上世,谓太古也。委,弃也。壑,山水所趋也。蚋,蚊属。姑,语助声,或曰蝼蛄也。嘬,攒共食之也。颡,额也。泚,泚然汗出之貌。睨,斜视也。视,正视也。不能不视,而又不忍正视,哀痛迫切,不能为心之甚也。非为人泚,言非为他人见之而然也。反,覆也。虆,土笼也。梩,土轝也。

徐子以告夷子。夷子怃然为间曰:"命之矣。"怃然,茫然自失之貌。为间者,有顷之间也。命,犹教也,言孟子已教我矣。〇之,夷子也。

【述要】

有个治墨翟之道的人,姓夷名之,因孟子弟子徐辟而求见孟子。

孟子推辞道:"我固然愿意相见,今我尚在病中;待病愈,我且往贵处相见,夷子他暂且不必来此。"

过些时日,夷子又求见孟子。

孟子回答道:"我今日则可以相见了。言语不直,则道理不能显现,我今且直话直说了。我听闻夷子是墨家之流,墨子治其双亲之丧,不服丧服,桐棺三寸而无椁,是以俭薄为道。夷子想以薄葬移易天下的风俗,难道以为不是薄葬就不足为贵,而视厚葬为轻贱吗？然而夷子自己却是厚葬其亲，那他是以所轻贱的厚葬来举行丧亲之礼了！"

徐子以孟子之言告夷子。

夷子说："《尚书·周书·康诰》篇中记载说：'古之圣人仁爱人民，如同保护初生的赤子。'这是儒者之道，此言具体说什么呢？我则以为此言说的是对人之爱当一视同仁，无有亲疏远近的差别，在爱者眼中，被爱者皆如赤子，而具体的实施是由双亲开始的。"

徐子以夷子之言告孟子。

孟子纠正道："夷子真的以为爱其兄之子如同爱其邻的赤子吗？他所引述的'若保赤子'在《尚书·周书·康诰》篇中是有所取譬的，它在书中本意是说：'小民如有过失，这不是他们的罪，他们只是无知而犯法，如同赤子无知而将落入于井，那不是赤子的罪责。因此古之圣人要像保护赤子一样爱护他们，让他们改正过失，以保全他们的康宁。'夷子并没有理解这句话的含义。而且上天生养万物，皆使后代一本于亲，人也如此，各本于其父母，那么人的孝爱之情必然以自己父母最深，在推己及人时，自然会产生爱的差异，这是天使自然的道理；而夷子以为爱无等差，就不知他的'爱无等差'所本为何？我只能说夷子之爱有第二个所本了。

上古曾有不葬父母的习俗，父母去世，人子就举父母尸身而委弃于沟壑。过些时日经过之，见有狐狸在啃食，苍蝇、蚊蚋、蝼蛄亦聚而喋吸之。见此惨状，人子额头泚然出汗，睨而斜目不忍直视。此人子额头之汗，不是担心他人责备而心下慌乱，而是心中悲痛，羞惭表露于面目。于是速归，返回时以蔂梩将父母之身掩埋之，掩埋之诚然是对的，那后世的孝子仁人以厚葬掩埋双亲，也必有其中道理了。可见夷子不同于常人的另一所本不过是妄人之语。"

徐子以孟子之言告夷子。夷子听罢怃然而叹，为之沉默片刻，然后说："这是孟子有所教命于我啊！"

【议论】

　　教命,是告谕,是指令,无容置疑,可见夷子诚悦之极。亚圣一本于亲而出言堂堂,其理之透辟盖有亲情之佐使,此亚圣说理雄胜之处,无人可撼!反观墨家无本之说,其理似是而非,其情似真亦假,一戳即破。

卷六 滕文公章句下

卷六　滕文公章句下凡十章。

6.1 陈代曰："不见诸侯，宜若小然；今一见之，大则以王，小则以霸。且志曰：'枉尺而直寻'，宜若可为也。"王，去声。陈代，孟子弟子也。小，谓小节也。枉，屈也。直，伸也。八尺曰寻。枉尺直寻，犹屈己一见诸侯，而可以致王霸，所屈者小，所伸者大也。

孟子曰："昔齐景公田，招虞人以旌，不至，将杀之。志士不忘在沟壑，勇士不忘丧其元。孔子奚取焉？取非其招不往也，如不待其招而往，何哉？田，猎也。虞人，守苑囿之吏也。礼，招大夫以旌，招虞人以皮冠。元，首也。志士固穷，常念死无棺椁，弃沟壑而不恨；勇士轻生，常念战斗而死，丧其首而不顾也。此二句，乃孔子叹美虞人之言。

且夫枉尺而直寻者，以利言也。如以利，则枉寻直尺而利，亦可为与？

昔者赵简子使王良与嬖奚乘，终日而不获一禽。嬖奚反命曰：'天下之贱工也。'或以告王良。良曰：'请复之。'强而后可，一朝而获十禽。嬖奚反命曰：'天下之良工也。'简子曰：'我使掌与女乘。'谓王良。良不可，曰：'吾为之范我驰驱，终日不获一；为之诡遇，一朝而获十。诗云："不失其驰，舍矢如破。"我不贯与小人乘，请辞。'赵简子，晋大夫赵鞅也。王良，善御者也。嬖奚，简子幸臣。与之乘，为之御也。复之，再乘也。强而后可，嬖奚不肯，强之而后肯也。一朝，自晨至食时也。掌，专主也。范，法度也。诡遇，不正而与禽遇也。言奚不善射，以法驰驱则不获，废法诡遇而后中也。诗,《诗·小雅·车攻》之篇。言御者不失其驰驱之法,而射者发矢皆中而力,今嬖奚不能也。贯,习也。**御者且羞与射者比。比而得禽兽,虽若丘陵,弗为也。如枉道而从彼,何也?且子过矣,枉己者,未有能直人者也。**"比,阿党也。若丘陵,言多也。

【述要】

孟子弟子陈代问:"不主动谒见诸侯,这似乎是不应提倡的小节。假如今天不拘小节,一见诸侯而能君臣相遇相知,大则可以称王,小则可以称霸。那为何不委屈自己的小节以成就王霸的大业呢?况且《志》书上也说:'受屈一尺而能伸长八尺。'那主动谒见诸侯,似乎可以吧。"

孟子陈议道:"过去齐景公田猎,以旌旗召唤虞人,虞人是守君王苑囿的官吏,按规定只能以皮冠召唤,因此虞人不来,齐景公将杀之。孔子曾有一句赞美虞人的话:'志士固穷,常念死无棺椁而葬在沟壑;勇士轻生,常念战死沙场而丧其首级。'那孔子是取虞人什么优点以赞美呢?是取他们之志,不以规定之物召唤,他们宁守死而不往。你如今竟要我不待国君召唤而自行前往见之,这算什么呢?更何况我曾说过大有为之君有不召之臣。

在常人看来,召唤事小,性命事大,似乎委屈一时以求性命,无有不可;但在虞人看来,召唤事大,性命事小,他如何能按常人之理行事呢?所以受屈一尺以伸长八尺,即舍小以得大,这是求利的言辞,志士不为。如果为求利,那受屈八尺以伸长一尺,即舍大以得小而有利,也可以为之吗?

过去晋国大夫赵简子命国中善御者王良与他的宠臣嬖奚同乘一车,结果田猎终日而不能猎获一禽。嬖奚复命说:'王良徒有虚名,不过是天下之贱工。'有人以嬖奚之言告王良。王良说:'请再行狩猎一次。'嬖奚被勉强之后方肯,一朝而猎获十禽。嬖奚复命说:'王良果然名不虚传,真是天下之良工啊!'赵简子说:'我命王良专职与你驾车。'便说与王良,而王良不允可,他说:'我为他驾车,是按行猎规范以驰驱,终日不能猎获一禽,那是他射技不精;第二次为他驾车,却是以不正的诡遇方法,使他方便横射,所以一朝而猎获十禽。《诗·小雅·车攻》上说:'御者虽全速而不失其驰,射者舍矢而射他中的如破啊!'强调的是君子驾车要遵循驱驰之法,射者的射技才值得称赞,而诡遇之法非君子所为,却为嬖奚所喜,这岂非小人?我不贯与小人同乘,请辞。所以,在常人看来,法则事小,得宠事大,为得宠可放弃法则;但在王良看来,法则事大,得宠事小,舍大而得小不可为,可见'枉寻直尺'在志士看来同样不可为。御者尚且以迎合射者为羞耻,为迎合射者而以诡遇得禽兽,所获猎物虽堆积如山,不应为啊!所以,如果要我枉屈直道而依从彼世俗之利,这算什么呢?而且你没有看到最重要的过失,即一个枉屈自己直道的人,是不可能求得他人直道的。"

【议论】

直道者,直取道义也。贤圣以直道立身,以直道事人,以直道行王道。若君子枉直,何以自立?何能取信于人?何能事人?何能取信于天下?何能行王道?亚圣若枉道以事君,盖不能取信于君,敬重于君,遑论王道之行也。

枉尺直寻,所得何其多也。利欲所在,直道已没,是以天下趋利者众,而守志者寡矣!

6.2 景春曰:"公孙衍、张仪岂不诚大丈夫哉?一怒而诸侯惧,安居而天下熄。"景春,人姓名。公孙衍、张仪,皆魏人。一怒而诸侯惧,怒则说诸侯使相攻伐,故诸侯惧也。

孟子曰:"是焉得为大丈夫乎?子未学礼乎?丈夫之冠也,父命之;女子之嫁也,母命之,往送之门,戒之曰:'往之女家,必敬必戒,无违夫子!'以顺为正者,妾妇之道也。

冠,加冠于首曰冠。女家,夫家也;妇人内夫家。以嫁为归也。夫子,夫也。女子从人,以顺为正道也。妾妇之道,盖言二子阿谀苟容,窃取权势,乃妾妇顺从之道耳,非大夫之事也。**居天下之广居,立天下之正位,行天下之大道。得志与民由之,不得志独行其道。富贵不能淫,贫贱不能移,威武不能屈。此之谓大丈夫。"** 广居,仁也。正位,礼也。大道,义也。与民由之,推其所得于人也;独行其道,守其所得于己也。淫,荡其心也。移,变其节也。屈,挫其志也。

【述要】

景春崇奉纵横之术,他对孟子说:"魏国人公孙衍、张仪虽是纵横家,难道他们真的不是大丈夫吗?一怒便能使诸侯相伐,从而使诸侯恐惧;而他们安居无话则天下烽烟熄止,太平无事。"

孟子不屑道:"这哪里称得上大丈夫呢?你未学礼吗?男子于成年冠礼时加冠,是奉父命为之;女子于成年出嫁,是奉母命为之。往送女儿过门时,母亲告诫她说:'去往夫家,必敬必戒,不要违拗你的夫君!'以顺从为正确,这是妾妇之道。公孙衍、张仪各自投靠主家,顺从君王战伐拓土的私欲,从而窃取大位,纵横弄权以谋私。他们的顺从之道不过是妾妇之道,而他们使诸侯间相互攻伐,何尝有一丝一毫利于天下生民呢?他们的所做所为,又如何能称大丈夫呢?仁义广大而能达于天下,如能居之;礼义端正而崇于天下,如能立之;王道溥博而能惠于天下,如能行之;得志之时,与天下之民共由大道而行,不得志时,则独行其善道以待时;虽富贵以加不能荡其心,虽贫贱自守不能变其节,虽威武相逼不能屈其志。如此所为方能称之为大丈夫啊!"

【议论】

不知贤圣德业之盛,但见匹夫权术之奇,若无亚圣及时之言,真不知世道人心何据?

妾妇事夫,唯顺也,大丈夫事天下,唯道也,二者岂可混同。

6.3 周霄问曰:"古之君子仕乎?"

孟子曰:"仕。传曰:'孔子三月无君,则皇皇如也,出疆必载质。'公明仪曰:'古之人三月无君则吊。'"质与贽同,下同。周霄,魏人。无君,谓不得仕而事君也。皇皇,如有求而弗得之意。出疆,谓失位而去国也。质,所执以见人者,如士则执雉也。出疆载之者,将以见所适国之君而事之也。

"三月无君则吊,不以急乎?"以、已通,太也。

曰:"士之失位也,犹诸侯之失国家也。礼曰:'诸侯耕助,以供粢盛;夫人蚕缫,以为衣服。牺牲不成,粢盛不洁,衣服不备,不敢以祭。惟士无田,则亦不祭。'牲杀器皿衣服不备,不敢以祭,则不敢以宴,亦不足吊乎?"《礼》曰:"诸侯为藉百亩,冕而青纮,躬秉耒以耕,而庶人助以终亩。收而藏之御廪,以供宗庙之粢盛。使世妇蚕于公桑蚕室,奉茧以示于君,遂献于夫人。夫人副袆受之,缫三盆手,遂布于三宫世妇,使缫以为黼黻文章,而服以祀先王先公。"又曰:"士有田则祭,无田则荐。"○耕助,助祭之田,所产黍稷用祭祀,又称籍田。粢盛,盛于器皿中之米食,祭祀用。黍稷曰粢,在器曰盛。缫,从茧中抽丝。牲杀,牲必特杀也。皿,所以覆器者。

"出疆必载质,何也?"

曰:"士之仕也,犹农夫之耕也,农夫岂为出疆舍其耒耜哉?"耒耜,农具。

曰:"晋国亦仕国也,未尝闻仕如此其急。仕如此其急也,君子之难仕,何也?"

曰:"丈夫生而愿为之有室,女子生而愿为之有家。父母之心,人皆有之。不待父母之命、媒妁之言,钻穴隙相窥,逾墙相从,则父母国人皆贱之。古之人未尝不欲仕也,又恶不由其道。不由其道而往者,与钻穴隙之类也。"仕国,谓君子游宦之国。室,男以女为室,家,女以男为家。妁,亦媒也。

【述要】

魏国人周霄请教孟子说:"古之君子为仕吗?"

孟子回答道:"为仕。《传》书上说:'孔子三月不能入仕而无国君以事奉,则惶惶不安,每次失位去国而出疆界,车上必载有礼见他国国君时所需的礼赞。'公明仪说:'古代之士三月无君便自吊自伤了。'"

周霄不解地问:"三月无君便自吊自伤,不也太急了吗?"

孟子解释道:"士之失位,犹如诸侯之失国家。《礼》书上说:'诸侯亲自耕作于籍田,收获的米粮作为粢盛,诸侯正妻养蚕缲丝以制作有黼黻文章的衣服。宰杀的牲畜不肥壮,所盛的黍稷不清洁,所织的衣服不完备,不敢以祭祀先公先君。唯失位之士没有助祭之田,则也不能祭祀先祖。'失国之诸侯,牲杀、器皿、衣服皆不具备,不敢以祭祀先公先君,也不敢以宴请国老及群臣,这不足以自吊自伤吗?更何况失位之士呢?"

周霄接着问:"出疆界,车上必载有礼赞,这是为何?"

孟子回答道:"士之为仕,犹如农夫之耕农,农夫岂能因为出界而舍弃未耕的农具吗?士欲为官,需向当地国君进献礼赞,故而需载之。"

周霄又问:"魏国也算是一个经常有君子远离家乡而愿意前来为仕的国度了,未尝听闻为仕有如此着急的。为仕既然如此着急,可有的君子在是否为仕的问题上举步维艰,比如您在见与不见诸侯的问题上也是反复权量,这是为何呢?"

孟子耐心道:"男子生而愿有女子以成室,女子生而愿有男子以成家,这也是为人父母人人皆有之心。但不待父母之命、媒妁之言,男女便私下钻穴隙相窥望,逾墙垣相苟从,那父母国人皆会轻贱之了。古之君子未尝不想为官,但又嫌恶为仕不由其道。不由其道而往求于为官,与钻穴隙的男女苟合是一类的。"

【议论】

　　君子入仕，本国家之需，自然之事也。为仕无非二类，行道与干禄，行道之君子所以急，急道义之未施也，求干禄者所以急，急干禄之未得也，故为仕未尝不急也。然道义君子不遇道义之君，无以为仕，干禄者但有俸禄，无不可为仕；而道义之君难遇，是以君子为仕亦为难也。

　　6.4 彭更问曰："后车数十乘，从者数百人，以传食于诸侯，不以泰乎？"

　　孟子曰："非其道，则一箪食不可受于人；如其道，则舜受尧之天下，不以为泰，子以为泰乎？"彭更，孟子弟子也。泰，侈也。

　　曰："否。士无事而食，不可也。"

　　曰："子不通功易事，以羡补不足，则农有余粟，女有余布；子如通之，则梓匠轮舆皆得食于子。于此有人焉，入则孝，出则悌，守先王之道，以待后之学者，而不得食于子。子何尊梓匠轮舆而轻为仁义者哉？"通功易事，谓通人之功而交易其事。○功，成效。○事，所作所为。羡，余也。有余，言无所贸易，而积于无用也。梓人匠人，木工也。轮人舆人，车工也。

　　曰："梓匠轮舆，其志将以求食也；君子之为道也，其志亦将以求食与？"

　　曰："子何以其志为哉？其有功于子，可食而食之矣。且子食志乎？食功乎？"

　　曰："食志。"○志，意望。

　　曰："有人于此，毁瓦画墁，其志将以求食也，则子食之乎？"

　　曰："否。"

曰:"然则子非食志也,食功也。"墁,墙壁之饰也。毁瓦画墁,言无功而有害也。既曰食功,则以士为无事而食者,真尊梓匠轮舆而轻为仁义者矣。

【述要】

弟子彭更问孟子说:"夫子身后车乘数十辆,追从者数百人,而转相吃喝于各国诸侯,您不以为过分吗?"

孟子回答道:"不是应该接受的,则一箪食也不可接受于人;如是应该接受的,则舜接受尧之天下,不以为过分,你以为舜的做法过分吗?"

彭更说:"不;但我以为士无事而食,不可以。"

孟子反问道:"你若不许天下之人互通功业、交易所作,以彼此余羡弥补彼此不足,那耕农便不能交易而剩有余粟,织女剩有余布,故而有人不能得食得衣;你若允许互通事功而交易,那么木工车工等人皆能得食于你,因为他们能以所造的实际之物与你互通交易以换取所得。而于此有一位君子,他入则孝,出则悌,恪守先王之道,以仁义之教勤对待后辈学者,此君子却不能得食于你,因为他徒有言行而没有实际之功,故而不能互通交易于你。你为何只尊重木工车工,而轻视为仁义的君子呢?"

彭更辩解说:"木工车工,其志是将以求食;而君子为道义而存,其志也是将以求食吗?"

孟子反问道:"你为何要以心中之志作比较呢?他们只要有功于你,可以交易得食的便应当予食。且问一句,你是以心中之志论是否予食呢,还是以实际之功论是否予食呢?"

彭更说:"以心中之志。"

孟子道:"有不良人于此,毁坏屋瓦,乱涂墙墁,他心中之志是将以求食,那你予之食吗?"

彭更说:"不。"

孟子于是道:"这样看来你不是以心中之志论食,而是以实际之功论食了。"

【议论】

无事功者不得食。君子行道即为大事,君子为政以仁,化民成俗,实有大功于天下。既有大功于天下,何以不能得其食也? 若无君子,仁政不施,王教不行,天下分崩离析,又何人能得其食也? 是以君子得食,不亦宜乎? 当时孟子行道,从学者众,故而从随者多,其中必多君子,一旦诸侯欲行仁政,可用以及时也。

理之不通,左右支绌,理之既通,左右逢源,故理于圣人有殊胜之义也。而理者,莫不有其事,事者,莫不有其理,故圣人执理,其行事游刃有余也。

6.5 万章问曰:"宋,小国也。今将行王政,齐楚恶而伐之,则如之何?" 万章,孟子弟子。宋王偃尝灭滕伐薛,败齐、楚、魏之兵,欲霸天下,疑即此时也。

孟子曰:"汤居亳,与葛为邻,葛伯放而不祀。汤使人问之曰:'何为不祀?'曰:'无以供牺牲也。'汤使遗之牛羊。葛伯食之,又不以祀。汤又使人问之曰:'何为不祀?'曰:'无以供粢盛也。'汤使亳众往为之耕,老弱馈食。葛伯率其民,要其有酒食黍稻者夺之,不授者杀之。有童子以黍肉饷,杀而夺之。书曰:'葛伯仇饷。'此之谓也。 葛,国名。伯,爵也。放而不祀,放纵无道,不祀先祖也。亳众,汤之民。其民,葛民也。○要,拦于要路。授,与也。饷,馈食也。《书》,《商书·仲虺》之诰也。仇饷,言与饷者为仇也。**为其杀是童子而征之,四海之内皆曰:'非富天下也,为匹夫匹妇复仇也。'** 非富天下,言汤之心,非以天下为富而欲得之也。**'汤始征,自葛载',十一征而无敌于天下。** 载,亦始也。十一征,所征十一国也。

东面而征,西夷怨;南面而征,北狄怨,曰:'奚为后

我?'民之望之,若大旱之望雨也。归市者弗止,芸者不变,诛其君,吊其民,如时雨降。民大悦。书曰:'徯我后,后来其无罚。''有攸不惟臣,东征,绥厥士女,匪厥玄黄,绍我周王见休,惟臣附于大邑周。'其君子实玄黄于匪以迎其君子,其小人箪食壶浆以迎其小人,救民于水火之中,取其残而已矣。**按《周书·武成》篇载武王之言,孟子约其文如此。然其辞时与今《书》文不类,今姑依此文解之。有所不惟臣,谓助纣为恶,而不为周臣者。攸,所也。惟,思也;不惟,不欲为也。匪,与筐同。玄黄,黄黑色,币帛也。○徯我后之后,为前后之后。○后来之后,君也。○罚,刑也。○绍,绍介之绍,向佐助也。我周王,商人而曰我周王,犹商书所谓我后也。休,美也。言武王能顺天休命,受其助者皆见休也。臣附,归服也。大邑周,周之尊称。救民于水火,言商人闻周师之来,各以其类相迎者,以武王能救民于水火之中,取其残民者诛之,而不为暴虐耳。君子,谓在位之人。小人,谓细民也。**太誓曰:'我武惟扬,侵于之疆,则取于残,杀伐用张,于汤有光。'**《太誓》,《周书》也。**不行王政云尔,苟行王政,四海之内皆举首而望之,欲以为君。齐、楚虽大,何畏焉?"**不行王政,宋实不能行王政,后果为齐所灭,王偃走死。**

【述要】

弟子万章问:"宋国是小国,今将行王政,齐楚二国憎恶之而想讨伐之,则如何应对呢?"

孟子回答道:"商汤居于亳邑,与葛国为邻,葛伯放纵无道而不祭祀先祖。商汤使人问他:'为何不祭祀先祖?'葛伯说:'没有牛羊以供牺牲。'商汤使人馈赠以牛羊。葛伯却将馈赠的牛羊吃了,又不以祭祀。汤又使人问他:'你又为何不祭祀?'葛伯说:'没有米粟以供粢盛。'商汤使亳邑民众去往葛国而为之耕作,老弱者皆馈以酒食。葛伯却率其民众,将那些手中有酒食黍稻的、来自亳邑的馈赠者挡在要路而抢夺之,不给与者杀之,其中有一童子准备以黍肉馈赠葛国老弱,却被残忍杀害,而且被夺了黍肉。《尚书·商书》上说:'葛伯仇视馈饷者',说的正是此事。商汤因为葛伯仇杀此童子而征伐葛国,四海之内皆说:'商汤伐葛,不是贪图天下之富,是为匹夫匹妇复仇啊!'

从此商汤开始征伐无道的诸侯,自葛国开始,共征伐十一国而无敌于天下。向东面而征,会受西夷之民抱怨;向南面而征,会受北狄之民抱怨,二地之民皆说:'商汤征伐无道,为何将我考虑在后?'可见天下之民盼望商汤,若大旱之望雨啊!征伐期间,民生不乱,归于集市的商贸者不止,于田亩中的耕芸者不变,诛杀其暴君,慰问其人民,如及时雨天降,人民大悦。所以《尚书》上说:'等待救我的王,王来了便不再受无辜之罪!'《尚书》上又说:'有一些国家不愿臣服,于是周王东征,绥抚当地人民,当地人民以筐筥满载黑黄二色的绸帛,以感激我周王之济助而得美好,愿臣附于大邑周。'

这表明周王东征时,不臣之国的群臣是于筐筥中装满玄黄的绸帛以迎接大周的将帅,而国中平民则手执箪食壶浆以迎接大周的士卒。可见周王东征是救民于水火之中,取代其残暴之君、残暴之政而已啊!所以《周书·太誓》上说:'我武王惟威武奋扬,进军纣王之界疆,就是要取此残暴之君,杀伐之而将正义以张,比于当年汤之伐桀更有荣光!'所以宋国不行王政则已,若行王政,四海之内皆举首而盼望,愿宋王以为天下之君,齐楚虽强大,有何畏惧呢?"

【议论】

仁是人人心中之义,义是人人心中之义,亚圣征诸前王而不谬,简诸于心而不疑。为人为政舍此而何为?舍此而能何为?无惧非亚圣意气之勇,乃亚圣之心笃仁义而不动于也。

6.6 孟子谓戴不胜曰:"子欲子之王之善与?我明告子。有楚大夫于此,欲其子之齐语也,则使齐人傅诸?使

楚人傅诸？"

曰："使齐人傅之。"

曰："一齐人傅之，众楚人咻之，虽日挞而求其齐也，不可得矣；引而置之庄岳之间数年，虽日挞而求其楚，亦不可得矣。戴不胜，宋臣也。齐语，齐人语也。傅，教也。咻，讙也。齐，齐语也。庄岳，齐街里名也。楚，楚语也。**子谓薛居州，善士也。使之居于王所。在于王所者，长幼卑尊，皆薛居州也，王谁与为不善？在王所者，长幼卑尊，皆非薛居州也，王谁与为善？一薛居州，独如宋王何？**"居州，亦宋臣。独如宋王何，言小人众而君子独，无以成正君之功。

【述要】

孟子对宋臣戴不胜言道："你想你的君王学善道吗？我明白告诉你方法。于此有一楚大夫，想让其子学会齐语，那将使齐人为师以教呢，还是使楚人为师以教呢？"

戴不胜回答说："使齐人为师教之。"

孟子一语双关道："只有一齐人教之齐语，而众楚人却于周遭以楚语喋喋不休，虽鞭挞之而求其学会齐语，不可得呀。带其子而置于齐国的闹市庄岳之间数年，虽鞭挞之而求其说楚语，也不可得呀。你说大臣薛居州是善士，使他常居于君王之所，可以使君王学进于善道。若在君王之所，周遭长幼卑尊皆如薛居州之善，那君王与谁不为善呢？而在君王之所，长幼卑尊皆不如薛居州之善，那君王又与谁为善呢？所以一个薛居州，能将宋王如何呢？"

【议论】

善道之行，一需君臣学进于善。妄图以一臣之善劝善于君，而己安然旧习，可见当时诸侯各国，不唯国君，其群臣亦已堕落至深，王道之行，更见其阻。天下君子之需何其多也，而亚圣从者数百人又何其少也!

6.7 公孙丑问曰:"不见诸侯何义?"

孟子曰:"**古者不为臣不见**。不为臣,谓未仕于其国者也。**段干木逾垣而辟之,泄柳闭门而不内,是皆已甚。迫,斯可以见矣**。○辟,与避同。内,与纳同。段干木,魏文侯时人。泄柳,鲁缪公时人。文侯、缪公欲见此二人,而二人不肯见之,盖未为臣也。已甚,过甚也。迫,谓求见之切也。**阳货欲见孔子而恶无礼,大夫有赐于士,不得受于其家,则往拜其门。阳货瞰孔子之亡也,而馈孔子蒸豚;孔子亦瞰其亡也,而往拜之。当是时,阳货先,岂得不见?** 欲见孔子,欲召孔子来见己也。恶无礼,畏人以己为无礼也。受于其家,对使人拜受于家也。其门,大夫之门也。瞰,窥也。阳货于鲁为大夫,孔子为士,故以此物及其不在而馈之,欲其来拜而见之也。先,谓先来加礼也。**曾子曰:'胁肩谄笑,病于夏畦。'子路曰:'未同而言,观其色赧赧然,非由之所知也。'由是观之,则君子之所养可知已矣。**"胁肩,竦体。谄笑,强笑。皆小人侧媚之态也。病,劳也。夏畦,夏月治畦之人也;言为此者,其劳过于夏畦之人也。未同而言,与人未合而强与之言也。赧赧,惭而面赤之貌。由,子路名。非由之所知也,甚恶之之辞也。

【述要】

弟子公孙丑问说:"不主动谒见诸侯有何深意呢?"

孟子神色凝然道:"古代不愿为臣者不见。所以魏文侯登门要见段干木,段干木逾墙而躲辟之;鲁缪公要见泄柳,泄柳闭门而不接纳之,段干木与泄柳当时并非臣属,所以魏文侯与鲁缪公这样强求的做法皆已太过分了。实在迫不得已,也是可以见的。鲁昭公时,阳货虽是季氏的家臣,也是大夫,孔子只是在野之士。阳货想使孔子来见又担心孔子嫌恶他无礼。而按礼节规定,大夫如有赏赐于士,士不能直接拜受于家,则需前往回拜大夫之门,阳货便想以此礼节逼孔子就范。于是阳货打探孔子不在家时,而馈赠孔子蒸豚;可孔子也打探阳货不在家时,而前往谒见之。当时,阳货既有礼在先,孔子岂有不谒见之理?但孔子仍不愿见,为何?曾子曾说:'胁肩谄笑,强颜谄笑,一副小人侧媚之态,比之于夏日菜田中的劳作还要辛苦。'子路也说:'志不同而勉强与之言,还要察言观色,直叫人满面羞愧,这不是我所知的君子所为。'由此观之,则君子所需涵养的内心操守便可以知晓了。"

【议论】

道不同则不见,见则伤道;伤道之事,君子不为也。不过一见,即有道之大言,君子修善,可谓邃密!

6.8 戴盈之曰:"什一,去关市之征,今兹未能。请轻之,以待来年,然后已,何如?" 盈之,亦宋大夫也。什一,井田之法也。关市之征,商贾之税也。已,止也。

孟子曰:"今有人日攘其邻之鸡者,或告之曰:'是非君子之道。'曰:'请损之,月攘一鸡,以待来年,然后已。' ○攘,亦有窃意。损,减也。**如知其非义,斯速已矣,何待来年。"**

【述要】

宋大夫戴盈之说:"宋国要采用井田制的什中取一的税法,而免除各地关隘集市的征税,今年恐怕不能,请先逐渐减轻之,以待来年,然后停止关市之征,夫子以为如何?"

孟子反问道:"如今有人每日盗窃其邻之鸡,有人告之说:'这不是君子之道。'盗鸡者说:'请减少一些,每月只盗取一鸡,以待来年,然后停止盗窃。'如果知晓所作所为非道义所在,此应当速速停止,何能等待来年?"

【议论】

　　税法严苛,犹如窃贼,窃民所有也;诸侯既已盗窃成性,贪婪难改。虽有圣人晓以大义,良知终有所发现,而良知总为私欲所缠缚,大夫所虑生民之苦少,而爱天下之富多,故有请轻之辞也。所以仁政之行,是将斗争于私欲也。

　　治者,世道人心之治也。孔子不能止乱世,其作《春秋》以讨逆贼,可谓人心之治也,盖乱世已坏人心;孟子不能止乱世,其倡正言以辟邪说,亦可谓人心之治也,盖乱世坏人心,邪说更坏人心也。乱自心始,治乱亦自心始,圣人治心是急务也。

6.9 公都子曰:"外人皆称夫子好辩,敢问何也?"

孟子曰:"予岂好辩哉? 予不得已也。天下之生久矣,一治一乱。生,谓生民也。一治一乱,气化盛衰,人事得失,反覆相寻,理之常也。当尧之时,水逆行,泛滥于中国。蛇龙居之,民无所定。下者为巢,上者为营窟。书曰:'洚水警余。'洚水者,洪水也。水逆行,下流壅塞,故水倒流而旁溢也。下,下地。上,高地也。营窟,穴处也。书,《虞书·大禹谟》也。洚水,洚洞无涯之水也。警,戒也。使禹治之,禹掘地而注之海,驱蛇龙而放之菹。水由地中行,江、淮、河、汉是也。险阻既远,鸟兽之害人者消,然后人得平土而居之。掘地,掘去壅塞也。菹,泽生草者也。地中,两涯之间也。险阻,谓水之泛滥也。远,去也。消,除也。

尧、舜既没,圣人之道衰。暴君代作,坏宫室以为污池,民无所安息;弃田以为园囿,使民不得衣食。邪说暴行又作,园囿、污池、沛泽多而禽兽至。及纣之身,天下又大乱。暴君,谓夏太康、孔甲、履癸、商武乙之类也。宫室,民居也。沛,草木之所生也。泽,水所钟也。周公相武王,诛纣伐奄,三年讨其君,驱飞廉于海隅而戮之。灭国者五十,驱虎、豹、犀、象而远之。天下大悦。书曰:'丕显哉,文王谟! 丕承哉,武王烈! 佑启我后人，咸以正无缺。'奄，东方之国，助纣为虐者也。飞廉，纣幸臣也。五十国，皆纣党虐民者也。书，《周书·君牙》之篇。丕，大也。显，明也。谟，谋也。承，继也。烈，光也，功绩也。佑，助也。启，开也。缺，坏也。

世衰道微，邪说暴行有作，臣弑其君者有之，子弑其父者有之。有，与又同。此周室东迁之后事。**孔子惧，作春秋。春秋，天子之事也。是故孔子曰：'知我者其惟春秋乎！罪我者其惟春秋乎！'** 天子之事，孔子作《春秋》以寓王法。惇典、庸礼、命德、讨罪，其大要皆天子之事也。知我者，谓《春秋》之作，遏人欲于横流，存天理于既灭，为后世虑，至深远也。罪我者，谓孔子无其位而托二百四十二年南面之权，使乱臣贼子禁其欲而不得肆，则戚矣。

圣王不作，诸侯放恣，处士横议，杨朱、墨翟之言盈天下。天下之言，不归杨，则归墨。杨氏为我，是无君也；墨氏兼爱，是无父也。无父无君，是禽兽也。公明仪曰：'庖有肥肉，厩有肥马，民有饥色，野有饿莩，此率兽而食人也。'杨、墨之道不息，孔子之道不著，是邪说诬民，充塞仁义也。仁义充塞，则率兽食人，人将相食。 ○处士，未出仕之士人。杨氏为我，杨朱但知爱身，而不复知有致身之义，故无君。墨子兼爱，墨子爱无差等，而视其至亲无异众人，故无父。无父无君，则人道灭绝，是亦禽兽而已。充塞仁义，谓邪说遍满，妨于仁义也。**吾为此惧，闲先圣之道，距杨、墨，放淫辞，邪说者不得作。作于其心，害于其事；作于其事，害于其政。圣人复起，不易吾言矣。** 闲，卫也，本义围栏。○距，据也。放，驱而远之也。作，起也。事，所行。政，大体也。

昔者禹抑洪水而天下平，周公兼夷狄驱猛兽而百姓宁，孔子成春秋而乱臣贼子惧。 抑，止也。兼，并之也。**诗云：'戎狄是膺，荆、舒是惩，则莫我敢承。'无父无君，是周公所膺也。** 承，当也。**我亦欲正人心，息邪说，距诐行，放淫辞，以承三圣者。岂好辩哉？予不得已也。** 辞者，说之详也。承，继也。三圣，禹、周公、孔子也。**能言距杨、墨者，圣人之徒也。"**

【述要】

弟子公都子说:"外人皆称说夫子好辩,敢问这是为何?"

孟子愤然道:"我岂是好辩呀?我是不得已啊!天下国家由来已久,一时治平,一时祸乱。当帝尧之时,水阻于壅塞而逆行旁溢,泛滥于中国,蛇龙居之,民无定所,或于地势卑处为巢居,或于地势高处为穴居。《尚书·虞书·大禹谟》上说:'洚洞无涯之水在警戒我们。'洚水就是大洪水。于是帝尧派大禹治水,大禹掘去壅塞、疏通洪水而注之于海,驱逐蛇龙而放之于水草之泽,于是水由河床流经,今日的长江、淮河、黄河、汉水便是了。险阻既已远离,害人鸟兽既已消除,然后生民方得平土而居。

尧舜既已去世,圣人之道衰,于是夏代的太康、孔甲、履癸,以及商代的武乙等,这些暴君相继而起,毁坏民居以为深池,生民无所安息,被迫弃田以为诸侯之园囿,使民不得衣食。天下邪说流行,诸侯暴行又作,各国中的园囿、深池、沼泽多而禽兽亦纷至沓来。到了纣王,天下又太乱。周公辅助武王以诛杀纣王,成王时又讨伐助纣为虐的奄国,最终三年诛杀其君,并驱赶纣之幸臣飞廉至于海隅而戮杀之。当时灭国五十,并驱逐虎、豹、犀、象而远之,天下大悦。《周书·君牙》之篇说:'伟大光明啊,文王的宏谟大略!伟大的继承啊,武王的功烈勋绩!佑助启发我后人,皆能以正天下而使天下无缺啊!'

文武周公既已谢世,世道又复衰微,邪说暴行又作,臣下弑其君之事时有发生,人子弑其父之恶时有发生,这令孔子感到恐惧,于是作《春秋》一书。《春秋》深寓王法,它敦明教化,严肃礼制,讲天命之德,要讨伐有罪,书中大要皆当是天子之事啊!所以孔子道:'君子要知晓我的仁爱之说、礼乐之教、刑政之戒,要借由《春秋》一书吗?而那些暴君污吏、乱臣贼子则怪罪我非天子之位而行僭越之事,口诛他们的恣意妄为,笔伐他们的丑陋罪恶,也是要借由《春秋》一书吗?'

诸圣王之遗说竟一时不能作用，各诸侯便放恣无道，那些不谙正道的处士也横加妄议，非难圣人之说。杨朱、墨翟的不正之言盈满天下，以致天下之言不归杨朱，则归墨翟。杨氏但知自爱其身，事事为己，不知君子当致身效命于国，这是眼中无君；而墨氏兼爱，爱无等差，视其至亲无异于众人，这是眼中无父；无父无君，则人道尽灭，这无疑是陷于禽兽之行了。公明仪就曾痛心疾首地说：'富贵人家庖厨有肥肉，马厩有肥马，而平民百姓脸有饥色，旷野中有饿死之人，这是率野兽而食人啊！'杨墨之道不息止消除，孔子之道不明著光扬，此邪说必欺诬、毒害人民，堵塞仁义啊。仁义堵塞则大乱又作，天下将率野兽以食人，人又将相食。我为此恐惧，为捍卫先圣之道，必须拒绝杨墨，驳斥荒诞之辞，使邪说者不得作用。邪说作用于心，必害于事；作用于事，必害于国家之政。虽圣人复生，必不改易我之所言啊！

过去大禹抑洪水而天下平，周公兼并夷狄，驱猛兽而百姓安宁，孔子成《春秋》之书而乱臣贼子惧。《诗》上说：'戎狄之贼是当痛击，荆舒之恶是当严惩，则天下无人敢将我阻之。'无父无君的戎狄、荆舒，是周公所当痛击的。我也要正人心，息邪说，拒绝邪辟之行，驳斥放荡之辞，以承续三圣之道。这岂是好辩？我是不得已啊！能大言以抗拒杨墨者，方为圣人之徒啊！"

【议论】

正见无不裹挟于邪说之中，无圣人鞭辟入里之辩，无以擢拔正见于污邪之中。而孟子之辩，岂非时急？

当时苛政繁刑，民不聊生，不乏有志者竭其虑以思拯溺之道，然杨朱之说，以为重己为我尚可以保全一身，殊不知暴君污吏若以此说张目，盖不必稍惧德法而巧取，直可以强逞私欲以豪夺，此率兽以食人，谁可以保全一身？而墨氏之说看似合理，实则违逆人情而悖理也。若倡爱无等差，长幼何需有差，上下何需有差，事功何需有差，则圣人之礼乐刑政亦当废止；礼乐刑政既废，则天下荡然，而天下暴虐必起,暴虐之不止,此不为率兽食人者而何?

而圣人之道,本诸其心而推己及人,虽言我为人人,人人为我,而我之为人,犹有爱之等差,人之为我,亦有爱之等差;等差而有人伦、人道,唯其秩序而有家国、天下。故圣人治天下必以礼乐也,若有礼乐之不足,再辅之以刑政,以"礼乐刑政"治天下,无不有余也。故知杨墨之说,不依人性之道,不依人心之理,其攻乎异端而为邪说也。

6.10 匡章曰:"陈仲子岂不诚廉士哉?居於陵,三日不食,耳无闻,目无见也。井上有李,螬食实者过半矣,匍匐往将食之,三咽,然后耳有闻,目有见。"匡章、陈仲子,皆齐人也。廉,有分辨,不苟取也。於陵,地名。○螬,蛴螬,虫也,金龟子幼虫。匍匐,言无力不能行也。○将,持也,取也。咽,吞也。

孟子曰:"于齐国之士,吾必以仲子为巨擘焉。虽然,仲子恶能廉?充仲子之操,则蚓而后可者也。巨擘,大指也,言齐人中有仲子,如众小指中有大指也。喻人物优秀。充,推而满之也。操,所守也。蚓,丘蚓也。夫蚓,上食槁壤,下饮黄泉。仲子所居之室,伯夷之所筑与?抑亦盗跖之所筑与?所食之粟,伯夷之所树与?抑亦盗跖之所树与?是未可知也。"抑,发语辞也。槁壤,干土也。黄泉,浊水也。○盗跖,春秋时大盗。

曰:"是何伤哉?彼身织屦,妻辟纑,以易之也。"辟,绩也。纑,练麻也。

曰:"仲子,齐之世家也。兄戴,盖禄万钟。以兄之禄为不义之禄而不食也,以兄之室为不义之室而不居也,辟兄离母,处于於陵。他日归,则有馈其兄生鹅者,己频顣曰:'恶用是鶂鶂者为哉?'他日,其母杀是鹅也,与之食之。其兄自外至,曰:'是鶂鶂之肉也。'出而哇之。辟,同避。频,与颦同。顣,与蹙同。世家,世卿之家。兄,名戴,食采于盖,其入万钟也。归,自於陵归也。已,仲子也。鶃鶃,鹅声也。频顣,蹙眉也。所以频顣,以其兄受馈为不义也。哇,吐之也。**以母则不食,以妻则食之;以兄之室则弗居,以於陵则居之。是尚为能充其类也乎?若仲子者,蚓而后充其操者也**。〇类,善也。

【述要】

齐国人匡章得意地说:"我们齐人陈仲子,他有分辨而不食非礼之食,不苟取而不用非义之物,岂非真的廉士吗?他居于於陵,因拒食非礼之食,曾三日不食,以致身体孱弱而耳不能闻,目不能见。井栏上有李子,蛴螬之虫已食之过半,他匍匐而往,将所剩李子食了,三咽之,然后耳有闻,目有见。"

孟子不以为然道:"于齐国之士中,我必以陈仲子为了不起的巨擘。虽然我是这样认为的,但陈仲子怎能称廉呢?他若要充其操守以为廉,则需先为蚯蚓而不求于世,而后可以称之为廉者。蚯蚓,上食槁壤之土,下饮黄泉之水,是真的无求于世。而陈仲子怎么能不求于人世呢?请问他所居之室,是善人伯夷所筑呢?还是恶人盗跖所筑呢?所食米粟,是善人伯夷所种呢?还是恶人盗跖所种呢?这些是不可知的。且不论是否知晓,他的所居所食一定是他人所为,那如何不求之于人呢?"看来仲子之廉是不如蚯蚓了。

匡章辩解说:"这有何妨害陈仲子的廉名呢?他亲身编织草屦,其妻子亦绩麻练麻,以己之所为可以交易所需呀。"

孟子否定道:"陈仲子家,是齐国的世卿之家。其兄陈戴,食采于盖邑,俸禄有万钟之巨,仲子却以为其兄之禄为不义之禄而不食,以其兄之室为不义之室而不居,于是避兄离母,独处于於陵。某日从於陵归来,正遇上有人馈赠其兄生鹅,陈仲子便蹙眉说:'为什么总是鶃鶃地叫个不停?'过了些时日,其母杀了这鹅,与仲子食之。其兄正巧自外至家,便说:'你吃的正是那只鶃鶃乱叫的生鹅之肉。'仲子遂冲出房门而吐之。以其母所烹为不义则不食,以其妻所炊为合义则食之；以其兄之室为不义则不居，以於陵之地为合义则居之。然其妻以辟纑交易来的食物又如何知晓是善人所种呢？於陵之居又如何知晓是善人所筑呢？若无知晓，又如何保证陈仲子的所食所居皆为善呢？如果有恶，岂不有损他的廉名，那还能让他充广其善而为廉士吗？因此我说，像陈仲子这般，只有先成为蚯蚓而后可以充其操守以成廉士。"

【议论】

伯夷、叔齐不食周粟而显其清操，然二子亡国，其不食之义有其特殊。而君子任大，不食不居何以任之；然其所食所居皆有其道，不过当其食、当其居而已，且其所任，务敷仁以广泽也。而其仁泽所及，何分乎善恶？故其食居又何须分其善恶？匡章或以为孟子传食于诸侯，而当时诸侯之食多有不义，孟子食之或成不廉、不义。其孰知孟子之廉义是以仁义、王政辅成天下，又以天下还诸天下之民，而非不食不居业。当其辅成之时，于天下何尝不愿尽取，当其归还之时，于天下何尝欲留一毫，故其廉义足以齐其心体而至广大。而陈仲子之廉，但不知君子有任，又不辩于是非，故其廉无义，无义之廉不足以养心体，亦不足以任事功，徒戕体损义，邀名钓誉而已矣。

卷七 离娄章句上

卷七　离娄章句上凡二十八章。

7.1 孟子曰:"离娄之明,公输子之巧,不以规矩,不能成方员;师旷之聪,不以六律,不能正五音;尧、舜之道,不以仁政,不能平治天下。离娄,古之明目者。公输子,名班,鲁之巧人也。规,所以为员之器也。矩,所以为方之器也。师旷,晋之乐师,知音者也。六律,截竹为筒,阴阳各六,以节五音之上下。黄钟、太蔟、姑洗、蕤宾、夷则、无射,为阳也;大吕、夹钟、仲吕、林钟、南吕、应钟,为阴也。五音,宫、商、角、徵、羽也。**今有仁心仁闻而民不被其泽,不可法于后世者,不行先王之道也。**仁心,爱人之心也。仁闻者,有爱人之声闻于人也。先王之道,仁政是也。**故曰,徒善不足以为政,徒法不能以自行。**徒,犹空也。徒善,有其心,无其政,是谓徒善。有其政,无其心,是为徒法。**诗云:'不愆不忘,率由旧章。'遵先王之法而过者,未之有也。**诗,《诗·大雅·假乐》之篇。愆,过也。率,循也。章,典法也。

圣人既竭目力焉,继之以规矩准绳,以为方员平直,不可胜用也;既竭耳力焉,继之以六律,正五音,不可胜用也;既竭心思焉,继之以不忍人之政,而仁覆天下矣。准,所以为平。绳,所以为直。覆,被也。**故曰,为高必因丘陵,为下必因川泽。为政不因先王之道,可谓智乎?是以惟仁者宜在高位。不仁而在高位,是播其恶于众也。**仁者,有仁心仁闻而能扩而充之,以行先王之道者也。播恶于众,谓贻患于下也。**上无道揆也。下无法守也,朝不信道,工不信度,君子犯义,小人犯刑,国**

之所存者幸也。道,义理也。揆,度也。法,制度也。道揆,谓以义理度量事物而制其宜。法守,谓以法度自守。工,官也。度,即法也。君子小人,以位而言也。**故曰:城郭不完,兵甲不多,非国之灾也;田野不辟,货财不聚,非国之害也。上无礼,下无学,贼民兴,丧无日矣**。上无礼,上不知礼,则无以教民。下无学,下不知学,则易与为乱。**诗曰:'天之方蹶,无然泄泄。'** 诗,《诗·大雅·板》之篇。蹶,颠覆之意。泄泄,怠缓悦从之貌。**泄泄,犹沓沓也**。沓沓,即泄泄之意。**事君无义,进退无礼,言则非先王之道者,犹沓沓也**。非,诋毁也。**故曰:责难于君谓之恭,陈善闭邪谓之敬,吾君不能谓之贼。"**

【述要】

孟子深忧道:"即便有离娄的明目、鲁班的巧手,如不以规矩之准,也不能画成方圆之形;即便有师旷的聪耳,如不以六律之准,也不能矫正五音;尧舜之道,如不以仁政之施,也不能平治天下。如今的君王即便有仁爱之心、有些小的仁爱举措为人所闻,而天下之民不能受惠其恩泽,则其仁不可为后世所效法,所以如此然,是君王不行先王之道,不施仁政啊! 所以说,徒有心中之善不足以为政,徒有行善之法不能以自行。《诗·大雅·假乐》之篇说:'不敢过失、不敢遗忘,将一切遵从先王之典章。'遵循先王之法而政治有过差的,从未有之啊!

圣人既已竭尽目力而不能自行为方圆之形、平直之线,必借规矩准绳以继其目力,而画为方圆之形、平直之线,那圣人借规矩准绳之便,此便利则不可胜用了;圣人既已竭尽耳力而不能自行矫正五音,必借六律之法以继其耳力,而予矫正五音,那圣人借六律之便,此便利则不可胜用了;圣人既已竭尽心思而不能自行为政以善,便需以不忍人之政,即所谓仁政之施以继其心思,从而使仁泽惠及于天下。所以说,有筑高之想,必因有丘陵以实之,有凿下之想,必因有川泽以流之;为政不因先王之道,可谓智吗?为先王之道,仁者宜在高位,而所以是仁者宜在高位,因为不仁而在高位,是播其罪恶于众,贻其祸患于下呀!在上无善道以揆度权衡,在下无法制以恪守遵从,若朝廷上下不信善道,百工不信度量,君子犯义不以为耻,小人犯刑不以为惧,国家存而不亡者实属侥幸了。所以说,国中城郭不坚完牢固,兵甲不锋锐而多,皆非国之灾患;田野不开辟以广阔,货财不积聚以巨大,皆非国之祸害。而在上无有礼法典章,在下无有人伦规范之学,贼盗之人于是日兴,国离丧亡便无有时日了。《诗·大雅·板》之篇说:'上天方使周室颠蹶以趋灭亡,请群君不要泄泄然怠缓而需当急以救正之。'泄泄缓缓犹如沓沓拖拖呀。群臣事君无有道义可言,进退无有礼义可据,开口则非难批评先王之道,不急时救正于君,救正于国,犹拖拖沓沓呀!因此而言,责难于君而使其知错的,这是为臣对君的恭顺,陈善闭邪而使其君改正的,这是为臣对君的敬重,那些为臣者说我的国君不能知错以过、向善而行的,这都是国君之贼、国家之贼啊!"

【议论】

　　仁心继以善法,明君助以贤臣,则仁政可施也。无仁政,不足以显仁心,无仁心,不足以施仁政,故仁心合于仁政,乃先王之道,治天下之法度。

7.2 孟子曰:"规矩,方员之至也;圣人,人伦之至也。至,极也。规矩,匠人尽所以为方员之理,人伦,圣人尽所以为人之道。**欲为君尽君道,欲为臣尽臣道,二者皆法尧、舜而已矣。不以舜之所以事尧事君,不敬其君者也;不以尧之所以治民治民,贼其民者也。**〇君道,法尧、舜也,法其所以治民。〇臣道,法舜也,法其所以事君。**孔子曰:'道二:仁与不仁而已矣。'** 道二,法尧、舜,则尽君臣之道而仁矣；不法尧、舜，则慢君贼民而不仁矣。二端之外，更无他道。出乎此，则入乎彼矣，可不谨哉？**暴其民甚，则身弑国亡；不甚，则身危国削。名之曰'幽厉'，虽孝子慈孙，百世不能改也。**幽，暗。厉，虐。皆恶谥也。**诗云'殷鉴不远，在夏后之世'，此之谓也。**"诗，《诗·大雅·荡》之篇。

【述要】

孟子痛心道："以规矩的法则，才能有方圆形状的完成，以圣人的教理，才能有人伦大道的实现。欲为君者需尽为君之道，欲为臣者需尽为臣之道，二者皆效法尧、舜之道而已。因为舜曾为尧臣，他尽臣道以事尧，而使尧帝之德广及天下，所以为臣者不以舜之事尧之道事其君，是不敬其君；而尧帝仁心仁政，万民所仰，所以为君者不以尧之治民之道治其民，这是贼害其民啊！孔子曾道：'大道无二，仁与不仁而已！'那些不仁之君，过分暴虐其民的，则身弑国亡；不过分的，则身危国削。暴君死后，还要根据谥法谥以幽、厉之恶名，如幽王、厉王，'幽'是其心暗昧，'厉'是其人滥杀，一旦得了恶谥之名，其后代虽有孝子慈孙想改其恶名，但谥名是公议的结论，百世之后也不能改之。《诗·大雅·荡》之篇说：'殷商的纣王所当镜鉴为戒的历史并不遥远，近在上一朝代的夏桀之世。'此诗写的正是不仁的暴君啊！"

【议论】

暴君不仁，身弑国亡于当时，虽百世不解恶名，虽百世子孙犹以为耻。不仁者不当为君也，而时君往往不仁，每使亚圣痛心不已！

君道，臣道，治天下之规矩也；而君道、臣道，已有尧舜为万世之法也。

7.3 孟子曰:"三代之得天下也以仁,其失天下也以不仁。 三代,谓夏、商、周也。禹、汤、文、武,以仁得之;桀、纣、幽、厉,以不仁失之。**国之所以废兴存亡者亦然。** 国,谓诸侯之国。**天子不仁,不保四海;诸侯不仁,不保社稷;卿大夫不仁,不保宗庙;士庶人不仁,不保四体。今恶死亡而乐不仁,是犹恶醉而强酒。"** 此承上章之意而推言之也。

【述要】

孟子疾呼道:"夏、商、周三代的先君夏禹、商汤、文王武王,他们得天下是以仁,而三代失天下,是夏桀、商纣、幽王厉王以不仁。国家之所以废兴存亡,也是仁与不仁啊!天子不仁,不保四海;诸侯不仁,不保社稷;卿大夫不仁,不保宗庙;士庶人不仁,不保性命。今嫌恶死亡却乐于不仁,如同嫌恶醉酒却强酒豪饮不止。"

【议论】

仁与不仁,选择何其易,又何其难也!盖仁与不仁,相杂一心,唯体仁至深方能知其不仁。国之兴废存亡,人之吉凶荣辱,皆体仁之所在。

7.4 孟子曰:"爱人不亲反其仁,治人不治反其智,礼人不答反其敬。 反者,我爱人而人不亲我,则反求诸己,恐我之仁未至也;智敬放此。**行有不得者,皆反求诸己,其身正而天下归之。** 不得,谓不得其所欲,如不亲、不治、不答是也。反求诸己,谓反其仁、反其智、反其敬也。如此,则其自治益详,而身无不正矣。天下归之,极言其效也。**诗云:'永言配命,自求多福。'"** 诗,《诗·大雅·文王》。○配,合也。○命,天所命赋。此谓良心。

【述要】

孟子劝戒道:"爱人却不为人所亲,当反其本心,以思其仁爱之意是否具足,其仁爱之法是否得当;治理人民却不得其治,当反其本心,思其智识是否完备;礼敬于人却不得他人礼敬,当反其本心,思其敬意是否尽诚。凡行有不得所愿的,皆当反求诸己;其身修心正,一充于仁,一具于智,一备于礼,则天下望风归之。《诗·大雅·文王》之篇说:'当永远反求诸己,以审视所言所行是否合于上天所命赋予人的良心,方能自求多福。'"

【议论】

自正其心,自求多福;不正其心,反致多祸。

7.5 孟子曰:"人有恒言,皆曰'天下国家'。天下之本在国,国之本在家,家之本在身。"○恒言,常常所言之言。

【述要】

孟子陈议道:"人有恒常之言,一直都是说:'天下国家。'可见天下之本在国,国之本在家,家之本在身。"

【议论】

天下之本在国,国之本在家,家之本在身。可见身修心正为天下国家之本,人但知有此恒言,却不知其中有恒常之理也。而我身即为天下国家之所本,故当修明正义,以充实于天下国家。

7.6 孟子曰:"为政不难,不得罪于巨室。巨室之所慕,一国慕之;一国之所慕,天下慕之,故沛然德教溢乎四海。"

巨室,世臣大家也。得罪,谓身不正而取怨怒也。麦丘邑人祝齐桓公曰:"愿主君无得罪于群臣百姓。"意盖如此。慕,向也,心悦诚服之谓也。沛然,盛大流行之貌。溢,充满也。

【述要】

孟子布策道:"为仁政不难,不以强权慑服而为巨室群臣所怪罪,当以仁智悦服其心;一旦巨室群臣仰慕其仁智而悦服,则一国仰慕之;一国仰慕之,则天下仰慕之。因此,圣人之德教方能沛然流行,溢乎四海。"

【议论】

一国仁政之行,有其次第,国君先仁,而后巨室群臣慕而向仁,君臣协仁,而后四海慕望,一心向仁。是仁者在上,而能播其善于众也。次第不明,往往事倍功半,甚至阻塞,故仁政之方施,亦求策略也。

7.7 孟子曰:"天下有道,小德役大德,小贤役大贤;天下无道,小役大,弱役强。斯二者天也。顺天者存,逆天者亡。 有道之世,人皆修德,而位必称其德之大小;天下无道,人不修德,则但以力相役而已。天者,理势之当然也。**齐景公曰:'既不能令,又不受命,是绝物也。'涕出而女于吴。** 令,出令以使人也。受命,听命于人也。物,犹人也。女,以女与人也。吴,蛮夷之国也。景公羞与为昏而畏其强,故涕泣而以女与之。**今也小国师大国而耻受命焉,是犹弟子而耻受命于先师也。如耻之,莫若师文王。师文王,大国五年,小国七年,必为政于天下矣。** 师文王,因其愧耻之心而勉以修德也;文王之政,布在方策,举而行之,所谓师文王也。五年七年,以其所乘之势不同为差。盖天下虽无道,然修德之至,则道自我行,而大国反为吾役矣。**诗云:'商之孙子,其丽不亿。上帝既命,侯于周服。侯服于周,天命靡常。殷士肤敏,祼将于京。'孔子曰:'仁不可为众也。夫国君好仁,天下无敌。'** 诗,《诗·大雅·文王》之篇。丽,数也。十万曰亿。侯,维也。商士,商孙子之臣也。肤,大也。敏,达也。祼,宗庙之祭,以郁鬯之酒灌地而降神也。将,助也。仁不可为政,而言有仁者则虽有十万之众,不能当。○为,众,自以为人众多。**今也欲无敌于天下而不以仁,是犹执热而不以濯也。诗云:'谁能执热,逝不以濯?'"**不以仁,耻受命于大国,是欲无敌于天下也;乃师大国而不师文王,是不以仁也。诗,《诗·大雅·桑柔》之篇。逝,语辞也。

【述要】

孟子替诸小国担忧道:"天下有道,人人以贤德为尊,故小德愿服从于大德,小贤愿服从于大贤;天下无道,人人崇尚勇力,故小者不得已役使于大者,弱者不得已役使于强者。这二种情形,前者是人的天性之善使然的必然结果,后者是天性为恶习难免的必然结果。从人的天性之善,以德相庆,以贤互益,国家和然以泰,这是顺天长存之道;从人的私欲之恶,以力互役,以强相欺,人道崩然而乱,这是逆天灭亡之理。当年齐景公面对强吴,就曾无奈地说:'既无能力出诏令以征伐吴国,又不愿就此听命于吴国,进退维谷,这真是自绝于人啊!'于是景公涕泪横出而被迫将女儿嫁与吴国以和亲。如今小国不修德进业,强国富民,却想效仿大国的怠傲、奢侈糜烂,甚至想师法大国之霸术,这必然要听命于大国,小国却以听命于大国为耻,这犹如作为弟子而耻听命于先生,如何可能呢?如以听命于大国为耻,不如转而师法文王。师法文王之道,发仁心,施善政,大国只需五年,小国只需七年,必能谋大事于天下了。《诗·大雅·文王》之篇说:'商王的子孙,其数何止十万。一旦上帝有命改朝换代,维臣服于周。臣服于周,可见天之授命并不恒常,它不总是定于一朝一代,而是要将天下归于有德之人。你再看此时的殷商之士,虽人人高大敏达,却甘心执祼献之礼将助周王祭祀于周之京师。'孔子对此感慨道:'对于仁者,不可自持人数之众以阻挡之。文王以小胜大,以少胜多,以弱胜强,皆因文王好仁,故国君好仁,天下无敌。'今之诸侯,欲无敌于天下而不以仁,这犹如执热物而不以水濯手。《诗·大雅·桑柔》之篇说：'谁能手执热物,而不以水自濯其手呢？'"

【议论】

师于恶法,已为天命所绝；师于善道,自有天命所归。命之在我,非役之于人也。

7.8 孟子曰："不仁者可与言哉？安其危而利其菑,乐其所以亡者。

不仁而可与言,则何亡国败家之有？ 菑,与灾同。安其危利其菑者,不知其为危菑而反以为安利也。所以亡者,谓荒淫暴虐,所以致亡之道也。不仁之人,私欲固蔽,失其本心,故其颠倒错乱至于如此,所以不可告以忠言,而卒至于败亡也。**有孺子歌曰：'沧浪之水清兮,可以濯我缨；沧浪之水浊兮,可以濯我足。'** 沧浪,水名。缨,冠系也。**孔子曰：'小子听之！清斯濯缨,浊斯濯足矣,自取之也。'夫人必自侮,然后人侮之；家必自毁,而后人毁之；国必自伐,而后人伐之。太甲曰：'天作孽,犹可违；自作孽,不可活。'此之谓也。"

【述要】

孟子警训道："不仁者可与之言仁道吗？不仁者已身处危险,陷溺灾祸,穷极恶欲而正趋于灭亡,因其私欲蔽心而不能自知,反以其危险为安全,以灾祸为吉利,犹自嬉乐于灭亡之欲而不能拔。

不仁者而可与之言仁道,那亡国败家之事如何会有呢！有孺子歌唱道：'沧浪之水清澈呀,可以濯洗我之冠缨；沧浪之水混浊呀,可以濯洗我之足。'孔子听闻后对弟子道：'你们听着：是水清濯缨,还是水浊濯足,皆由我心辨清浊以取舍之啊！'人必因清浊不辨,以致其心蒙尘,恶欲横流而自侮其身,然后他人亦必来侮之；家必因人伦不序、孝悌不言而自毁其家,而后他人亦必来毁之;国必因礼乐不治、刑政不修而自伐其国,而后他国亦必来攻伐之。《尚书·太甲》之篇说:'天降灾祸,犹可逃避之;自作罪孽,不可以活。'说的正是此番道理。"

【议论】

仁者其心清,知其所以存;不仁者其心浊,不知其所以亡。天下国家之存,一存于仁,天下国家之亡,一亡于不仁。

7.9 孟子曰:"**桀、纣之失天下也,失其民也;失其民者,失其心也。得天下有道:得其民,斯得天下矣;得其民有道:得其心,斯得民矣;得其心有道:所欲与之聚之,所恶勿施尔也。民之归仁也,犹水之就下、兽之走圹也**。圹,广野也。归也,言民之所以归乎此,以其所欲之在乎此也。**故为渊驱鱼者,獭也;为丛驱爵者,鹯也;为汤武驱民者,桀与纣也**。爵,与雀同。渊,深水也。獭,食鱼者也。丛,茂林也。鹯,食雀者也。**今天下之君有好仁者,则诸侯皆为之驱矣。虽欲无王,不可得已。今之欲王者,犹七年之病求三年之艾也。苟为不畜,终身不得。苟不志于仁,终身忧辱,以陷于死亡**。艾,草名,所以灸者,干久益善。○畜,止也。**诗云'其何能淑,载胥及溺',此之谓也。**"诗,《诗·大雅·桑柔》之篇。淑,善也。载,则也。胥,相也。言今之所为,其何能善,则相引以陷于乱亡而已。

【述要】

孟子劝勉道:"桀纣之所以失天下,是失其民啊!失其民者,是失民心啊!得天下有道,得其民,便得天下了!得其民有道,得民心,便得其民了!得民心有道,己之所欲,则与民聚而共谋共享,己之所恶,则不施于民,如此而已啊!民心归于仁域之广大,犹如水之从高就下而泻于江海、兽之奔走旷野而竞于自由。所以为池渊驱来鱼群的,是专食鱼类的水獭;为树丛驱来鸟雀的,是专食鸟类的鹯鹞;而为仁爱的汤武驱来天下之民的,是对其民专横残暴的桀纣啊!今天下各诸侯中如有好仁者,则其他不仁之诸侯皆必为之驱来其国之民,此诸侯虽无称王之想,不可得啊!而如今想称王的诸侯,皆是久患其病而欲求良药,犹如七年之病当求三年之艾,但不及时以艾灸之而止畜其病,则终身不得其治;如不及时收摄其淫逸之心,专志于仁,将终身忧辱,以陷于死亡。《诗·大雅·桑柔》之篇说:'他如何会改过迁善呀,最终不过是众人一起溺亡罢了。'此诗所说正是如此啊!"

【议论】

仁禀天之所命,故仁域广大而其义高明。故开其域,可以纳天下之民,举其义,可以驱诸般之恶。且仁义亦如良药,可以治身病,亦可以治国家之病也。

7.10 孟子曰:"**自暴者,不可与有言也;自弃者,不可与有为也。言非礼义,谓之自暴也;吾身不能居仁由义,谓之自弃也。**暴,犹害也。非,犹毁也。非议,诋毁也。自暴,必不见信也。自弃,自毁其身者,犹知仁义之为美,但弱于怠惰,自谓必不能行,与之有为必不能勉也。**仁,人之安宅也;义,人之正路也。**仁宅已见前篇。义者,宜也,乃天理之当行,无人欲之邪曲,故曰正路。**旷安宅而弗居,舍正路而不由,哀哉!"**旷,空也。由,行也。哀哉,言道本固有而人自绝之,是可哀也。

【述要】

孟子为诸侯深为惋惜道:"不以礼法道义自处,而以放荡乖戾行事的自暴者,不可与之有君子修为之言了;不以仁爱正义治世,而以恶欲邪说乱政的自弃者,不可与之有王道施为之劝了。开口所言即非难礼义,这是自暴自害之人;动则言:'我不能居仁由义',这是自弃自毁之人。仁为天之命赋,为心性之本,它是人身心安居之宅;义属理之当行,为气节所本,是人言行正由之路。而有人却空旷其安宅而不居,已陷不仁之危而不知;舍弃正路而不由,已赴不义将亡之路而不省,这令人哀痛啊!"

【议论】

礼义、仁义无不自有,何以自绝之也!

7.11 孟子曰:"道在尔而求诸远,事在易而求之难。人人亲其亲、长其长而天下平。" 尔,同迩,近也。道在尔,亲长在人为甚迩。事在易,亲长之在人为甚易。远者难者,舍此而他求,则远且难而反失之。○长,敬重。

【述要】

孟子指正道:"先王之道在近,而有人却求诸远;仁政之事在易,而有人却求诸难。先王之道,仁政之事,但始于人人亲爱其亲、敬重其长,再行推己而及天下,如何不在近?如何不在易?人人亲爱其亲、敬重其长,而天下自平。"

【议论】

舍近求远,避易趋难,众人所以如此,是裹挟于世流,缠缚于私欲,以致不能反求诸身,体道以就仁也。

7.12 孟子曰:"居下位而不获于上,民不可得而治也。获于上有道:不信于友,弗获于上矣;信于友有道:事亲弗悦,弗信于友矣;悦亲有道:反身不诚,不悦于亲矣;诚身有道:不明乎善,不诚其身矣。 获于上,得其上之信任也。诚,实也。反身不诚,反求诸身而其所以为善之心有不实也。不明乎善,不能即事以穷理;无以真知善之所在也。**是故诚者,天之道也;思诚者,人之道也。**诚者,理之在我者皆实而无伪,天道之本然也。○天之道,诚也。思诚者,欲此理之在我者皆实而无伪,人道之当然也。○人之道,思诚也。**至诚而不动者,未之有也;不诚,未有能动者也。**"至,极也。○至诚,性善之实也。○不诚,谓为善之心不实也。

【述要】

孟子发微道:"为君而不能获上天之命,居臣下之位亦不能获于君上之信,则不能取信于民而得治理。获于上有道,不能取信于友,不能获于上;取信于友有道,事亲而亲不悦,不能取信于友;悦亲有道,反观其心而心意不诚,不能悦于亲;诚意其心有道,不明乎人性之善,不能诚意其心啊!人之所以有诚意,是天之命赋于人的性善所自然流露,因此也可以说'诚'是人所本诸的至善的天道使然;人所以要思合于诚意,这是人道自然向善使然。为人至诚,而不能使人动心顺义,从而悦亲、信友、得民,从未之啊!而不诚,未有能动心顺义的。"

【议论】

天道诚也而人道思诚,人道思诚而明善,明善而诚身,诚身而悦亲,悦亲而信友,信友而获上,获上而得天下之民;此天道人道之一贯也。所谓明善者,明乎其善性也。

诚者,天道之显;思诚者,人道之用。有诚,通人天之路,无诚,绝人天之途。

7.13 孟子曰:"伯夷辟纣,居北海之滨,闻文王作,兴曰:'盍归乎来!吾闻西伯善养老者。'太公辟纣,居东海之滨,闻文王作,兴曰:'盍归乎来!吾闻西伯善养老者。'"辟,同避。作、兴,皆起也。盍,何不也。○来,句末助词。西伯,即文王也。纣命为西方诸侯之长,得专征伐,故称西伯。太公,姜姓,吕氏,名尚。归乎来,庶人之老,皆无冻馁,故伯夷、太公来就其养,非求仕也。**二老者,天下之大老也,而归之,是天下之父归之也。天下之父归之,其子焉往?** 二老,伯夷、太公也。大老,言非常人之老者。天下之父,言齿德皆尊,如众父然。既得其心,则天下之心不能外矣。**诸侯有行文王之政者,七年之内,必为政于天下矣。**"七年,以小国而言也。大国五年,在其中矣。

【述要】

孟子呼吁诸侯道:"伯夷躲避纣王之暴,居北海之滨,听闻文王仁政作而王业兴,便说:'为何不归之呢!我听闻西伯侯发政施仁,必先鳏寡孤独,又善养老者,国中之老,皆无冻馁。'太公躲辟纣王之暴,居东海之滨,听闻文王仁政作而王业兴,便说:'为何不归之呢!我听闻西伯侯发政施仁,必先鳏寡孤独,又善养老者,国中之老,皆无冻馁。'伯夷、太公二位老者,是天下年高德劭的大老,如天下之父,弃纣王而归文王,那是天下之父归之。天下之父尚且归之,其子又能去往哪里呢?诸侯中若有行文王之政的,七年之内,必可谋王业大事于天下了。"

【议论】

人老而神衰力疲,但养于人,故养老最能体现仁爱,善养老者是天下大善之人也。

7.14 孟子曰:"求也为季氏宰,无能改于其德,而赋粟倍他日。孔子曰:'求非我徒也,小子鸣鼓而攻之可也。'求,孔子弟子冉求。季氏,鲁卿。宰,家臣。赋,犹取也,取民之粟倍于他日也。小子,弟子也。鸣鼓而攻之,声其罪而责之也。**由此观之,君不行仁政**

而富之,皆弃于孔子者也。况于为之强战。争地以战,杀人盈野;争城以战,杀人盈城。此所谓率土地而食人肉,罪不容于死。罪不容于死,其罪之大,虽至于死,犹不足以容之也。**故善战者服上刑,连诸侯者次之,辟草莱、任土地者次之。**"善战,如孙膑、吴起之徒。○上刑,重刑。连结诸侯,如苏秦、张仪之类。辟,开垦也。○草莱,荒地。任土地,谓分土授民,使任耕稼之责,如李悝尽地力,商鞅开阡陌之类也。

【述要】

孟子激辞道:"冉求为季氏的家宰,未能改变季氏的不良德行,而且还帮助季氏将民之赋税比往日增加一倍。孔子对众弟子怒而斥责道:'冉求非我之徒,你们可以鸣鼓而攻之。'由此观之,为君者不行仁政而富,皆弃于圣人之道,何况那些为了富其国而强战的恶者。为强争土地以战,杀人盈野;强争城池以战,杀人盈城,此所谓率土地而食人肉,此等暴厉之君,虽至于死亦不足以容其罪责。所以那些好勇善战、杀人无数的所谓谋臣猛将当服最严之刑;那些连络诸侯以相互攻伐的纵横家则服刑稍次;那些只是为了税赋而威逼平民开辟荒地、并强使平民任土地之责的,其服刑可再次之。"

【议论】

不仁者昏聩既久,不以激厉之辞何以醒之!

7.15 孟子曰:"存乎人者,莫良于眸子。眸子不能掩其恶。胸中正,则眸子瞭焉;胸中不正,则眸子眊焉。良,善也。眸子,目瞳子也。瞭,明也。眊者,蒙蒙,目不明之貌。**听其言也,观其眸子,人焉廋哉?"**廋,匿也。

【述要】

孟子阐幽道:"存于人身的五官四体,以眼眸最良而无欺。人之眼眸彻于灵府,照于万类,一同性善而澄澈,故其心胸稍恶即显,难以掩之。胸中诚正之意充塞,则其人眼眸瞭焉清明;胸中不正而邪,则其人眼眸似有浑杂而无清明。听其人之言以辨其是非,观其人眼眸以察其正邪,则其人仁之真伪、德之有无、知之深浅便无所隐匿而了然于心了。"

【议论】

唯圣者纯仁而不容一丝不正,故能察人之言观人之眸。自家心胸稍有不正,则易混于同类,何能察他人之言,观他人之眸。亚圣此一番言语,实亦警省于君子也。

7.16 孟子曰:"恭者不侮人,俭者不夺人。侮夺人之君,惟恐不顺焉,恶得为恭俭?恭俭岂可以声音笑貌为哉?"

【述要】

孟子开陈道:"谦恭逊让者不侮人之善,克俭守廉者不夺人之物。侮夺人的国君,惟恐天下不顺于己,如何能为恭俭呢?恭俭实出于仁爱,表于言行,岂可以巧为声音笑貌以作伪呢?"

【议论】

其心其眸,其心其行,莫不有诚正存焉,亦莫不有诈伪存焉,而诚正与否,唯诚意正心者知之。

7.17 淳于髡曰:"男女授受不亲,礼与?"
孟子曰:"礼也。"

曰:"嫂溺则援之以手乎?"

曰:"嫂溺不援,是豺狼也。男女授受不亲,礼也;嫂溺援之以手者,权也。"淳于,姓;髡,名;齐之辩士。授,与也。受,取也。古礼,男女不亲授受,以远别也。援,救之也。权,称锤也,称物轻重而往来以取中者也;权而得中,是乃礼也。

曰:"今天下溺矣,夫子之不援,何也?"言今天下大乱,民遭陷溺,亦当从权以援之,不可守先王之正道也。

曰:"天下溺,援之以道;嫂溺,援之以手。子欲手援天下乎?"此章言直己守道,所以济时;枉道殉人,徒为失己。

【述要】

齐之辩士淳于髡故意问说:"男女之间不亲为授受与取,以相互远离,这是古礼吗?"

孟子道:"这是古礼。"

淳于髡又问说:"嫂子溺水,则援之以手吗?"

孟子道:"嫂子溺水不予救援,这是豺狼所为。男女授受不亲,这是古礼。嫂子溺水,援之以手,这是从权变通呀。"

淳于髡接着问说:"今天下陷溺大乱而将亡,夫子却不予救援,这是为何?"

孟子哂之道:"天下陷溺,援之以道;嫂子溺水,援之以手,你想以手援天下吗?"

【议论】

礼者,所以宰制天下,驭使四方者也。君臣相遇,不唯礼数,但能同为天吏,同志于先王之道,方能成其礼之大用;若舍先王之道,君臣之礼则无其实矣!孟子不遇于齐王,非齐王不知礼数,但不能与孟子同为天吏,同志于先王之道也。天下所以存,存于先王之道,天下所以亡,失于先王之道,是以天下陷弱,唯援之以先王之道。孟子既不遇于齐王,已无施援之具,又岂有从权之策!淳于髡于孟子何不援之之责,是以为孟子既得齐王之礼待,暂且于齐而不去,即有从权之策,盖不知拯溺非道不行,亦不知君臣礼义之实也!

当时孟子欲去齐,淳于髡欲以言辞勉留之。

7.18 公孙丑曰:"君子之不教子,何也?" 不亲教也。**孟子曰:"势不行也。教者必以正;以正不行,继之以怒;继之以怒,则反夷矣。'夫子教我以正,夫子未出于正也。'则是父子相夷也。父子相夷,则恶矣。** 夷,伤也。〇夫子,父亲。**古者易子而教之。** 易子而教,所以全父子之恩,而亦不失其为教。**父子之间不责善。责善则离,离则不祥莫大焉。"** 责善,朋友之道也。

【述要】

弟子公孙丑问:"君子不亲为教子,这是为何?"

孟子释义道:"因父子亲情,父子关系往往为情势所牵,故由父教子有所不行呀。父教子必以正道,以正道不能见行于其子,便继之以怒色严辞;继之以怒色严辞,则反而伤其子之心了。其子心中也必说:'父亲既教我以正道,却稍不如意即怒,看来父亲他自己的言行也未出于正道。'这是子伤其父之言;父伤子,子伤父,这是父子相伤呀。父子相伤,不是教子之道而是恶了。古代君子易子而教,父子之间不相互责过迁善。责过迁善则父子关系疏离,父子关系疏离,那是最为不善了。"

【议论】

一室之内,亲亲为大,而亲亲者,善莫大焉,父子之间岂能因责善而损亲亲之善乎?又且亲亲者,长于幼以慈爱,幼于长以孝悌,无不有教善之义,是以父子之间虽不责善,父子犹能相善之;而能明亲亲之义,推以及他,则能充于五伦之好,故亲亲之教胜于父子间之责善也。然君子明教,在家虽有亲亲之教,而王教广大,必使其子就学于贤能之士,期以德业荣其身心而为君子,则父子间相善而更益于亲亲也。

7.19 孟子曰:"事孰为大? 事亲为大;守孰为大? 守身为大。不失其身而能事其亲者,吾闻之矣;失其身而能事其亲者,吾未之闻也。守身,持守其身,使不陷于不义也。一失其身,则亏体辱亲,虽日用三牲之养,亦不足以为孝矣。**孰不为事? 事亲,事之本也;孰不为守? 守身,守之本也。**事亲孝,则忠可移于君,顺可移于长。守身正,则家齐、国治、而天下平。**曾子养曾晳,必有酒肉。将彻,必请所与。问有余,必曰'有'。曾晳死,曾元养曾子,必有酒肉。将彻,不请所与。问有余,曰'亡矣'。将以复进也。此所谓养口体者也。若曾子,则可谓养志也。**曾晳,名点,曾子父也。〇彻,同撤,撤席。〇所与,所需给予。与,予也。曾元,曾子子也。〇口体,口腹身体。〇养志,奉养而承顺其意。养,事奉也。〇志,心思也。**事亲若曾子者,可也。"**言当如曾子之养志,不可如曾元但养口体。

【述要】

孟子陈议道:"论事,何事为大? 事亲为大,不事亲则违逆天地而难容。论守,孰守为大? 守身为大,不守身则背弃道义而必亡。不失道义而能守身,从而能事其亲者,我听闻之;失道义而不守,却能事其亲者,我未曾听闻之。世间谁不为事? 而事亲以孝,是诸事之本;谁不有所持守? 而守身以义,是诸守之本。当年曾子养曾晳,必有酒肉;将撤席时,必请问其父是否还有所需;其父常担心家中是否酒肉有余,故每问之,而无论家中有无,曾子必宽慰其父之忧而回答说:'有余。'曾晳死,曾元养曾子,也必有酒肉;而将撤席时,从不请问曾子是否还有所需;曾子每问家中酒肉是否有余,若此时家中无余,曾元必不会宽慰曾子之忧,而是说:'无余,将再买进些。'曾元事亲,只酒食之供,盖不能承顺其父之志,这是所谓养口体而已。而若曾子事亲,足酒食之外,时时承顺其父之志,这可谓养志了。事亲若曾子的,真是视父母如己,知其心,顺其意,无有不可啊!"

【议论】

我由亲生,亲由我事,推而事君,及事天下,事亲岂不为大!身以载义,义由身传,君子之任,王道以行,守身岂不为大!而守身之义莫不始于事亲之孝,事亲之义亦莫不见于孝子之守,守身、事亲虽分两事,可合一说。曾子事亲养志,看似事微,实则义壮,盖其事亲而能入此深微,足见其反求诸己之守身功夫,故能有此诚意之精纯。以此功夫恪守于义,负任于道,天下其孰能疑之?无此功夫,言其堪任道义,天下其孰能信之?正可谓见微而知其著者也。

7.20 孟子曰:"人不足与适也,政不足间也。惟大人为能格君心之非。君仁莫不仁,君义莫不义,君正莫不正。一正君而国定矣。" ○适,调也。○间,与其中也。格,正也。《书》曰:"格其非心。"大人者,大德之人,正己而物正者也。

【述要】

孟子开陈道:"要行仁政,先不急于朝中人事的议论调适,政事亦不急于参与其间;唯大人能知事之本末,知君为诸人事之本,亦为诸政事之本,故其参事首先能格正君心之非。君仁,无人敢不仁;君义,无人敢不义;君正,无人敢不正。所以君心一正,国本就定了。"

【议论】

正本清源,无往而不利!

7.21 孟子曰:"有不虞之誉,有求全之毁。" 虞,度也。不虞之誉,行不足以致誉而偶得誉,是谓不虞之誉。求全之毁,求免于毁而反致毁,是谓求全之毁。

【述要】

孟子陈议道:"为君子者,往往有自己不能预料的赞誉,也往往有他人责备求全的诋毁。"

【议论】

故于君子,既不必以毁誉为己之忧喜,亦不必以毁誉亲疏于他人,但为守身修实而已。

7.22 孟子曰:"人之易其言也,无责耳矣。"

【述要】

孟子开陈道:"为人轻易其言而少有理据,是其人无有道义之责。"

【议论】

君子有道义之责,何敢轻言?

7.23 孟子曰:"人之患在好为人师。"

【述要】

孟子陈议道:"好为人师是君子的病患。"

【议论】

好为人师者,则自诩高明,其人往往逆于己则怒之,毁于己则恶之,而贤于己则妒之,盖不能与道进退,平易以论学为事也。

7.24 乐正子从于子敖之齐。_{子敖,王驩字。}

乐正子见孟子。

孟子曰:"子亦来见我乎?"

曰:"先生何为出此言也?"

曰:"子来几日矣?"

曰:"昔者。"

曰:"昔者,则我出此言也,不亦宜乎?"

曰:"舍馆未定。"

曰:"子闻之也,舍馆定,然后求见长者乎?"_{昔者,前日也。馆,客舍也。}

曰:"克有罪。"

【述要】

弟子乐正子从随齐王宠臣王驩来齐都。

乐正子来见孟子。

孟子不悦道:"你也来见我吗?"

乐正子不安地说:"先生何出此言?"

孟子道:"你回来几日了?"

乐正子说:"昨日。"

孟子道:"昨日,那我出此言,不也合适吗?"

乐正子说:"当时舍馆还未定。"

孟子责之道:"你听说过必须先定舍馆,然后求见于长者吗?"

乐正子认错说:"我有罪。"

【议论】

孟子不欲其弟子从随于小人,责其不能早来,实责其不能早离小人也。而乐正子已知错矣。

7.25 孟子谓乐正子曰:"子之从于子敖来,徒餔啜也。我不意子学古之道,而以餔啜也。" 徒,但也。餔,食也。啜,饮也。

【述要】
孟子切责于乐正子道:"你从随于王子敖来,只是吃喝。我不曾想你学古人之道,只是以吃喝为目的。"

【议论】
一旦落于口腹之欲,财货之求,则无道可学矣!

7.26 孟子曰:"不孝有三,无后为大。 不孝者三事:谓阿意曲从,陷亲不义,一也;家贫亲老,不为禄仕,二也;不娶无子,绝先祖祀,三也。三者之中,无后为大。**舜不告而娶,为无后也,君子以为犹告也。"**

【述要】
孟子为舜辩护道:"不孝有许多情形,而无子嗣以传承血脉、以祭祀先人,此不孝为大。舜不告父母而娶,是为无后不孝的缘故。而君子却以为舜之不告犹如已告啊!"

【议论】
舜所以不告,是其父及继母无端仇视于大舜,告则父母不允。
不告不孝,而无后不孝为大,以君子之权衡取事必以大为先,故舜可以不告。况舜为长子,有后以祭祀先人是承先人及其父之志,不能因其父一时不明而亏先人及其父之志,是以舜之不告,实已告慰其先人及其父之志矣。

7.27 孟子曰:"仁之实,事亲是也;义之实,从兄是也。〇实,本实也,本来之义。仁主于爱,而爱莫切于事亲;义主于敬,而敬莫先于从兄。故仁义之道,其用至广,而其实不越于事亲从兄之间。有子以孝弟为为仁之本,其意亦犹此也。**智之实,知斯二者弗去是也;礼之实,节文斯二者是也;乐之实,乐斯二者,乐则生矣;生则恶可已也,恶可已,则不知足之蹈之、手之舞之。"**斯二者,指事亲从兄而言。知而弗去,则见之明而守之固矣。节文,谓品节文章,仪礼见艺。乐则生矣,谓和顺从容,无所勉强,事亲从兄之意油然自生,如草木之有生意也。恶可已也,既有生意,则其畅茂条达,自有不可遏;其又盛,则至于手舞足蹈而不自知矣。〇已,止也。

【述要】

孟子高兴道:"仁的本实,是事亲而爱之;义的本实,是从兄而敬之;智的本实,是知晓事亲从兄的本实而守之,不使须臾离之。礼的本实,是通过制定礼节之文,将事亲之仁、从兄之义,即所谓仁义表达充分;乐的本实,是乐此仁义而不疲。仁义之乐既由心油然而生,这如何可止呢!既不能止,心中但有悦乐充于四体,不知觉中已自手舞足蹈了。"

【议论】

事亲、从兄,自能具仁义,辅明智,明礼乐,且有不止之乐,为人者何乐而不为也!

7.28 孟子曰:"天下大悦而将归己。视天下悦而归己,犹草芥也。惟舜为然。不得乎亲,不可以为人;不顺乎亲,不可以为子。"犹草芥也,言舜视天下之归己如草芥,而惟欲得其亲而顺之也。得乎亲,曲为承顺以得其心之悦而已。顺乎亲,顺则有以谕之于道,心与之一而未始有违,尤人所难也。**舜尽事亲之道而瞽瞍厎豫,瞽瞍厎**

豫而天下化，瞽瞍厎豫而天下之为父子者定，此之谓大孝。" 瞽瞍，舜父名。厎，致也。豫，悦乐也。瞽瞍厎豫，瞽瞍至顽，尝欲杀舜，至舜尽事亲之道而厎豫焉。子孝父慈，各止其所，而无不安其位之意，所谓定也。为法于天下，可传于后世，非止一身一家之孝而已，此所以为大孝也。

【述要】

孟子赞佩道："舜以仁孝，使天下大悦而将归己，而视天下悦而归己犹如草芥的，唯有舜能为如此。不爱其亲而不得其亲之爱，不可以为人；不顺其亲之意，不可以为子。舜尽事亲之道，使其父瞽瞍尽弃前恶而乐子之孝；瞽瞍能弃恶而乐子孝，从而天下感化而归。像瞽瞍这般冥顽难化之父，舜尚能以仁孝化之，从而使天下之为父子者再无相互嫌恶之由，为父者皆当定其心志于慈爱，为子者皆当定其心志于仁孝，舜之所为榜样，是他的大孝啊！"

【议论】

圣人一心仁义，早已兼乎天下，岂意天下是否归己？而圣人事亲，一心于仁孝，岂意其亲之是否有恶于己？

卷八 离娄章句下

卷八　离娄章句下 凡三十三章。

8.1 孟子曰:"舜生于诸冯,迁于负夏,卒于鸣条,东夷之人也。诸冯、负夏、鸣条,皆地名,在东方夷服之地。**文王生于岐周,卒于毕郢,西夷之人也**。岐周,岐山下周旧邑,近畎夷。毕郢,近丰、镐,今有文王墓。**地之相去也,千有余里;世之相后也,千有余岁。得志行乎中国,若合符节**。得志行乎中国,谓舜为天子,文王为方伯,得行其道于天下也。符节,以玉为之,篆刻文字而中分之,彼此各藏其半,有故则左右相合以为信也。若合符节,言其同也。**先圣后圣,其揆一也。**"揆,度也。其揆一者,言度之而其道无不同也。

【述要】

孟子评价道:"舜生于诸冯,迁居于负夏,去世于鸣条,他原本是东夷之人。文王生于岐周,去世于毕郢,他原本是西夷之人。东夷、西夷,两地相去千余里;舜之世、文王之世,两世前后相差千余岁。二位圣王得志时在中国所行的教化之法、治国之要,若合符节而无有不同,可见先圣后圣,他们心中所揆度权衡的原则是一致的啊!"

【议论】

先王之道古今不异,而君子与文王所揆不贰。

8.2 子产听郑国之政,以其乘舆济人于溱、洧。子产,郑大夫公孙侨也。溱、洧,二水名也。

孟子曰:"惠而不知为政。惠,谓私恩小利。政,则有公平正大之体,纲纪法度之施焉。**岁十一月徒杠成,十二月舆梁成,民未病涉也。**杠,方桥也。徒杠,可通徒行者。梁,亦桥也。舆梁,可通车舆者。周十一月,夏九月也。周十二月,夏十月也。《夏令》曰:"十月成梁。"**君子平其政,行辟人可也。焉得人人而济之?**辟,辟除行人,使之避己。**故为政者,每人而悦之,日亦不足矣。"**

【述要】

子产主持郑国之政时,时常于溱洧间以其乘车助人渡水。

孟子批评道:"子产好施小惠而不知为政之要。夏时九月当利用农闲时的民力,架好徒步行走的木杠,至十月,架好车舆通行的桥梁,紧接而来的隆冬沍寒,百姓则不愁于涉水渡河了。君子如能平治其政,出行时使行人回避也是可以的,如何能将心思只用于以车乘助众人渡水呢?所以为政者,欲使每人得其私恩而心悦,时间也有不足呀!"

【议论】

王政者,民之大利也,治王政,治民之大利也。为政者若舍王政而言惠,无不为私恩小惠也。

8.3 孟子告齐宣王曰:"君之视臣如手足,则臣视君如腹心;君之视臣如犬马,则臣视君如国人;君之视臣如土芥,则臣视君如寇仇。"手足腹心,相待一体,恩义之至也。如犬马则轻贱之,然犹有豢养之恩焉。国人,犹言路人,言无怨无德也。土芥,则践踏之而已矣,斩艾之而已矣,其贱恶之又甚矣。

王曰:"礼,为旧君有服,何如斯可为服矣?"《仪礼》曰:"以道去君而未绝者,服齐衰三月。"

曰:"谏行言听,膏泽下于民;有故而去,则君使人导之出疆,又先于其所往;去三年不反,然后收其田里。此之谓三有礼焉。如此,则为之服矣。<small>导之出疆,防剽掠也。先于其所往,称道其贤,欲其收用之也。三年而后收其田禄里居,前此犹望其归也。</small>

今也为臣。谏则不行,言则不听,膏泽不下于民;有故而去,则君搏执之,又极之于其所往;去之日,遂收其田里。此之谓寇仇。寇仇何服之有?"<small>极,穷也。极之于其所往,穷之于其所往之国。</small>

【述要】

孟子真切地对齐宣王道:"君如视臣如己之手足,则臣视君如己之心腹;君如视臣如犬马,可任其驱使,则臣视君如国中路人,再无君父之亲;君如视臣如泥土草芥,可任其践踏,则臣视君如寇仇,唯恨其不亡。"

齐宣王不解地问:"依礼制,去国的臣子都要为其旧君的去世服三月的齐衰。请问,为君要如何待臣,臣方可以为君服丧呢?"

孟子严辞道:"臣有良谏,君欣然接受,臣有善言,君欣然听从,从而能使君之膏泽下惠于民。臣因故而去国,则君使人引导之出疆界,以防贼人剽掠;又先派人前往他将去之国,向当地国君称道其贤,欲当地国君予以重用;臣去国三年不反,然后收其田禄里居。这是旧君待去臣的三有礼,如此去臣则为旧君服丧了。

如今为臣,良谏则不行,善言则不听,膏泽不下惠于民;因故而去国,则君拘捕之;又于他所往之国极尽诽谤污陷;此臣去国之日,便收其田禄里居。这是君视臣如土芥,臣则视君如寇仇,既如寇仇,为何还有服丧呢?"

【议论】

君臣,君臣,二者相依为命,失臣之君,自寻死路而已。

8.4 孟子曰:"无罪而杀士,则大夫可以去;无罪而戮民,则士可以徙。"

【述要】

孟子开陈道:"君无罪而杀士,则大夫可以去国;君无罪而戮民,则士可以迁徙他乡。"

【议论】

无罪而杀,君已失仁;失仁之君,野兽也;野兽随时以食人,不去更待何时?

8.5 孟子曰:"君仁莫不仁,君义莫不义。"

【述要】

孟子陈议道:"君一心于仁,天下莫不仁;君一心于义,天下莫不义。"

【议论】

君以仁义自守,以仁义为政,则天下有救,是以孟子念念在君。

8.6 孟子曰:"非礼之礼,非义之义,大人弗为。"

【述要】

孟子开陈道:"举世皆以非礼为礼,以非义为义,这是小人当道,败坏纲常所致,若大人在位,绝不至如此。"

【议论】

孟子痛斥凶丑也。

8.7 孟子曰：“中也养不中，才也养不才，故人乐有贤父兄也。如中也弃不中，才也弃不才，则贤不肖之相去，其间不能以寸。” 中，无过不及之谓中，才，足以有为之谓才。养，谓涵育熏陶，俟其自化也。贤，谓中而才者也。乐有贤父兄者，乐其终能成己也。

【述要】

孟子陈议道：“中道之人以其中道涵养能守不中之人，可以使其中道；才具之人以其才具培养不才之人，可以使其具才。所以人人都乐于有贤能的父兄，而有益于学道习艺。如中道之人弃不能守中之人而不养，才具之人弃不才而不养，那贤与不肖之间就相去不多了。”

【议论】

中道之人所以称中道，以其能养不中也；才具之人所以称才具，以其能养不才也。今中道之人、才具之士既不能养，焉能称其为中道、称才具，其与不中、不才盖无差异也。故贤者于世间有养教之责，否则与不肖相去间不以寸也。

8.8 孟子曰：“人有不为也，而后可以有为。”

【述要】

孟子陈议道："物有本末，事有小大，势有缓急，而道分正邪，理分是非，欲分善恶，人当析辨拣择，有所不为，而后方可以有为也。"

【议论】

孟子此言，亦可论于劝善次第。人往往习染已深而不自觉，不去其习染难于为善，与其劝之为善，不如先期劝其不为不善，以渐去其习染,而后方可以为善。否则习染既深,为善不可能也。

8.9 孟子曰:"言人之不善,当如后患何?"

【述要】
　　孟子陈议道:"平素所言从无关乎人性之善、王道之美,尽皆为人之不善,当如何应对后患啊?"

【议论】
　　在位者若口中所言不过是一己之私恶,从无关乎天下道义,其人其国之结局可想而知矣。

8.10 孟子曰:"仲尼不为已甚者。"已,犹太也。

【述要】
　　孟子开陈道:"先师仲尼是圣道中人,言行无不适中,从不为过分之事。"

【议论】
　　时时求中,时时而中,方入圣域。

8.11 孟子曰:"大人者,言不必信,行不必果,惟义所在。"必,犹期也。○信,取信于人。果,达于所期。主于信果,未必合义,反损于信果也。○义,当施仁也,主于义,则必有其信,必有其果。

【述要】
　　孟子开陈道:"大人者,其所言不必依准于是否取信于人,所行亦不必依准于是否达于所期,唯义之所在为依准。"

【议论】

依准于义必能取信于人,亦必能达于所期也。而务求言必信,行必果,不免为硁硁然之小人也。

8.12 孟子曰:"大人者,不失其赤子之心者也。"

【述要】

孟子开陈道:"大德之人,内外无不合于道,言行莫不取于中,是其心敦然一守于仁义,其性纯然无染于恶浊,而此敦然、纯然之状一如赤子之心而未失啊!"

【议论】

反观小人,其心污杂,早已失赤子之心。

8.13 孟子曰:"养生者不足以当大事,惟送死可以当大事。"○大事,事亲也,经国也。

【述要】

孟子陈议道:"平日尽心奉养父母,以此敬爱之心、仍不足以当事亲之义,经国之大事;唯于父母亡故,尽礼以安葬,并为之服孝三年,以尽人子的哀痛之情,有此悲悯之心,方可以当事亲之义,经国之大事。

敬爱父母而喜,追怀父母而悲,悲与喜方合为孝爱之心,事亲之义啊!而孝悌为仁之本,尤以孝为至要,所谓推孝而爱天下者,是推其敬爱,又推其悲悯也;于天下之爱,唯敬爱犹不足,又有悲悯以加,方能与众生有深厚之同情;而悲悯之心莫厚于送死,故唯送死足以当事亲之义,经国之大事啊!"

【议论】

亲亲之爱,悲喜交织,无量无边;喜者,父母之生也,悲者,父母之亡也。故父母在世,欣悦乐以奉养,父母去世,长哀痛以怀思,而后可以言事亲之义也;推此事亲之义,悲喜之情,而后可以言经国之大事也。

8.14 孟子曰:"君子深造之以道,欲其自得之也。自得之,则居之安;居之安,则资之深;资之深,则取之左右逢其原,故君子欲其自得之也。"造,诣也。深造之者,进而不已之意。道,则其进为之方也。资,犹藉也。左右,身之两旁,言至近而非一处也。逢,犹值也。原,本也,水之来处也。

【述要】

孟子陈议道:"君子于学之所以潜志沉玩,摩研会悟,渐造于精深之地,是想自得于道啊!其心自得于道,知道体量富而无极,为万类所本,则居于道心而可安泰;居道心而安则所能资借于道者可谓深了;资道既深,则其思取于道之左右,莫不逢其源,而其言行将取道义以无穷啊!是以君子苦学,是想自有所得啊!"

【议论】

一旦得道,无不自然以用。

8.15 孟子曰:"博学而详说之,将以反说约也。"

【述要】

孟子陈议道:"君子博学于文而详说其中道理之纷繁复杂,待知晓天道、人道之一贯,此道莫不根于其心,源于其性,便将反详博而趋于道理之至约了。"

【议论】

由博而约,学之道也。

8.16 孟子曰:"以善服人者,未有能服人者也;以善养人,然后能服天下。天下不心服而王者,未之有也。"服人者,欲以取胜于人;养人者,欲其同归于善。

【述要】

孟子开陈道:"为君者以为己善胜于他人,而想以此服人,未有能服人的;而以己善充于言行,施于政事,从而涵养人民同归于善,然后能服天下。天下不心服而能称王的,从未有之啊!"

【议论】

君子所谓以德服人,是君子以善养人而同归于善也。

8.17 孟子曰:"言无实不祥,不祥之实蔽贤者当之。"○无实之实,理之充,情之盈也。实蔽贤者之实,理当,应当也。

【述要】

孟子陈议道:"今天下之言皆放诞虚浮,已无道义之实,朝中之言亦无民情之实,这是不祥之兆啊!所以有此不祥,实蔽贤者应承当之。"

【议论】

天下之言当有道义之实,民情之实,而唯贤者言之。今蔽贤不用,拒贤以毁之,其为国君乎?其为小人乎?

8.18 徐子曰:"仲尼亟称于水,曰:'水哉,水哉!'何取于水也？"徐子，徐辟，孟子门徒。亟，数也。多次。

孟子曰："**原泉混混，不舍昼夜。盈科而后进，放乎四海，有本者如是，是之取尔**。原泉，有原之水也；原，同源。混混，涌出之貌。不舍昼夜，言常出不竭也。盈，满也。科，坎也。放，至也。有本者，言水有原本，不已而渐进以至于海；如人有实行，则亦不已而渐进以至于极也。**苟为无本，七八月之间雨集，沟浍皆盈；其涸也，可立而待也。故声闻过情，君子耻之**。"集，聚也。浍，田间水道也。涸，干也。声闻，名誉也。情，情实也。耻者，耻其无实而将不继也。

【述要】

弟子徐子问说："先师仲尼多次称道于水，他叹道：'水啊，水啊！'那君子于水有何取譬呢？"

孟子阐明道："源泉汩汩以涌，聚而渐成混混之势，不舍昼夜以流，盈坎溢沟，泻于江河而后奋迈以进，奔凑而放旷于四海。水有源泉之本方能如是，孔子之言便取譬于此。若水无源泉之本，只是七八月间雨水之积集，一时间沟浍也皆能为之盈满，而无需立待多时，沟浍随即干涸。所以人的声望若过了实情，君子耻之。"

【议论】

声闻之于君子，所以资以行道也。声闻虽由外得，实本于内，故其能为资用也。若无内德，所谓声闻不过巧言令色，为乡愿以邀虚名而已，而此无本之名，何能致远？何能资以行道？故为君子所耻也。

至于水，其体柔善流而有异能，其性和善集而无极量，故能长驱江海，周流不止，则天道可以引喻，而其洁然自善，流润万物，则人事可以取譬，故其为夫子所称。而孟子独取源泉为说，是其即事之教也。

8.19 孟子曰:"人之所以异于禽兽者几希,庶民去之,君子存之。几希,少也。庶,众也。**舜明于庶物,察于人伦,由仁义行,非行仁义也。"** 物,事物也。明,则有以识其理也。察,则有以尽其理之详也。由仁义行,非行仁义,则仁义已根于心,而所行皆从此出;非以仁义为美,而后勉强行之,所谓安而行之也。

【述要】

孟子实有所指道:"万物禀性情、受形气莫不自天,唯人能得性情之正、形气之正,而人于其性情稍不予修养保全,往往无异于禽兽,所以人与禽兽之间的差异只是性情的修养与保全,而此差异极微而难察。庶民往往任其私欲而不重其性情修养,则此差异不存,不存差异而失其正,其心则惑于私欲而昏昏以迷;而君子重其性情修养,故能存此差异,存此差异而不失其正,其心亦本其性善而明明以察。舜天生仁善,始终守之而不失,故能以性善之明,明于万物之理,以性情之正,察于人伦之偏;又因其正心自守,性善中仁义自涌,故时时可由心中仁义以行仁义,而非知仁义之好而借仁义之名以行仁义啊!"

【议论】

人与禽兽之所以异者,异在性情,异在仁义也。当时国君不行仁义,而假借仁义者多,孟子痛斥之为禽兽。

8.20 孟子曰:"禹恶旨酒而好善言。《战国策》曰:"仪狄作酒,禹饮而甘之,曰'后世必有以酒亡其国者',遂疏仪狄而绝旨酒。"《书》曰:"禹拜昌言。"**汤执中,立贤无方**。执,谓守而不失。中者,无过不及之名。方,犹类也。立贤无方,惟贤则立之于位,不问其类也。**文王视民如伤,望道而未之见**。视民如伤,民已安矣,而视之犹若有伤。望道而未之见,已之于道已至矣,而望之犹若未见;○望,敬慕。圣人之爱民深,而求道切如此;不自满足,终日乾乾之心也。**武王不泄迩,不忘远。**○泄,漏也。迩者人所易遗而不泄,远者人所易忘而不忘,德之盛,仁之至也。**周公思兼三王,以施四事;其有不合者,仰而思之,夜以继日;幸而得之,坐以待旦。"**三王,禹也,汤也,文、武也。四事,上四条之事也。坐以待旦,急于行也。

【述要】

孟子实有所劝道:"大禹恶美酒而好善言。商汤允执中正,但凡贤者可立,不以常法。文王视民如需照顾之伤者,却仍诚望于道,敬慕有道之人,而未见己之所为已然合于王道。武王既不遗漏近贤,亦不遗忘远贤。而周公想兼有三王之德,以施行四圣之事,若有不合之处,俯仰而思之,夜以继日;幸而得其所思,则坐以待旦,必急于行之。"

【议论】

文王日用王道而未见,是其天生仁善而行仁善也,未见不是不知,是为道不知厌足也。往圣先王之事莫不在目前,是亚圣恳劝于时君也!

8.21 孟子曰:"王者之迹熄而《诗》亡,《诗》亡然后《春秋》作。王者之迹熄,谓平王东迁,而政教号令不及于天下也。《诗》亡,谓黍离降为国风而雅亡也。《春秋》,鲁史记之名;孔子因而笔削之。始于鲁隐公之元年,实平王之四十九年也。**晋之《乘》,楚之《梼杌》,鲁之《春秋》,一也。**○乘,载也,载事之书。梼杌,恶兽名,古者因以为凶人之号,取记恶垂戒之义也。《春秋》者,记事者必表年以首事;年有四时,故错举以为所记之名也。古者列国皆有史官,掌记时事,此三者皆其所记册书之名也。**其事则齐桓、晋文,其文则史。孔子曰:'其义则丘窃取之矣。'"**齐桓、晋文,春秋之时,五霸迭兴,而桓文为盛。史,史官也。此谓史官之笔。窃取者,谦辞也。

【述要】

孟子详述道:"平王东迁,周室衰微,诸侯各自为政,而王者文武周公所定之政教渐为熄止,号令亦失其作用。天下既分崩而礼乐坏,遂不再采诗于民间。而《诗》中原有的雅颂之声亦不复闻于宗庙、乡党,继之而起的是郑卫之淫声,更有暴君污吏、乱臣贼子为所欲为。孔子忧惧之而作《春秋》,这是借鲁史《春秋》之名;而晋有《乘》,楚有《梼杌》,与鲁史《春秋》一样皆为史书。孔子所作《春秋》,是以史官之文记载了自隐公元年以来的各诸侯不听命于天子,私行僭越,彼此勾心斗角,欲图称霸之事,其中以齐桓公、晋文公为盛,孔子于其中人物与事件笔削之,褒贬之,立微言大义以定天下之邪正,《春秋》已成为百王之大法,千秋之权衡也。而孔子却谦逊道:'其中之义只是我对史实私自有所取法吧。'"

【议论】

窃取是孔子谦辞,《春秋》一出,已为史法。既有《春秋》悬鉴,诸作恶之君,宵小之徒,若不知止恶从善,则将入史籍而负骂名,岂不为畏乎!故《春秋》者,为百王之大法,千秋之权衡也。

8.22 孟子曰:"君子之泽五世而斩,小人之泽五世而斩。泽,犹言流风余韵也。世,父子相继为一世,三十年亦为一世。斩,绝也。予未得为孔子徒也,予私淑诸人也。"私,犹窃也。淑,善也。人,谓子思之徒也。未得为孔子徒,自孔子卒至孟子游梁时,方百四十余年,而孟子已老;然则孟子之生,去孔子未百年也;故孟子言予虽未得亲受业于孔子之门,然圣人之泽尚存,犹有能传其学者;故我得闻孔子之道于人,而私窃以善其身,盖推尊孔子而自谦之辞也。

【述要】

孟子不辞任重道:"无论为官或小民去世,过五世之后便没有五服之内的亲属了,没有亲属,便无人再予祭祀,无人追怀他们的恩泽与风貌。因此说,为官者、小民之泽五世而斩绝。而圣贤之泽不同,其泽为纯德至道,非唯亲族得其惠,是百族沾其泽,非唯流于五世,虽百世而不竭,故其有庙貌千秋之遗风流韵。我未得亲为孔子之徒,然圣人虽逝,其泽犹存,我仍自以其为至善而尊其为师啊!"

【议论】

为百世而后想,君子能不效法圣人!孟子自任于孔门之后,当仁不让也!

8.23 孟子曰:"可以取,可以无取,取伤廉;可以与,可以无与,与伤惠;可以死,可以无死,死伤勇。"

【述要】

孟子陈议道:"廉节之义是为政者不损众人之利,所以当可以取,可以不取时,取则伤众人之利,这是伤廉节之义呀!惠施之义是为政者统筹众人之利,以有余补不足,所以当可以与,可以不与时,与实质也是伤众生之利,因此而伤惠施之义呀!勇武之义是保护生者,所以当可以死,可以不死时,死则伤生者之命,这是伤勇武之义呀!"

【议论】

国为民所创,不廉何以任事为民?不善惠施,于国何以为政?而民命即为国命,好勇者无端死其民,何谈保其国?

8.24 逢蒙学射于羿,尽羿之道,思天下惟羿为愈己,于是杀羿。

孟子曰:"是亦羿有罪焉。"

公明仪曰:"宜若无罪焉。"

曰:"薄乎云尔,恶得无罪?羿,有穷后羿也。逢蒙,羿之家众也。愈,犹胜也。薄,言其罪差薄耳。郑人使子濯孺子侵卫,卫使庾公之斯追之。

子濯孺子曰:'今日我疾作,不可以执弓,吾死矣夫!'问其仆曰:'追我者谁也?'其仆曰:'庾公之斯也。'

曰:'吾生矣。'

其仆曰:'庾公之斯,卫之善射者也,夫子曰"吾生",何谓也?'

曰:'庾公之斯学射于尹公之他,尹公之他学射于我。夫尹公之他,端人也,其取友必端矣。'

庾公之斯至,曰:'夫子何为不执弓?'曰:'今日我疾作,不可以执弓。'

曰:'小人学射于尹公之他,尹公之他学射于夫子。我不忍以夫子之道反害夫子。虽然,今日之事,君事也,我不敢废。'抽矢扣轮,去其金,发乘矢而后反。"之,语助也。仆,御也。尹公之他,亦卫人也。端,正也。小人,庾公自称也。金,镞也。扣轮出镞,令不害人,乃以射也。乘矢,四矢也。

【述要】

逢蒙学射于后羿,尽学后羿之道,思天下唯后羿之射胜于己,于是杀后羿。

孟子对此道:"此事后羿也是有罪的。"

弟子公明仪不解地说:"后羿应该无罪吧。"

孟子道:"后羿之罪比之逢蒙是稍薄一些,怎能无罪呢?郑国使子濯孺子入侵卫国,卫国使庾公之斯追击之。子濯孺子绝望地说:'今日我病疾发作,不可以执弓,我只有等死了。'便问其仆从说:'追我者是谁?'其仆从说:'是庾公之斯。'

子濯孺子又复高兴地说:'我可不死了。'

其仆从不解问:'庾公之斯,是卫国善射者;夫子说"我可不死",这是何意?'

子濯孺子回答说:'庾公之斯学射于尹公之他,尹公之他学射于我。尹公之他,人品端正,他取友也必端正,不会害我。'

正说话间,庾公之斯已飞驰而至,向子濯孺子高声说:"夫子为何不执弓?"

子濯孺子回答说:"今日我病疾发作,不可以执弓。"

庾公之斯说:"小人我学射于尹公之他,尹公之他又学射于夫子。我不忍以夫子之道反害夫子。虽然如此,但今日之事,是君命之事,我不敢违抗。"于是抽箭,扣于车轮而去其金镞,发射四箭而后返回。

【议论】

今日之君,不愿取友以互益,取贤以相善,但多取小人以逢迎于己,助虐于恶,终不免死于小人之手而亡国!未闻身死国亡于贤者?君不取友取贤,而取小人,岂能无罪?

又所谓取善友,必有所善也;取恶友,必为所恶也。

8.25 孟子曰:"西子蒙不洁,则人皆掩鼻而过之。西子,美妇人。蒙,犹冒也。不洁,污秽之物也。掩鼻,恶其臭也。**虽有恶人,齐戒沐浴,则可以祀上帝**。"○恶人,为恶之人。

【述要】

孟子道:"美人西施如蒙不洁之物,则人人皆嫌恶而掩鼻过之;虽是行为丑恶之人,只要齐戒沐浴,皆可祭祀上帝。"

【议论】

祭祀上帝以人心之诚也,而心诚莫不出乎人性之善。容貌之美可以为不洁所污,而人性之善不为丑恶所污也。人性之善本自光洁明亮,无论其谁,无论善恶,但凡诚心祀于上帝者,皆可斋戒沐浴而祀之,其自有之人性之善必能感格上帝。

8.26 孟子曰:"天下之言性也,则故而已矣。故者,以利为本。○性者,人之所以为人,物之所以为物,其中有其理,此理即性;或谓人物所得以生之理也。○故者,一者是其中之故,即是其中之理。二者事物已然之迹,为故迹,从故迹而可推其中之故也。○利,犹顺,顺其理而利其生也;犹益也,顺其理而大有益也。**所恶于智者,为其凿也。如智者若禹之行水也,则无恶于智矣。禹之行水也,行其所无事也。如智者亦行其所无事,则智亦大矣。**○凿也,穿凿,不顺乎性而强自为理。禹之行水,则因其自然之势而导之,未尝以私智穿凿而有所事,是以水得其润下之性而不为害也。○行其所无事,物自行其道。**天之高也,星辰之远也,苟求其故,千岁之日至,可坐而致也。"**求其故,天虽高,星辰虽远,然求其已然之迹,则知其运有常故。日至,必言日至者,造历者以上古十一月甲子朔夜半冬至为历元也。行其所无事,物自行其道。

【述要】

孟子论智者道:"天下所说的'性'这个字,其含义不过是万物之所以如此而生的原由而已,此原由也是自然之理。对于物而言,此原由可称为物理;对于人而言,此原由可称为天理,也可称性理。人顺于理则无事不利,逆于理则诸事不顺,所以理是以顺为利,以利为本的。因此而知,顺于理为智,逆于理则不智。有人嫌恶于智,以为智不过是穿凿附会,这是他不能顺于理。如果用智者能像大禹一样知水性而行水,那他便不会嫌恶于智了。水之性,便是循其自然之理,从高就下,冲流旁溢,从溪涧汇于江河而赴四海。水之自行其道则于天下无害,即水与天下相安无事,这也是水'行其所无事';若水受壅堵而不能自行其道,则于天下有害了,即水不能'行其所无事'。所以大禹治水,不过是从水之性,疏通壅塞而使之自行其道,'行其所无事',则天下之危解。如智者也能顺物之理、从人之性而不加妨害,使万类各行其所无事,则其智慧也就广大无边了。天之高,星辰之远,在地之人能觉四时之变化,如能从其变化之故迹而求其所以变化之缘故,从而知晓星辰运行之规则,则千岁之后的冬至、夏至,也可坐而算致了。"

【议论】

天下之性,先王之道也,从先王之道,可以遂人之性而尽其命,遂事之理而成其用,则天下行其所无事而安也。今天下大乱,人不能遂其性,事不能尽其理,是天下失道也,而愚者不知也!

8.27 公行子有子之丧,右师往吊,入门,有进而与右师言者,有就右师之位而与右师言者。公行子,齐大夫。右师,王驩也。

孟子不与右师言,右师不悦曰:"诸君子皆与驩言,孟子独不与驩言,是简驩也。" 简,略也。**孟子闻之,曰:"礼,朝廷不历位而相与言,不逾阶而相揖也。我欲行礼,子敖以我为简,不亦异乎?"** 历,更涉也。位,他人之位也。

【述要】

齐国大夫公行子为其子办丧礼,时为权臣的右师王驩前往吊丧。一入门,便有人前来而与右师攀谈,有人去往右师之位而与之攀谈。唯孟子不与右师攀谈,右师不悦地说:"诸君子皆与驩言谈,孟子独不与驩言谈,这是简慢失礼于驩吧。"

孟子听罢,随即答道:"礼,朝廷规定,吊丧者接品级各有位次,不能相互更位而相与言谈,不能逾阶而相互作揖。我欲按规定行礼,子敖却以我为简慢失礼,这不也令人诧异吗?"

【议论】

此一事足见朝廷小人群居,孟子处境之难也,而无礼智不足以应对之。

8.28 孟子曰:"君子所以异于人者,以其存心也。君子以仁存心,以礼存心。仁者爱人,有礼者敬人。爱人者人恒爱之,敬人者人恒敬之。有人于此,其待我以横逆,则君子必自反也:我必不仁也,必无礼也,此物奚宜至哉?横逆,谓强暴不顺理也。物,事也。其自反而仁矣,自反而有礼矣,其横逆由是也,君子必自反也:我必不忠。○由是,犹如此,由与犹同;或一由其是。忠者,尽己之谓。我必不忠,恐所以爱敬人者,有所不尽其心也。自反而忠矣,其横逆由是也,君子曰:'此亦妄人也已矣。如此则与禽兽奚择哉?于禽兽又何难焉?'奚择,何异也。又何难焉,言不足与之校也。是故君子有终身之忧,无一朝之患也。乃若所忧则有之:'舜人也,我亦人也。舜为法于天下,可传于后世,我由未免为乡人也,是则可忧也。'忧之如何?如舜而已矣。若夫君子所患则亡矣。非仁无为也,非礼无行也。如有一朝之患,则君子不患矣。"○若夫,至于。乡人,乡里之常人也。

【述要】

孟子论君子道:"君子所以不同于人,因其所存之心不同。君子以仁存心，以礼存心。仁者爱人，有礼者敬人。爱人者，人恒爱之；敬人者，人恒敬之。如有人于此间待我横暴无理，那君子必自反省：'我必不仁，必无礼，否则此横暴无理如何就来了呢？'于是君子自反而仁，自反而有礼，此人犹如此横暴无理，君子必自反省：'我必不忠。'于是君子自反而忠，此人犹如此横暴无理，则君子可以说：'此人也不过是无知妄为之人而已。如此之人已失仁义之心，则与禽兽何异呢？于禽兽又何必责难呢？'所以君子因需时时反省而有终身之忧，又因能及时反省而无一朝之患啊！虽说无忧，但如以下所说之忧，则君子有之：'舜是人，我也是人。舜为法于天下，其法可传于后世，而我犹未免是一无所作为之乡人，这是君子可忧的。'君子既忧之，则如何呢？只需以舜为法，尽心而学，尽力以行而已，至于君子所患便无有了。只需非仁不为，非礼不行，如遇有一朝之患，则于君子也不成其患了。"

【议论】

君子何以乐于任道？其心如道而富仁义，富仁义则行道之资足备；其心如道而具智勇，具智勇则行道之险无惧；更况有圣人与同行也。

8.29 禹、稷当平世，三过其门而不入，孔子贤之。事见前篇。颜子当乱世，居于陋巷，一箪食，一瓢饮，人不堪其忧，颜子不改其乐，孔子贤之。孟子曰："禹、稷、颜回同道。同道，圣贤之道，进则救民，退则修己，其心一而已矣。禹思天下有溺者，由己溺之也；稷思天下有饥者，由己饥之也，是以如是其急也。由，与犹同。禹、稷身任其职，故以为己责而救之急也。禹、稷、颜子易地则皆然。圣贤之心无所偏倚，随感而应，各尽其道。今有同室之人斗者，救之，虽被发缨冠而救之，可也。乡邻有斗者，被发缨冠而往救之，则惑也，虽闭户可也。"

【述要】

大禹、后稷生当太平之世，犹急天下之所急，三过其家门而不入，孔子称叹其贤善。颜子生当乱世，虽居于陋巷，一箪食，一瓢饮，人不堪其忧，颜子不改其乐，孔子亦称叹其贤善。

孟子陈议道："禹稷与颜回同道。大禹思天下有淹于水中者，犹如己溺之；后稷思天下有饥饿者，犹如己饥之；所以他们拯溺救饥才这般急迫啊！若禹稷与颜子易地，而使禹稷居颜子之巷，颜子居禹稷之职，则禹稷可以乐颜子之乐，颜子可以急禹稷之急啊！而颜子是庶民身份，今同室之人有相斗的，他不及穿戴整齐也要救之；而乡邻间相斗，他不及穿戴整齐以救之，则让人疑惑了，虽闭门不出也是可以的。"

【议论】

笑孟子者，以为孟子既称贤善，何不急天下之乱？岂知禹稷受命尧王，方能履臣职而急天下；而若颜子虽称贤善，但一庶民，急不过一室之内，乡邻间斗已在其力之外，何况天下之乱。孟子所以不能急天下，非其无志，是君不用贤也！

8.30 公都子曰："匡章，通国皆称不孝焉。夫子与之游，又从而礼貌之，敢问何也？" 匡章，齐人。通国，尽一国之人也。礼貌，敬之也。

孟子曰："世俗所谓不孝者五：惰其四支，不顾父母之养，一不孝也；博弈好饮酒，不顾父母之养，二不孝也；好货财，私妻子，不顾父母之养，三不孝也；从耳目之欲，以为父母戮，四不孝也；好勇斗很，以危父母，五不孝也。章子有一于是乎？ 戮，羞辱也。很，忿戾也。**夫章子，子父责善而不相遇也。** 遇，合也。子父不相遇，相责以善而不相合，故为父所逐也。**责善，朋**

友之道也；父子责善，贼恩之大者。贼，害也。朋友当相责以善。父子行之,则害天性之恩也。夫章子，岂不欲有夫妻子母之属哉？为得罪于父，不得近。出妻屏子，终身不养焉。其设心以为不若是，是则罪之大者，是则章子已矣。

【述要】

弟子公都子问："匡章，举国上下皆称他不孝，夫子却与之游，又从而礼貌之，敢问为何？"

孟子为之辩解道："世俗所谓不孝者有五种情形：懒惰四肢，不顾父母之养，是一不孝；好赌博饮酒，不顾父母之养，是二不孝；迷好货财，偏爱妻子，不顾父母之养，是三不孝也；不重德行，纵耳目之欲，让父母受辱，是四不孝；不顾生命，好勇斗狠，可能身死以危害父母，是五不孝。章子他于五不孝中有一吗？章子所以背不孝之名，是他与其父相互责善而不能相处以和。责善，这是朋友之道；父子间责善，这是贼害父子间恩情最大的原因。章子既为男子，岂不愿有夫妻之配？既为人子，岂不愿有子母之属呢？是因为得罪于其父，不得近于父，以致不能躬身奉养之以尽孝，心生惭愧，于是休妻弃子，也要己终身不受妻子奉养。他的居心是以为不如此，则不孝之罪更大！这便是章子了。"

【议论】

君子所谓特立独行，非求所谓与众不同，其独特亦必有义之所适也，而此义处，往往失察于众人。章子所为未必尽善，而其居心于孝自有可取之处，故得与孟子交游也。

8.31 曾子居武城，有越寇。或曰："寇至，盍去诸？"
曰："无寓人于我室，毁伤其薪木。"
寇退，则曰："修我墙屋，我将反。"寇退，曾子反。

左右曰:"待先生,如此其忠且敬也。寇至则先去以为民望,寇退则反,殆于不可。"

沈犹行曰:"是非汝所知也。昔沈犹有负刍之祸,从先生者七十人,未有与焉。"武城,鲁邑名。盍,何不也。左右,曾子之门人也。忠敬,言武城之大夫事曾子,忠诚恭敬也。为民望,言使民望而效之。沈犹行,弟子姓名也。

子思居于卫,有齐寇。或曰:"寇至,盍去诸?"子思曰:"如伋去,君谁与守?"

孟子曰:"曾子、子思同道。曾子,师也,父兄也;子思,臣也,微也。曾子、子思易地则皆然。"微,犹贱也。

【述要】

曾子曾居武城,有越寇来犯。有当地大夫劝告说:"越寇来了,先生何不离去?"

曾子答允之,并说:"但愿贼寇无人居于我室,毁伤室旁树木。"

听闻越寇退去,曾子说:"请治修好我的墙屋,我将返回。"越寇退去,曾子返回。

左右弟子议论说:"武城大夫待先生如此忠敬,越寇来了,先生却先行离去,竟以这样的方式作为民之所望的表率;越寇退去,则返回,这不大合适吧。"

弟子沈犹行则说:"这不是你们所能知晓的。先前先生居于我处,当时有负刍作乱,从随先生的有七十人,他们与先生皆先行离去而未有遭乱的。"

而子思曾居于卫国,有齐寇来犯。有人劝告说:"齐寇来了,何不离去?"子思回答说:"如果我不顾而去,国君谁与守护呢?"

对此不同,孟子评价道:"曾子、子思同道。但曾子是师宾,是大家的父兄,当保护之!而子思当时为臣,是小吏,有守土之责,当与国君共存亡。曾子、子思如交换地位,则二人所为皆当如此。"

【议论】

当时地方多寇乱,孟子往往先去,而其负贤者之名,故责备求全于他人,以为贤者当临危不退,何能先去?殊不知孟子为师宾,非为守土之臣也,孟子之言非开脱于己,在言位与责也。

8.32 储子曰:"王使人瞯夫子,果有以异于人乎?"孟子曰:"何以异于人哉?尧、舜与人同耳。" 储子,齐人也。瞯,窃视也。

【述要】

齐国人储子问:"齐王竟使人窥探夫子,夫子果真有不同于他人之处吗?"

孟子笑道:"何异于他人呀,圣人尧舜与人皆是人啊!"

【议论】

尧舜与人同类,而人不学尧舜则已落于异类也。

8.33 齐人有一妻一妾而处室者,其良人出,则必餍酒肉而后反。其妻问所与饮食者,则尽富贵也。其妻告其妾曰:"良人出,则必餍酒肉而后反;问其与饮食者,尽富贵也,而未尝有显者来,吾将瞯良人之所之也。"

蚤起,施从良人之所之,遍国中无与立谈者。卒之东郭墦间,之祭者,乞其余;不足,又顾而之他,此其为餍足之道也。其妻归,告其妾曰:"良人者,所仰望而终身也。今若此。"与其妾讪其良人,而相泣于中庭。而良人未之知也,施施从外来,骄其妻妾。 施施,如字。良人,夫也。餍,饱也。显者,富贵人也。施,邪施而行,不使良人知也。墦,冢也。顾,望也。讪,怨詈也。施施，喜悦自得之貌。**由君子观之，则人之所以求富贵利达者，其妻妾不羞也，而不相泣者，几希矣。**孟子言自君子而观，今之求富贵者，皆若此人耳。使其妻妾见之，不羞而泣者少矣，言可羞之甚也。

【述要】

齐人有一妻一妾而共处一室的。良人外出，则必饱足酒肉而后返，其妻问他是与谁共饮食，据良人说则尽是富贵之人。其妻告其妾说："我们良人外出，则必饱足酒肉而返，问他是与谁共饮食，则尽是富贵之人。而未尝有显贵之人来家中，我将探视一下良人的所去之地。"

明日早起，其妻便悄悄尾随良人，从其所往，可是遍行国中却无一人与良人立谈。最后至东郊外坟冢间，良人至祭墓者处，乞讨剩余的祭品；食之不足，又四下张望而前往他处，这便是此良人酒肉饱足之道啊！其妻归，将所见告其妾，失望地说："良人，是我们所仰望而依赖终身的，今日所见竟是如此！"遂与其妾一起咒骂良人，相拥哭泣于中庭，而此时良人未知，正施施然喜悦地从外归来，又以谎言向其妻妾夸耀。

由君子而观，如今之人为求富贵利达而所用之法，无有不使其妻妾觉羞耻而相哭泣之！不相哭泣的，几乎是少见的。

【议论】

君子不求富贵利达，必以王道而求富贵于天下，然后有所取之。不由王道而言富贵利达者，必以枉道以事君，昏昼乞食于君门者也。

卷九 万章章句上

卷九　万章章句上 凡九章。

9.1 万章问曰："舜往于田，号泣于旻天，何为其号泣也？"

孟子曰："怨慕也。" 舜往于田，耕历山时也。号泣于旻天，呼天而泣也。仁覆闵下，谓之旻天。事见《虞书·大禹谟》篇。怨慕，怨己之不得其亲而思慕也。

万章曰："父母爱之，喜而不忘；父母恶之，劳而不怨。然则舜怨乎？"

曰："长息问于公明高曰：'舜往于田，则吾既得闻命矣；号泣于旻天，于父母，则吾不知也。'公明高曰：'是非尔所知也。'

夫公明高以孝子之心，为不若是恝，我竭力耕田，共为子职而已矣，父母之不我爱，于我何哉？ 长息，公明高弟子。公明高，曾子弟子。○闻命，受教也。于父母，亦书辞，言呼父母而泣也。○不若是恝，不像是无愁。恝，无愁之貌。于我何哉，自责不知己有何罪耳，非怨父母也。

帝使其子九男二女，百官牛羊仓廪备，以事舜于畎亩之中。天下之士多就之者，帝将胥天下而迁之焉。为不顺于父母，如穷人无所归。 帝，尧也。《史记》云："二女妻之，以观其内；九男事之，以观其外。"又言："一年所居成聚，二年成邑，三年成都"是天下之士就之也。胥，相视也。迁之，移以与之也。如穷人之无所归，言其怨慕迫切之甚也。**天下之士悦之，人之所欲也，而不足以解忧；好色，**

人之所欲,妻帝之二女,而不足以解忧;富,人之所欲,富有天下,而不足以解忧;贵,人之所欲,贵为天子,而不足以解忧。人悦之、好色、富贵,无足以解忧者,惟顺于父母,可以解忧。人少,则慕父母;知好色,则慕少艾;有妻子,则慕妻子;仕则慕君,不得于君则热中。大孝终身慕父母。五十而慕者,予于大舜见之矣。"艾,美好也。《楚辞》、《战国策》所谓幼艾,义与此同。不得,失意也。热中,躁急心热也。五十者,舜摄政时年五十也。五十而慕,则其终身慕可知矣。

【述要】

万章问:"舜耕于历山时,往往于田中劳作,呼苍旻之天而号啕哭泣,他为何号泣啊?"

孟子道:"舜怨己不能得父母之爱而思慕之啊!"

万章不解地问:"父母爱之,喜而不忘;父母恶之,劳而不怨。那舜怨什么呢?"

孟子道:"过去公明高弟子长息曾问公明高说:'舜往耕于历山之田,我已听闻先生教命。而呼号哭泣于旻天,且是呼父母而哭,这我便不知晓了。'公明高说:'这还不是你目前所能知晓的。'

公明高以为以舜的孝子之心,如此而为不像是心中无愁:'我竭力耕田,恭行为子之职而已,父母却不爱我,这与我有什么关系呢?'

舜仁孝友爱,又善治田,尧帝听闻后使其子九男二女,并备齐百官、牛羊、粮仓,于舜所耕之田亩之中以事奉舜,天下之士也多就舜而归之,三年之后,舜居之地便已成都邑了,于是尧帝禅让其位,将天下悉皆移交于舜。舜虽得天下,却因为不能取悦于父母,其心落寞一如穷人而无所归依。天下之士皆心悦诚服之,这本是人之所欲求,却不足以解舜之所忧;美好之色,这本是人之所欲求,而舜娶尧帝之二女,却不足以解心中之忧;富足,这本是人之所欲求,而舜富有天下，却不足以解心中之忧；尊贵，这本是人之所欲求，而舜贵为天子，却不足以解心中之忧。人悦之、好色、富贵，皆不足以解忧，惟取悦于父母，可以解忧。人为年少，则爱慕父母；知美好之色，则爱慕少艾；有了妻子，则爱慕妻子；入仕则爱慕国君，不得信任于君则心中不安。大孝之人终身爱慕父母；年五十而登天子之位，犹不变其初心而爱慕父母的，我于舜见之啊！"

【议论】

孝者，仁之极也。孝者，亦可养仁也；君子无孝不足以养仁，不养仁，不足以行道也。

9.2 万章问曰："诗云：'娶妻如之何？必告父母。'信斯言也，宜莫如舜。舜之不告而娶，何也？"

孟子曰："告则不得娶。男女居室，人之大伦也。如告，则废人之大伦，以怼父母，是以不告也。"诗，《诗·齐风·南山》之篇也。信，诚也，诚如此诗之言也。不告而娶，舜父顽母嚚，常欲害舜。告则不听其娶，是废人之大伦，以仇怨于父母也。怼，仇怨也。○居室，成家也。

万章曰："舜之不告而娶，则吾既得闻命矣；帝之妻舜而不告，何也？"

曰："帝亦知告焉则不得妻也。"以女为人妻曰妻。

万章曰："父母使舜完廪，捐阶，瞽瞍焚廪。使浚井，出，从而掩之。象曰：'谟盖都君咸我绩。牛羊父母，仓廪父母，干戈朕，琴朕，弤朕，二嫂使治朕栖。'象往入舜宫，舜在床琴。象曰：'郁陶思君尔。'忸怩。舜曰：'惟兹臣庶，汝其于予治。'不识舜不知象之将杀己与？"

曰："奚而不知也？象忧亦忧，象喜亦喜。"完，治也。捐，去也。阶，梯也。掩，盖也。按《史记》曰："使舜上涂廪，瞽瞍从下纵火焚廪，舜乃以两笠自捍而下去,得不死。后又使舜穿井,舜穿井为匿空旁出。舜既入深,瞽瞍与象共下土实井,舜从匿空中出去。"即其事也。象,舜异母弟也。谟,谋也。盖,盖井也。都君,舜所居三年成都,故谓之都君。咸,皆也。绩,功也。干,盾也。戈,戟也。琴,舜所弹五弦琴也。弤,雕弓也。二嫂,尧二女也。○舜在床琴,舜已出井中而潜归其宫。棲,床也,象欲使为己妻也。郁陶,思之甚而气不得伸也。象言己思君之甚,故来见尔。忸怩,惭色也。臣庶,谓其百官也;象素憎舜,不至其宫,故舜见其来而喜,使之治其臣庶也。奚而不知,言舜非不知其将杀己,但见其忧则忧,见其喜则喜,兄弟之情,自有所不能已耳。

曰:"然则舜伪喜者与?"

曰:"否。昔者有馈生鱼于郑子产,子产使校人畜之池。校人烹之,反命曰:'始舍之圉圉焉,少则洋洋焉,攸然而逝。'子产曰'得其所哉!得其所哉!'校人出,曰:'孰谓子产智?予既烹而食之,曰:得其所哉,得其所哉。'故君子可欺以其方,难罔以非其道。彼以爱兄之道来,故诚信而喜之,奚伪焉?"校人,主池沼小吏也。圉圉,困而未纾之貌。洋洋,则稍纵矣。攸然而逝者,自得而远去也。方,小道也。罔,蒙蔽也。欺以其方,谓诳之以理之所有。罔以非其道,谓昧之以理之所无。象以爱兄之道来,所谓欺之以其方也;舜本不知其伪,故实喜之,何伪之有?

【述要】

弟子万章问:"《诗·齐风·南山》之篇说:'娶妻当如何?必告父母。'以为娶妻诚如此言的,应该无人能与舜相比。而舜不告父母而娶,这是为何?"

孟子道:"舜的父母愚顽暴虐,常欲加害于舜,若告父母则不得娶了。男女成家居室,这是人之大伦;舜如告父母而不能娶,一则废人之大伦,二则因此被父母怨怼,是以不告啊。"

万章又问:"舜之不告而娶,我已听受先生教言了;而尧帝将二女嫁于舜而不告于舜之父母,这是为何?"

孟子道:"尧帝也知告舜之父母则不得嫁女于舜了。"

万章接着问："舜之父母使舜上廪顶以涂泥,待舜上去时,则撤出阶梯,其父瞽瞍随即放火焚廪,舜以两顶斗笠自捍而下,得以不死。他们又使舜穿井,不知舜已从事先挖好的通道中逃出,便以土填实了井眼。其弟象不知舜已逃出,得意地说:'密谋以土盖井以杀都君皆为我之功绩。所得牛羊归父母,仓廪归父母,干戈则归我,琴归我,雕弓归我,二位嫂子则替我铺床叠被。'于是象前往舜宫,却见舜正抚琴在床。象慌忙说:'思君时郁然而忧,又陶然而喜,故来见君。'说话时一脸怛怩之状。舜却脸有喜色道:'我心之所思一直是治下臣民,你来参与我的治理吧。'舜以如此态度作答,我不知舜是否知晓象之将杀己?"

孟子道:"怎能不知呢?但在舜的心目中只有兄弟之亲,而不见其他,所以象忧他亦忧,象喜他亦喜。"

万章难以置信,便问:"这是舜伪装心喜吧?"

孟子道:"不是的。过去有人馈赠生鱼给郑国子产,子产让校人将生鱼畜养于池。校人私下将生鱼烹煮吃了,反而回复子产说:'开始放于池水时,生鱼犹圉圉然似困顿而不能舒展,稍顷则洋洋焉摇头摆尾,怡然自得,遁清水而攸然以逝。'子产听罢高兴地说:'得其所呀!得其所呀!'校人出来后反笑子产说:'谁说子产有智?我已将生鱼烹而食之,他却说:得其所呀!得其所呀!'所以对于君子,可以用合于道之方式欺骗之,难以用不合于道之方式欺罔之。校人既以爱鱼之道以复命于子产,所以子产诚信之而喜,如何是不智呢?而象既以爱兄之道来表达对舜之思念,所以舜诚信之而喜之,如何是作伪啊?"

【议论】

以道欺人者不智,以道罔人者作伪。君子尊道,若不信合道之言,则何言尊道?君子虽信其言,作伪者若能感化则善,不能感化者终不能掩其恶行,难逃其祸也。至于象,舜之弟也,弟之不善,不善于舜一人而已,未为不善于兄弟之外,舜以兄弟之亲不咎其责可也。

9.3 万章问曰:"象日以杀舜为事,立为天子,则放之,何也?"

孟子曰:"封之也,或曰放焉。"放,犹置也;置之于此,使不得去也。

万章曰:"舜流共工于幽州,放驩兜于崇山,杀三苗于三危,殛鲧于羽山。

四罪而天下咸服,诛不仁也。象至不仁,封之有庳。有庳之人奚罪焉?仁人固如是乎?在他人则诛之,在弟则封之。"

曰:"仁人之于弟也,不藏怒焉,不宿怨焉,亲爱之而已矣。亲之欲其贵也,爱之欲其富也。封之有庳,富贵之也。身为天子,弟为匹夫,可谓亲爱之乎?"流,徙也。共工,官名。驩兜,人名。二人比周,相与为党。三苗,国名,负固不服。杀,杀其君也。殛,诛也。鲧,禹父名,方命圯族,治水无功,皆不仁之人也。幽州、崇山、三危、羽山、有庳,皆地名也。藏怒,谓藏匿其怒。宿怨,谓留蓄其怨。

"敢问或曰放者,何谓也?"

曰:"象不得有为于其国,天子使吏治其国,而纳其贡税焉,故谓之放,岂得暴彼民哉?虽然,欲常常而见之,故源源而来。'不及贡,以政接于有庳',此之谓也。"源源,若水之相继也。来,谓来朝觐也。不及贡,以政接于有庳,谓不待及诸侯朝贡之期,而以政事接见有庳之君。

【述要】

万章问:"象以杀舜为每日之事,舜被立为天子,则放逐之而不杀,这是为何?"

孟子否定道:"实际是封他为一方诸侯了,在有人看来是放逐。"

万章不解地问:"舜将共工流放于幽州之地,将驩兜流放于崇山之地,因二人结党为祸;杀三苗之国君于三危之地,因其负城池之固而不服;杀大禹之父鲧于羽山之地,因其违命而危害同族,又治水无功。

罚四人之罪而天下皆服,这是诛伐不仁。而象欲杀舜,是至不仁,却封之于有庳之地,难道有庳之人有什么罪过吗?舜是仁人,在他人有罪则诛之,在弟有罪则封之,仁人固然是如此行事的吗?"

孟子解释道:"仁人对于弟亲,心不藏怒,也无宿怨,唯亲爱之而已。既亲之,则欲其尊贵,既爱之,则欲其富足。于是封他于有庳之地,是欲其富贵呀。舜身为天子,弟亲为匹夫,舜如此而为,可谓亲爱之吗?"

万章接着又问:"敢问有人以为是放逐,这有何意谓?"

孟子道:"天子虽封象为有庳之君,而象不才,不得有为于其国,于是天子派遣官吏来代其治国,而且责令其缴纳贡税,象实际已是有位无权了,所以有人说这是放逐,舜这样安排,象如何能暴虐其民呢?舜虽然这样安排,还是想常常见到弟亲,所以连续召他而来。古书上说:'等不及诸侯朝贡之期,而以政事接见有庳之君。'说的正是此事啊!"

【议论】

四罪罪于天下,不得不为天子所诛之,是不悖于天下之公义也;弟亲罪于兄亲,但可以为其兄所恕之,是不悖于亲亲之私恩也。前有大舜私恩公义之分明,后有亚圣事情天理之不惑,前圣后圣,虽去千岁,其揆无二也。

9.4 咸丘蒙问曰:"语云:'盛德之士,君不得而臣,父不得而子。' 舜南面而立,尧帅诸侯北面而朝之,瞽瞍亦北面而朝之。舜见瞽瞍，其容有蹙。孔子曰：'于斯时也，天下殆哉，岌岌乎！'不识此语诚然乎哉？"

孟子曰："否。此非君子之言，齐东野人之语也。尧老而舜摄也。尧典曰：'二十有八载，放勋乃徂落，百姓如丧考妣，三年，四海遏密八音。'孔子曰：'天无二日，民无二王。'舜既为天子矣，又帅天下诸侯以为尧三年丧，是二天子矣。"咸丘蒙，孟子弟子。语者，古语也。蹙，颦蹙不自安也。岌岌，不安貌也；言人伦乖乱，天下将危也。齐东，齐国之东鄙也。尧老而舜摄，言尧但老不治事，而舜摄行天子之事耳；尧在时，舜未尝即天子位，尧何由北面而朝乎？尧典，二十有八载，《虞书》篇名。今此文乃见于《舜典》，盖古书二篇，或合为一耳。言舜摄位二十八年而尧死也。徂，升也。落，降也；人死则魂升而魄降，故古者谓死为徂落。遏，止也。密，静也。八音，金、石、丝、竹、匏、土、革、木，乐器之音也。

咸丘蒙曰："舜之不臣尧，则吾既得闻命矣。《诗》云：'普天之下，莫非王土；率土之滨，莫非王臣。'而舜既为天子矣，敢问瞽瞍之非臣，如何？"

曰："是诗也，非是之谓也；劳于王事，而不得养父母也。曰：'此莫非王事，我独贤劳也。'故说诗者，不以文害辞，不以辞害志。以意逆志，是为得之。

如以辞而已矣，云汉之诗曰：'周余黎民，靡有孑遗。'信斯言也，是周无遗民也。不臣尧，不以尧为臣，使北面而朝也。诗，《诗·小雅·北山》之篇也。普，遍也。率，循也。○滨，涯也。陆地以水为界，喻范围之内。此诗今毛氏序云："役使不均，已劳于王事而不得养其父母焉。"其诗下文亦云："大夫不均，我从事独贤。"乃作诗者自言天下皆王臣，何为独使我以贤才而劳苦乎？非谓天子可臣其父也。文，字也。辞，语也。逆，迎也。○是为得之，此为得诗之意。是，以意逆志也。云汉，《诗·大雅·云汉》篇也。孑，独立之貌。遗，脱也。**孝子之至，莫大乎尊亲；尊亲之至，莫大乎以天下养。为天子父，尊之至也；以天下养，养**

之至也。《诗》曰:'永言孝思,孝思维则。'此之谓也。言瞽瞍既为天子之父,则当享天下之养,此舜之所以为尊亲养亲之至也。岂有使之北面而朝之理乎?诗,《诗·大雅·下武》之篇。言人能长言孝思而不忘,则可以为天下法则也。

《书》曰:'祗载见瞽瞍,夔夔齐栗,瞽瞍亦允若。'是为父不得而子也。" 书,大禹谟篇也。祗,敬也。载,事也。夔夔齐栗,敬谨恐惧之貌。允,信也。若,顺也。言舜敬事瞽瞍,往而见之,敬谨如此,瞽瞍亦信而顺之也。孟子引此而言瞽瞍不能以不善及其子,而反见化于其子,则是所谓父不得而子者,而非如咸丘蒙之说也。

【述要】

弟子咸丘蒙问:"古语上说:'已成盛德之士者,其君不得再视其为臣,其父不得再视其为子。'所以舜登天子之位,南面而立,天子尧帅诸侯北面而朝见之,其父瞽瞍也北面而朝见之;舜见其父瞽瞍时,容色蹙然不安。对于出现天子朝见天子,其父朝见其子的情形,孔子曾批评道:'处于这样的情形时,天下已陷困厄,岌岌可危啊!'此段古语最后还引用了孔子之言,不知此古语诚然可信否?"

孟子否定道:"不可信。此古语非君子之言,是齐东野人之语,竟自冒用孔子之言。实际情形是,天子尧到老不能治事,而后舜摄天子之事,并未登天子之位,何来天子尧朝见天子舜之事呢?《尧典》上说:'舜摄政二十八年后,尧帝去世,百官如丧父母,为之守丧三年,四海止静八音之声。'而孔子也曾道:'天无二日,民无二王。'从《尧典》所说及孔子所言可以知晓,舜是帝尧去世后方登天子之位,既为天子之后,又帅天下诸侯为天子尧守三年之丧,这才是二位天子间之真实,而非同时有二位天子。"

咸丘蒙听罢揖谢,接着又问:"舜不以尧为臣,这我已得听闻先生教命了。《诗·小雅·北山》之篇说:'普天之下,皆为王土;率循王土之内,皆为王臣。'而舜既为天子了,敢问其父瞽瞍却非其臣下,这是为何?"

孟子释疑道："这首诗，并非你理解的意谓。诗的本意是贤者劳于王事，而不得养其父母，所以《北山》之诗接着又说：'此间一切皆为王事，王事当由王臣分担，为何独以我为贤才而劳苦呢？'诗意并非你所谓的天子可以视其父为臣。所以说诗，不能拘于文字而妨害辞语之意，不能以辞语之意妨害诗之本意；当以己切身体会之意以迎取于作者之意，这才是得诗之本意。

如仅是以辞语之意，那《诗·大雅·云汉》上说：'周所剩余黎民，将无有遗存。'诗的本意是作者忧天之大旱，恐伤及黎民，而非真无遗民；如只信诗言中的文字与辞语，则是周无遗民了。孝子所做之极至，莫大于尊亲；尊亲所到之极至，莫大于以天下奉养父母。瞽瞍为天子之父，是尊贵之极至；而舜以天下奉养其父，是养亲之极至，舜岂有使其父朝见之理啊！《诗经·大雅·下武》之篇说：'当永远极言孝思而不忘，孝思是为治天下之法则啊！'说的正是此番道理。

《尚书》上说：'舜敬事而见瞽瞍，神情夔夔而谨，斋栗而惧，瞽瞍亦因此尽弃前嫌，信顺于舜。'至此，瞽瞍不再视舜仅为其子，而视舜为四海之天子，这才是'为父不得而子'的真实意谓啊！"

【议论】

是小说家流造此野人之语，纯属道听途说，混淆是非。而是非既混，君子若无披抉事理之力，不能正视听。而君子何以披抉？其必笃信于先王之道，以仁视其发心之初，以义视其用事之迹，以礼视其进退之状，以智视其是非之适；盖循乎事理者，莫不以仁为发心，以义为用事，以礼为进退，以智为明断也。

9.5 万章曰："尧以天下与舜，有诸？"

孟子曰："否。天子不能以天下与人。"天下者，天下之天下，非一人之私有故也。

"然则舜有天下也，孰与之？"

曰:"天与之。"万章问而孟子答也。

"天与之者,谆谆然命之乎?"万章问也。谆谆,详语之貌。

曰:"否。天不言,以行与事示之而已矣。"行与事,行之于身谓之行,措诸天下谓之事。

曰:"以行与事示之者如之何?"

曰:"天子能荐人于天,不能使天与之天下;诸侯能荐人于天子,不能使天子与之诸侯;大夫能荐人于诸侯,不能使诸侯与之大夫。昔者尧荐舜于天而天受之,暴之于民而民受之,故曰:天不言,以行与事示之而已矣。"暴,显也。

曰:"敢问荐之于天而天受之,暴之于民而民受之,如何?"

曰:"使之主祭而百神享之,是天受之;使之主事而事治,百姓安之,是民受之也。天与之,人与之,故曰:天子不能以天下与人。舜相尧二十有八载,非人之所能为也,天也。

尧崩,三年之丧毕,舜避尧之子于南河之南。天下诸侯朝觐者,不之尧之子而之舜;讼狱者,不之尧之子而之舜;讴歌者,不讴歌尧之子而讴歌舜,故曰天也。

夫然后之中国,践天子位焉。而居尧之宫,逼尧之子,是篡也,非天与也。○天,命之定数,理之必然。南河,南河在冀州之南,其南即豫州也。讼狱,谓狱不决而讼之也。太誓曰:'天视自我民视,天听自我民听',此之谓也。"自,从也。天无形,其视听皆从于民之视听;民之归舜如此,则天与之可知矣。

【述要】

弟子万章问:"尧以天下给与舜,有此事吗?"

孟子道:"没有。天子不能以天下给予人。"

万章问:"那么舜有天下,是谁给予之?"

孟子道:"是天给与之。"

万章问:"既是天所给与之,那天有谆谆然详细之言以授命于舜吗?"

孟子道:"没有。天不言,只是以舜的仁孝之行与舜推仁爱于天下之事,从而显示天有意将天下给予舜而已。"

万章问:"以舜的仁孝之行与舜推仁爱于天下之事,从而显示天有意将天下给予舜而已。这如何解之?"

孟子道:"天子能推荐仁人于天,却不能强使天将天下给与仁人;诸侯能推荐贤人于天子,却不能强使天子将诸侯之位给与贤人;大夫能推荐能人于诸侯,却不能强使诸侯将大夫之位给与能人。过去尧帝推荐舜于天而天接受之,公开介绍于民而民接受之,所以说:'天不言,只是以舜的仁孝之行与舜推仁爱于天下之事,从而显示天有意将天下给予舜而已。'"

万章问:"敢问尧帝推荐舜于天而天接受之,公开绍介于民而民接受之,这如何解之?"

孟子道:"尧使舜主祭于天而百神享用,感其诚而降福,这是天接受之;使之主天下之政事,而政事有治,风清多惠,百姓安居乐土,这是民接受之。上天要将天下给与舜,众人要将天下给与舜,所以天子不能以天下给与人。舜佐相尧帝二十八年,非常人之所能为,这是天有意安排之,以考察舜的理政之能。

尧帝崩落,三年之丧期满,舜为避嫌尧之子,而去往南河之南。而天下诸侯来朝觐的,不往尧之子而往舜处;讼狱不能决断的,不往尧之子处而往舜处;于是讴歌治理天下有功之人,不讴歌尧之子而讴歌舜。所以这一切皆听从天之安排。

然后舜前往国中都城,登践天子之位。而若强居尧之宫,逼宫尧之子,这是篡位,而非天给与之。《尚书·泰誓》说:'天之所视皆来自我生民之所视,天之所听皆来自我生民之所听。'说的正是此番道理啊!"

【议论】

尧舜之子皆不肖,故尧舜之子皆不能有天下;而舜禹分别为尧舜之佐相,爱民以仁,为事以义,故舜禹能有天下也。仁义所以行诸天下,是其为公道,在天下人心也;且此公道虽在人心,实自天之所命赋,故知公道即天之所在,所谓天之视听,但视听于公道之所在;视听于公道之所在,即视听于天下人心,亦即民之所视听,民之所望也。

天下是天下人之天下,不为天子之私产,故天下不可由天子与人也。所谓天子者,代天以牧民;既代天以牧民,其所牧民者,必天常之理,即仁义也,公道也,故为仁义、公道而有天下,是天与之也。反之,不行仁义、公道,则天不与之也,其不可为天子。

9.6 万章问曰:"人有言:'至于禹而德衰,不传于贤而传于子。'有诸?"

孟子曰:"否,不然也。天与贤,则与贤;天与子,则与子。昔者舜荐禹于天,十有七年,舜崩。三年之丧毕,禹避舜之子于阳城。天下之民从之,若尧崩之后,不从尧之子而从舜也。禹荐益于天,七年,禹崩。三年之丧毕,益避禹之子于箕山之阴。朝觐讼狱者不之益而之启,曰:'吾君之子也。'讴歌者不讴歌益而讴歌启,曰:'吾君之子也。'**阳城,箕山之阴,皆嵩山下深谷中可藏处。启,禹之子也。**

丹朱之不肖,舜之子亦不肖。舜之相尧,禹之相舜也,历年多,施泽于民久。启贤,能敬承继禹之道。益之相禹也,历年少,施泽于民未久。舜、禹、益相去久远,其子之贤不肖皆天也,非人之所能为也。莫之为而为者,天也;莫之致而至者,命也。**天也命也,盖以理言之谓之天,自人言之谓之命,其实则一而已。**

匹夫而有天下者，德必若舜、禹，而又有天子荐之者，故仲尼不有天下。不有天下，言仲尼之德，虽无愧于舜、禹，而无天子荐之者，故不有天下。**继世以有天下，天之所废，必若桀纣者也，故益、伊尹、周公不有天下。**继世以有天下者，其先世皆有大功德于民，故必有大恶如桀纣，则天乃废之。不有天下，如启及大甲、成王虽不及益、伊尹、周公之贤圣，但能嗣守先业，则天亦不废之。故益、伊尹、周公，虽有舜、禹之德，而亦不有天下。

伊尹相汤以王于天下。汤崩，太丁未立，外丙二年，仲壬四年。太甲颠覆汤之典刑，伊尹放之于桐。三年，太甲悔过，自怨自艾，于桐处仁迁义；三年，以听伊尹之训己也，复归于亳。年，古人谓岁为年。颠覆，坏乱也。典刑，常法也。桐，汤墓所在。艾，治也；说文云"芟草也"；盖斩绝自新之意。亳，商所都也。**周公之不有天下，犹益之于夏，伊尹之于殷也。孔子曰：'唐虞禅，夏后、殷、周继，其义一也。'**禅，授也。或禅或继，皆天命也。圣人岂有私意于其间哉？

【述要】

弟子万章问："有人说：'天下至于大禹时而德变衰，天子之位不传于贤而传于子。'有其事吗？

孟子否定道："没有，不是如此。天欲将天下给与贤，则与贤；天欲将天下给与子，则与子。过去大舜将禹推荐于天，使其主持鬼神祭祀，推荐于民，使其主持国事，十七年后，大舜崩落。三年之丧期满，禹避嫌舜帝之子去往阳城，而天下之民从随之，如同尧帝崩落之后，天下之民不从尧之子而从于舜。后禹帝将益推荐于天，使其主持鬼神祭祀，推荐于民，使其主持国事，七年后，禹帝崩落。三年之丧期满，益避嫌禹之子去往箕山之阴，而天下朝觐讼狱者不往益处而往启处，他们说：'启是我们国君之子啊。'讴歌者不讴歌益而讴歌启，他们说：'启是我们国君之子啊。'

尧之子丹朱之不肖，舜之子也不肖，而舜佐相尧帝，禹佐相舜帝主持国事，所历年多，施泽于民也久。禹帝之子启贤，能敬承大禹之道，而益佐相禹帝，所历年少，施泽于民也未久。既然舜、禹、益三人分别佐相前君尧、舜、禹的时间相差很远，又因尧帝、舜帝之子不肖，禹帝之子贤，所以舜禹能登天子之位，而益不能登天子之位。因此形成尧舜传贤，而禹传子的结局，虽然禹的本意也是传贤；也因此可以说，尧、舜、禹三位圣王皆欲传贤，所以有传贤传子的不同，这是天意，非人力之所能为之。不以人力为之而自为的，这便是天意；不以人力所致而自至的，这便是命数啊！

匹夫而能有天下，其德必若舜禹，而又有天子推荐之，所以仲尼虽为圣人，德齐舜禹，因无天子之荐，不能有天下。那些继承先世之位而有天下的国君，天所要废黜的，一定是像桀纣一样的暴君；而那些不为天所废的国君，如启、太甲、成王，其贤未必超过他们的辅相益、伊尹、周公，但能各自善守先业，又有贤圣以辅，所以不为天之所废，亦因此益、伊尹、周公虽为贤圣，也不能有天下了。

当年伊尹佐相汤王以称王于天下。汤王崩落，太子太丁未立而死，太子弟外丙继位二年，太子弟仲壬继位四年；到太子之子太甲继位，即颠覆坏乱汤王的典刑常法，弃而不用，于是伊尹将其放逐于桐邑。三年后，太甲悔过，自我怨责，自我更新，于桐邑，他为言为事莫不以仁为处心，以义为迁就；三年后，因能听伊尹之训己，于是复归于亳都重新继位。周公也是先行摄政，待成王年立德建，而后还政于成王，所以他不有天下，犹如益之于夏王，伊尹之于殷王。对此孔子也曾道：'唐尧、虞舜禅让而传位，夏禹之子、殷商汤之子、周武王之子是继承先世，其中大义是一致的，皆为传贤啊！'"

【议论】

天下所以传贤不传子，是天下为公也；圣王所以传贤不传子，是以天下为公也。圣王虽有传子，皆天为之，非人为之；天为之，则其子必贤，有天下之民从之，又有贤圣以辅之，故此传子实为传贤也。

后世不以天为，但以人为，以天下为私而传子，早已失传贤之义，又不知贤圣之贵，遑论贤圣之用也，故亡国灭身者，往往而在。

以天下为公故能用贤，以天下为公故而传贤，此圣王之法，虽百世而不移也。

9.7 万章问曰："人有言'伊尹以割烹要汤'，有诸？" 要，求也。按《史记》："伊尹欲行道以致君而无由，乃为有莘氏之媵臣，负鼎俎以滋味说汤，致于王道。"

孟子曰："否，不然。伊尹耕于有莘之野，而乐尧、舜之道焉。非其义也，非其道也，禄之以天下，弗顾也；系马千驷，弗视也。非其义也，非其道也，一介不以与人，一介不以取诸人，莘，国名。乐尧、舜之道者，诵其诗，读其书，而欣慕爱乐之也。驷，四匹也。介与草芥之芥同。言其辞受取与，无大无细，一以道义而不苟也。汤使人以币聘之，嚣嚣然曰：'我何以汤之聘币为哉？我岂若处畎亩之中，由是以乐尧、舜之道哉？'嚣嚣，无欲自得之貌。汤三使往聘之，既而幡然改曰：'与我处畎亩之中，由是以乐尧、舜之道，吾岂若使是君为尧、舜之君哉？吾岂若使是民为尧、舜之民哉？吾岂若于吾身亲见之哉？'翻然，变动之貌。于吾身亲见之，言于我之身亲见其道之行，不徒诵说向慕之而已也。天之生此民也，使先知觉后知，使先觉觉后觉也。予，天民之先觉者也；予将以斯道觉斯民也。非予觉之，而谁也？'知，谓识其事之所当然。觉，谓悟其理之所以然。觉后知后觉，如呼寐者而使之寤也。言天使者，天理当然，若使之也。思天下之民匹夫匹妇有不被尧、舜之泽者，若己推而内之沟中。其自任以天下之重如此，故就汤而说之以伐夏救民。自任以天下之重，《书》曰："昔先正保衡作我先王，曰，'予弗克俾厥后为尧、舜，其心愧耻，若挞于市。'一夫不获，则曰：'时予之辜。'"伐夏救民，是夏桀无道，暴虐其民，故欲使汤伐夏以救之。

吾未闻枉己而正人者也，况辱己以正天下者乎？

圣人之行不同也，或远或近，或去或不去，归洁其身而已矣。 辱己甚于枉己，正天下难于正人；若伊尹以割烹要汤，辱己甚矣，何以正天下乎？远，谓隐遁也。近，谓仕近君也。**吾闻其以尧、舜之道要汤，末闻以割烹也。** 林氏曰："以尧、舜之道要汤者，非实以是要之也，道在此而汤之聘自来耳。犹子贡言夫子之求之，异乎人之求之也。"愚谓此语亦犹前章所论父不得而子之意。**伊训曰：'天诛造攻自牧宫，朕载自亳。'** 伊训，《商书》篇名。牧宫，今《书》牧宫作鸣条。造、载，皆始也。

【述要】

弟子万章问："有人说伊尹欲行王道而无门，于是作为有莘国的媵臣，以割肉烹煮之美味以干谒于汤王，有其事吗？"

孟子辟谣道："没有，不是如此。当年伊尹虽耕于有莘国的田野，却乐尧舜之道。非其义，非其道，即便以天下为干禄，他也毫无顾念之；所系之马纵有千驷之多，他也从不正视之。非其义，非其道，不以一芥之微给与人，也不取人一芥之微。最初，汤王使人以币帛为礼招聘之，他毫不在意而自我满足地说：'我何必为汤王的聘币所左右，我还不如身处田亩之中，由此以自乐于尧舜之道啊？'继而汤王三次使人往聘之，伊尹开始幡然醒觉，一改往日之说：'与其使我处畎亩之中，由此以自乐于乐尧舜之道，我还不如使我所事之君而成尧舜之君啊！我还不如使我所牧之民而成尧舜之民啊！我还不如于我亲身见之啊！天生此亿万生民，便是要使先知者觉醒后知者，使先觉者觉醒后觉者。我，是明于天道、人道的先觉者，我将以此道来觉醒此生民。不由我来觉醒之，那由谁呢？'伊尹思天下之民匹夫匹妇，若有一个不被尧舜之泽的，如同自己被推纳于沟中，他以天下之重自任，竟至于如此情深意切，于是前往谒见汤王，而以伐夏桀之暴，救民于水火之急劝说之。我从未听闻枉屈自己所守之道者而能匡正他人，何况是以割烹要君的自我羞辱者，他如何能匡正天下呢!

圣人之行自有不同,或远遁而隐以守道,或入仕近君以行道,或道不同则去,或尽忠道而不去,虽有不同,而其中之要归,在洁其身不污于道而已。我只听闻伊尹以尧舜之道干谒汤王,未闻以割烹。《尚书·伊训》上说:'上天要诛杀暴君,攻伐始自夏桀,我的谋划始自亳都。'"

【议论】

伊尹所以能以尧舜之道要汤,是汤闻其善、慕其名而往聘之,是君礼之既具也。故伊尹之要异乎人之要,是君臣之共道也已矣。

致君觉民,诛暴救民,皆尧舜之道也。

9.8 万章问曰:"或谓孔子于卫主痈疽,于齐主侍人瘠环,有诸乎?"

孟子曰:"否,不然也。好事者为之也。主,谓舍于其家,以之为主人也。痈疽,疡医也。侍人,奄人也。瘠,姓。环,名。皆时君所近狎之人也。好事,谓喜造言生事之人也。于卫主颜雠由。弥子之妻与子路之妻,兄弟也。弥子谓子路曰:'孔子主我,卫卿可得也。'子路以告。孔子曰:'有命。'孔子进以礼,退以义,得之不得曰'有命'。而主痈疽与侍人瘠环,是无义无命也。颜雠由,卫之贤大夫也,史记作颜浊邹。弥子,卫灵公幸臣弥子瑕也。进以礼,"礼主于辞逊,故进以礼。退以义,义主于制断,故退以义。有命,难进而易退者也,在我者有礼义而已,得之不得则有命存焉。"孔子不悦于鲁、卫,遭宋桓司马将要而杀之,微服而过宋。是时孔子当厄,主司城贞子,为陈侯周臣。不悦,不乐居其国也。桓司马,宋大夫向魋也。司城贞子,亦宋大夫之贤者也。陈侯,名周。按《史记》:"孔子为鲁司寇,齐人馈女乐以间之,孔子遂行。适卫月余,去卫适宋。司马魋欲杀孔子,孔子去至陈,主于司城贞子。"**吾闻观近臣,以其所为主;观远臣,以其所主。若孔子主痈疽与侍人瘠环,何以为孔子?**"近臣,在朝之臣。远臣,远方来仕者。

【述要】

弟子万章问:"有人说孔子于卫国,入住于卫灵公宠信的宦官痈疽家中,于齐国,则入住于齐国宠信的宦官瘠环家中,有其事吗?"

孟子匡正道:"没有,不是如此,是好事者所造的谣言。孔子于卫国,入住于贤大夫颜雠由家中。卫灵公宠臣弥子瑕之妻与子路之妻是姐妹。弥子瑕对子路说:'孔子若入住我家,卫卿之位可得。'子路以此告孔子。孔子道:'自有命数。'孔子进以接物侍人,无不言辞恳诚,恭然有礼,故不为人所拒;若不接而退,亦无不言行周致,信然有义,故不为人所怨;可见孔子已尽人事,其得与不得,其道之行与不行,并不取决于主于谁家,而是自有其命数。强调孔子是居住于痈疽与侍人瘠环家中,这是不了解礼、义、命的真谛,是无礼、无义、无命的谣言中伤。因与其君道之不同,孔子不乐于居鲁卫二国,在去往宋国途中,遭遇宋司马桓魋,桓魋将要杀之,于是孔子着便装而过宋,又去往陈。当时孔子正当危厄,便入住陈大夫之贤者司城贞子家中,做了陈国国君陈周的臣子。我听闻要观察在朝近臣的人品如何,是以他家所住客人是谁为考量;观察远来朝中的臣子的人品如何,是以他所寄寓的主人是谁为考量;这是因为君子小人各从其类。若孔子入住痈疽与侍人瘠环家中,何以为孔子啊?"

【议论】

乱世,见圣人污没于谣言之中,何况圣人之道乎!而圣人在圣人之道处,见道即见圣人矣!

9.9 万章问曰:"或曰:'百里奚自鬻于秦养牲者五羊之皮,食牛,以要秦穆公。'信乎?"孟子曰:"否,不然。好事者为之也。百里奚,虞之贤臣。**百里奚,虞人也。晋人以垂棘之璧与屈产之乘,假道于虞以伐虢。宫之奇谏,百里奚不谏。**虞、虢,皆国名。垂棘之璧,垂棘之地所出之璧也。屈产之乘,屈地所生之良马也。乘,四匹也。晋欲伐虢,道经于虞,故以此物借道,其实欲并取虞。宫之奇,亦虞之贤臣;谏虞公令勿许,虞公不用,遂为晋所灭。百里奚知其不可谏,故不谏而去之。**知虞公之不可谏而去,之秦,年已七十矣,曾不知以食牛干秦穆公之为污也,可谓智乎?不可谏而不谏,可谓不智乎?知虞公之将亡而先去之,不可谓不智也。时举于秦,知穆公之可与有行也而相之,可谓不智乎?相秦而显其君于天下,可传于后世,不贤而能之乎?自鬻以成其君,乡党自好者不为,而谓贤者为之乎?"**自好,自爱其身之人也。

【述要】

弟子万章问:"有人说:'百里奚将自己以五羊之皮的价格鬻卖给秦国养牲畜者,为其饲养牛群,以此得机会以干谒秦穆公。'此言可信吗?"

孟子批驳道:"不可信之,事实不然。这是好事者所为的荒唐之言。百里奚,原虞国大夫。晋国人以垂棘所产之美玉与屈地所产之良马馈赠虞公,欲假道虞国以伐虢国。大夫宫之奇以'唇亡齿寒'之理谏虞公,劝其不可,而百里奚不谏,他知虞公之不可谏,故而离开虞国而前往秦国。当时百里奚的年纪已七十了,竟不知以食牛干秦缪公是在自我污损,这可谓智吗?知虞公之不可谏而不谏,这可谓不智吗?知虞公之将亡而先去之,这不可谓不智吧!他于秦国被举荐时,知穆公是一位可与共事而有所作为的国君,故而辅相之,这可谓不智吗?他辅相秦国而显其君名于天下,并可传于后世，不贤而能为之吗？通过自我鬻卖的方式以成就其国君之英名，乡党中洁身自好者尚且不为，却要强说是由贤者为之吗？"

【议论】

　　孟子不屑于管仲，何以同情于百里奚？盖前者言志，以齐圣之志最高，故虽管仲之志亦可以有所不屑也；后者言贤，因治国之贤难得，故于百里奚之贤则必然有所同情也。

　　圣贤行事或不同于人，而其行事莫不循理而重道，其目的即行道，故其行事岂有不慎者乎？

卷十 万章章句下

卷十　万章章句下凡九章。

10.1 孟子曰："伯夷，目不视恶色，耳不听恶声。非其君不事，非其民不使。治则进，乱则退。横政之所出，横民之所止，不忍居也。思与乡人处，如以朝衣朝冠坐于涂炭也。当纣之时，居北海之滨，以待天下之清也。故闻伯夷之风者，顽夫廉，懦夫有立志。横，谓不循法度。○乡人，鄙俗之人。顽者，无知觉。廉者，有分辨。懦，柔弱也。

伊尹曰：'何事非君？何使非民？'治亦进，乱亦进。曰：'天之生斯民也，使先知觉后知，使先觉觉后觉。予，天民之先觉者也；予将以此道觉此民也。'思天下之民匹夫匹妇有不与被尧、舜之泽者，若己推而内之沟中，其自任以天下之重也。何事非君，言所事即君。何使非民，言所使即民。无不可事之君，无不可使之民也。

柳下惠，不羞污君，不辞小官。进不隐贤，必以其道。遗佚而不怨，厄穷而不悯。与乡人处，由由然不忍去也。'尔为尔，我为我，虽袒裼裸裎于我侧，尔焉能浼我哉？'故闻柳下惠之风者，鄙夫宽，薄夫敦。鄙，狭陋也。敦，厚也。○浼，染污。

孔子之去齐，接淅而行；去鲁，曰：'迟迟吾行也。'去父母国之道也。可以速而速，可以久而久，可以处而处，可以仕而仕，孔子也。"接，犹承也。淅，渍米水也。渍米将炊，而欲去之速，故以手承水取米而行,不及炊也。迟迟吾行也,或曰:"孔子去鲁,不税冕而行,岂得为迟?"其实孔子欲去之意久矣,不欲苟去,故迟迟其行也。膰肉不至,则得以微罪行矣,故不税冕而行,非速也。

孟子曰:"伯夷,圣之清者也;伊尹,圣之任者也;柳下惠,圣之和者也;孔子,圣之时者也。圣者,不勉不思而至焉者也。清者,无所杂者清之极。任者,以天下为己责也。和者,无所异者和之极。时者,孔子仕、止、久、速,各当其可,盖兼三子之所以圣者而时出之,非如三子之可以一德名也。**孔子之谓集大成。集大成也者,金声而玉振之也。金声也者,始条理也;玉振之也者,终条理也。始条理者,智之事也;终条理者,圣之事也**。集大成,孔子集三圣之事,而为一大圣之事;犹作乐者,集众音之小成,而为一大成也。成者,乐之一终,书所谓"箫韶九成"是也。金,钟属。声,宣也,如声罪致讨之声。玉,磬也。振,收也,如振河海而不泄之振。始,始之也。终,终之也。条理,犹言脉络,指众音而言也。智者,知之所及;圣者,德之所就也。盖乐有八音:金、石、丝、竹、匏、土、革、木。若独奏一音,则其一音自为始终,而为一小成。八音之中,金石为重,故特为众音之纲纪。又金始震而玉终诎然也,故并奏八音,则于其未作,而先击镈钟以宣其声;俟其既阕,而后击特磬以收其韵。宣以始之,收以终之。二者之间,脉络通贯,无所不备,则合众小成而为一大成,犹孔子之知无不尽而德无不全也。金声玉振,始终条理,疑古乐经之言。**智,譬则巧也;圣,譬则力也。由射于百步之外也,其至,尔力也;其中,非尔力也。"**

【述要】

孟子感佩道:"伯夷,他目不视恶色,耳不听恶声,非其同道之君不予事奉,非其牧字之民不予驱使,邦家遵道而治则进仕,邦国违法而乱则退隐。暴政所出之国,暴民所聚之地,皆不忍心居之。他觉得与鄙俗之人相处,如以华贵之朝衣朝冠坐于泥涂炭灰之中。当纣王无道时,他避居于北海之滨,以待天下之清。所以听闻伯夷的立世风骨,能使顽劣贪婪之辈生廉耻之心,使懦弱之徒有立志之意。

伊尹曾说：'不是我同道之君为何不能事奉之？不是我牧字之民为何不能驱使之？'邦治他进仕，邦乱他也进仕。他又说：'天生此亿万之民，便是要使先知者觉醒后知者，使先觉者觉醒后觉者。我，是知天道、人道的先觉者，我将以此道来觉醒此亿万之民。'他怀思天下之民匹夫匹妇，若有一个不受到尧舜之泽的，如己被推纳于沟中，他是以天下之重自任啊！

"柳下惠，从不以言辞羞污国君，不因官小而辞，必尽其职；进仕事君，不隐己之贤能，必以其道以尽贤；被国君遗佚不用，而无怨怼之心，处困穷而不自悯自怜。即便与鄙俗之人相处，亦由由然自得其乐而不忍离去。因此他说：'你为你，我为我，虽赤身露体于我侧，你如何能染渎我心呢？'所以听闻柳下惠的立世风骨，能使鄙陋狭隘之徒宽其心胸，薄情寡义之辈敦厚其性。

孔子离开齐国，是捞起正在淘洗的米而行，恨不能马上离去；而离开他的故国鲁国时，却道：'我要远行了，迟一迟不急！'这是离别父母国之道啊！可以速去而速去，可以久留而久留，可以自处而自处以清，可以出仕而出仕以任，无不温和其意，从容中道，这是孔子啊！"

孟子因此赞叹道："伯夷，是圣人中的清者，无论其浊，皆能自清；伊尹，是圣人的任者，无论其重，皆可肩任；柳下惠，是圣人中的和者，无论其异，皆可与和；而孔子，是圣人中的时者，无论何时，皆能与道进退，不损于道。孔子可谓集大成者，集大成者，是和美的金声玉振之乐，有始有终。大成之乐是以金钟之声起音，而后八音并奏，乐音通贯，条理允明，乐声和畅以进；乐声行进既久，乐章遂以玉磬之振收韵，乐曲虽终而八音条贯不乱，音声犹自绕梁不绝。开始谋划即有条理，这只是智识之事；而自始至终犹能条理不乱，此万事既成之象，只有圣者能为之了。智，好比巧思；圣，好比智巧长运之力。犹如射于百步之外，其箭能飞至目标，是你的气力使然；而能射中目标，不只是你的气力，而是运智之力使然啊！"

【议论】

一言而能分圣者之清、任、和、时,言者岂非圣者与?

圣者之名既定于孔圣亚圣之口,盖不必言清、任、和之有所偏,有一其中即谓圣,既圣则无所偏也。所以为清、任、和者,圣者就道取势而已,若无此就以道取势,何能有清、任、和之谓哉?至于孔子为圣之时者,有集大成之谓,是谓其博有前圣之仁智,是圣中特出者,但不必因此而言前圣之有所偏也,若有所偏,则其中次第又加如何?此实繁难于学问,欲教君子无所从学也。圣既不言所偏,可以言小大也。

10.2 北宫锜问曰:"周室班爵禄也,如之何?" 北宫,姓;锜,名;卫人。○班爵禄,班爵,班列爵位。班禄,班赐俸禄;分等制定俸禄。班,列也。

孟子曰:"其详不可得闻也。诸侯恶其害己也,而皆去其籍。然而轲也,尝闻其略也。 恶其害已,当时诸侯兼并僭窃,故恶周制妨害己之所为也。**天子一位,公一位,侯一位,伯一位,子、男同一位,凡五等也。君一位,卿一位,大夫一位,上士一位,中士一位,下士一位,凡六等**。此班爵之制也。五等通于天下,六等施于国中。**天子之制,地方千里,公侯皆方百里,伯七十里,子、男五十里,凡四等。不能五十里,不达于天子,附于诸侯,曰附庸**。不能,犹不足也。附庸,小国之地不足五十里者,不能自达于天子,因大国以姓名通,谓之附庸,若春秋邾仪父之类是也。**天子之卿受地视侯,大夫受地视伯,元士受地视子、男**。视,比也。元士,上士也。**大国地方百里,君十卿禄,卿禄四大夫,大夫倍上士,上士倍中士,中士倍下士,下士与庶人在官者同禄,禄足以代其耕也**。十,十倍之也。四,四倍之也。倍,加一倍也。**次国地方七十里,君十卿禄,卿禄三大夫,大夫倍上士,上士倍中**

士,中士倍下士,下士与庶人在官者同禄,禄足以代其耕也。三,谓三倍之也。**小国地方五十里,君十卿禄,卿禄二大夫,大夫倍上士,上士倍中士,中士倍下士,下士与庶人在官者同禄,禄足以代其耕也。**二,即倍也。**耕者之所获,一夫百亩。百亩之粪,上农夫食九人,上次食八人,中食七人,中次食六人,下食五人。庶人在官者,其禄以是为差。"获,得也。一夫一妇,佃田百亩。加之以粪,粪多而力勤者为上农,其所收可供九人。其次用力不齐,故有此五等。庶人在官者,其受禄不同,亦有此五等也。此章之说,与周礼、王制不同,盖不可考,阙之可也。

【述要】

卫国人北宫锜问:"周王室班列爵位、班赐俸禄,制度如何?"

孟子道:"具体详情不可得闻了。因后来诸侯渐渐不听天子之令,互相兼并,僭窃爵位,滥用礼仪、器物,以为当初周王室所班赐的爵禄已妨害他们的野心,故而对爵禄制度极为厌恶,而皆要放弃与周室的隶属关系。不过,我尝听闻此制度的大略。通于天下的班爵制度是,天子一位,公一位,侯一位,伯一位,子、男同一位,凡五等。施行国中的班爵制度是,君一位,卿一位,大夫一位,上士一位,中士一位,下士一位,凡六等。通于天下的班禄制度是,规定天子的土地,是地方千里,公、侯皆地方百里,伯七十里,子、男各五十里,凡四等。不足五十里的小国,不能直接上达于天子,需附于诸侯,称附庸。天子之卿所受土地比照侯爵,天子之大夫所受土地比照伯爵,天子之上士所受土地比照子爵、男爵。施行于国中的班禄制度是,大国国君的土地方百里,国君的俸禄十倍于卿,卿禄四倍于大夫,大夫一倍于上士,上士一倍于中士,中士一倍于下士,为官的下士与庶人同禄,其俸禄足以代其耕作。次大国国君的土地方七十里,君十倍于卿,卿禄三倍大夫,大夫一倍于上士,上士一倍于中士,中士一倍于下士,为官的下士与庶人同禄,其俸禄足以代其耕作。小国国君的土地方五十里,君禄十倍于卿,卿禄二倍于大夫,大夫一倍于上士,上士一倍于中士,中士一倍于下士,为官的下士与庶人同禄,其俸禄足以代其耕作。耕者所获得的,一夫一妇,佃田百亩,并加百亩之粪。力勤的上农夫,其所收,可供养九人;上次农夫可供养八人;中农夫可供养七人,中次农夫可供养六人,下农夫可供养五人;以上因农夫用力不齐而分五等。庶人为官的,也分上、上次、中、中次、下五等,其俸禄则相应比照这个标准来分等差。"

【议论】

从孟子所闻,知周室制度完备,官有爵禄,民有田亩,范围天下,无有遗民,各有所司,各尽其职。固制度者,亦先王之道也。

是又可知,天子、国君皆领爵食禄者,既领爵食禄,则无别于其臣下,皆当与臣下共守爵位之职,共尽俸禄之事也。故从孟子处,未闻天子、国君特殊于民,只司职所异而已矣。

10.3 万章问曰:"敢问友。"

孟子曰:"**不挟长,不挟贵,不挟兄弟而友。友也者,友其德也,不可以有挟也**。挟者,兼有而恃之之称。○德,发乎性善而为善有得。**孟献子,百乘之家也,有友五人焉:乐正裘、牧仲,其三人,则予忘之矣。献子之与此五人者友也,无献子之家者也。此五人者,亦有献子之家,则不与之友矣**。孟献子,鲁之贤大夫仲孙蔑也。**非惟百乘之家为然也。虽小国之君亦有之。费惠公曰:'吾于子思,则师之矣;吾于颜般,则友之矣;王顺、长息则事我者也。'**惠公,费邑之君也。师,所尊也。友,所敬也。事我者,所使也。**非惟小国之君为然也,虽大国之君亦有之。晋平公之于亥唐也,入云则入,坐云则坐,食云则食。虽疏食菜羹,未尝不饱,盖不敢不饱也。然终于此而已矣。**

弗与共天位也，弗与治天职也，弗与食天禄也，士之尊贤者也，非王公之尊贤也。平公、王公下，诸本多无之字，疑阙文也。亥唐，晋贤人也。平公造之，唐言入，公乃入。言坐乃坐，言食乃食也。疏食，粝饭也。不敢不饱，敬贤者之命也。天位天职天禄，"位曰天位，职曰天职，禄曰天禄。言天所以待贤人，使治天民，非人君所得专者也。"

舜尚见帝，帝馆甥于贰室，亦飨舜，迭为宾主，是天子而友匹夫也。尚，上也。舜尚见帝，舜上而见于帝尧也。馆，舍也。甥，礼，妻父曰外舅；谓我舅者，吾谓之甥；尧以女妻舜，故谓之甥。贰室，副宫也。尧舍舜于副宫，而就飨其食。**用下敬上，谓之贵贵；用上敬下，谓之尊贤。贵贵、尊贤，其义一也。"**贵贵、尊贤，皆事之宜者。然当时但知贵贵，而不知尊贤，故孟子曰"其义一也"。

【述要】

弟子万章问："敢问交友之道。"

孟子道："不自恃年长，不自恃富足尊贵，也不倚仗兄弟之势力而交友。交友，是彼此间以德相交，而非年龄、富贵、势力之相交，故不可以有自恃，有倚仗。孟献子，是百乘之家的鲁国贤大夫，有友五人：乐正裘、牧仲，其余三人，我已忘之。孟献子与此五人交友时，心中唯五人之德，没有所谓'孟献子是百乘之家'这个念头；此五人也是如此，若心中也有'孟献子是百乘之家'这个念头，则不能与献子为友了。不仅百乘之家如此，虽小国之君也有之。费惠公说：'我于子思，则以之为师；我于颜般，则交友之；王顺、长息则事奉于我。'不仅小国之君如此，虽大国之君也有之。如晋平公与贤者亥唐的交往；晋平公造访亥唐，亥唐言请入则晋平公入，言请坐则晋平公坐，言请食则晋平公食；亥唐虽招持以蔬食菜羹，晋平公未尝不饱，是因为敬贤者之命，不敢不饱。然二人交友仅限于此而已，晋平公并不与亥唐共朝廷之位，不与之共治政务，不与之共享俸禄，这是因为亥唐不愿出仕；所以晋平公待亥唐是以士之尊贤之道，而非王公尊贤之道。

当年舜为平民时,上谒帝尧,帝尧安排这位未来女婿住于副宫,设宴以款待舜,席间互为宾主,这是天子交友于匹夫。以下敬上,这是尊重尊者;以上敬下,这是尊重贤者。贵贵尊贤,其义相同,皆是重德啊!"

【议论】

友道,友之以德,相与为善之道也。朋友一伦虽为五伦之末,然友道最为广大,所以然者,是人人皆有性善,皆可发乎性善而相与为善,一本平等之心,相敬之情,皇皇乎可连于四海,遍于天下也。故于友道,不以天子为尊,不以匹夫为贱。

10.4 万章问曰:"敢问交际何心也?"

孟子曰:"恭也。"际,接也。交际,谓人以礼仪币帛相交接也。

曰:"却之却之为不恭,何哉?"

曰:"尊者赐之,曰'其所取之者,义乎,不义乎',而后受之,以是为不恭,故弗却也。"却,不受而还之也。

曰:"请无以辞却之,以心却之,曰'其取诸民之不义也',而以他辞无受,不可乎?"

曰:"其交也以道,其接也以礼,斯孔子受之矣。"交以道,如馈赆、闻戒、周其饥饿之类。接以礼,谓辞命恭敬之节。孔子受之,如受阳货蒸豚之类也。

万章曰:"今有御人于国门之外者,其交也以道,其馈也以礼,斯可受御与?"

曰:"不可。康诰曰:'杀越人于货,闵不畏死,凡民罔不譈。'是不待教而诛者也。殷受夏,周受殷,所不辞也。于今为烈,如之何其受之?"御,止也。止人而杀之,且夺其货也。国门之外,无人之处也。康诰,《周书》篇名。越,颠越也。譈,怨也。

曰:"今之诸侯取之于民也,犹御也。苟善其礼际矣,斯君子受之,敢问何说也?"

曰:"子以为有王者作,将比今之诸侯而诛之乎? 其教之不改而后诛之乎? 夫谓非其有而取之者盗也,充类至义之尽也。孔子之仕于鲁也,鲁人猎较,孔子亦猎较。猎较犹可,而况受其赐乎?"比,连也。○猎较,比较猎物的大小、毛色。

曰:"然则孔子之仕也,非事道与?"

曰:"事道也。"

"事道奚猎较也?"

曰:"孔子先簿正祭器,不以四方之食供簿正。"

曰:"奚不去也?"

曰:"为之兆也。兆足以行矣,而不行,而后去,是以未尝有所终三年淹也。事道者,以行道为事也。先簿正祭器,先以簿书正其祭器,使有定数,不以四方难继之物实之。夫器有常数、实有常品,则其本正矣,彼猎较者,将久而自废矣。兆,犹卜之兆,盖事之端也。**孔子有见行可之仕,有际可之仕,有公养之仕也。于季桓子,见行可之仕也;于卫灵公,际可之仕也;于卫孝公,公养之仕也。**"见行可,见其道之可行也。际可,接遇以礼也。公养,国君养贤之礼也。季桓子,鲁卿季孙斯也。卫灵公,卫侯元也。孝公,春秋、史记皆无之,疑出公辄也。因孔子仕鲁,而言其仕有此三者。

【述要】

弟子万章问:"敢问与人交际时,如何用心?"

孟子道:"恭敬。"

万章又问:"一再推却而不受为不恭,这是为何?"

孟子道:"尊者于我有所赐,我心里却说:'赐我之物他得来合义吗? 不合吗?'而后决定是否受之,以这样的方式是不恭,所以不该推却。"

又问:"请不以言辞推却之,以心推却之,心里说:'尊者所赐,是他以不义之道取诸民,故不能受。'但以其他言辞推却而无受,不可以吗?"

孟子道:"相交以道,相接以礼,既如此,连孔子也不会嫌弃所赐而坦然受之啊!"

万章便问:"如今有一位专在无人处杀人劫财者,与我交以道,馈我也以礼,我可以接受他的抢劫之财吗?"

孟子道:"不可。《周书·康诰》上说:'杀人越货者,闵然昏昧不知畏死,凡民无有不怨恨的。'这类人是可以不待教而诛杀之。此诛杀'杀人越货'者的条规,殷代受之于夏代,周代受之于殷代,是为各代所不能辞绝更改的,到如今此条规的执行更为严厉。如何能接受抢掠者的财货呢?"

于是万章问:"今之诸侯以不义之政巧取豪夺于民,犹如杀人劫掠。而他们与君子交际却伪善其礼,此君子便欣然接受其馈赠,敢问这如何解说?"

孟子道:"你以为如有圣王兴起,是将这些诸侯比之杀人抢掠者而诛杀之呢?还是先教这些诸侯,教之不改而后诛杀之呢?当然要先教之,今之诸侯固然多有不义,但还不能等同于杀人越货者。说这些诸侯手中财货本非其有而强取于民,因此他们皆为强盗,这是将强盗的定义扩充到了极尽,今之诸侯固然多有不义,但向民索取的方式毕竟不同于杀人越货者。当年孔子为官于鲁国时,鲁国人为宗庙祭祀而田猎,却有比较国中各处所获猎物大小、毛色的时俗,以为用大而毛色佳的禽兽祭祀更为吉祥,孔子也因此不得不参与猎较。猎较的时俗孔子犹可参与,何况交往中受他人赐赠,这是一贯以来的礼节呢!"

又问:"既然如此,那孔子的出仕,不是以行道为事吗?"

孟子道:"是以行道为事。"

又问:"既是行道为事,祭祀唯诚,但有时鲜的猎物即可,孔子何必还要参与此猎较的不良时俗呢?"

孟子道:"正因为孔子以行道为事,也不想随此时俗,所以他先立文书簿册以正其宗庙祭祀之器,使有常数,依循旧礼,规定只使用国都附近物产作为祭祀之常品,不以四方所谓珍食来供已簿正的祭祀之器;希望这样做,猎校的时俗久而久之便自废了。"

又问:"孔子明知时俗不可变,为何不先行离去呢?"

孟子道:"孔子所以不急于离去,是想小试其道,先为兆端以示人。若此兆端显示足以行道,结果却不行,而后决定离去,所以孔子未尝于一国淹留有超过三年的。孔子出仕,有见其道可行而出仕的,有君接遇有礼而出仕的,有国君养贤有礼而出仕的。于鲁国上卿季桓子,是见其道可行而出仕;于卫灵公,是卫灵公曾郊迎孔子,于孔子礼遇有加而出仕;于卫出公,是出公有意奉养孔子以任而出仕。"

【议论】

圣人志在行道,而道行在人伦,行在政教,必自随俗从礼以接物待人始,而后可以行道,且随俗从礼亦有道之存焉,此圣人所以行道之善巧所在。若即俗而不从,即礼而却之,则自绝于他人,何谈行道于天下也?圣人行道无不以现实为考量,无不从礼俗始,故因诸侯尚有可取之处,各国尚有行道之可能也;故圣人从无恃才以傲物,持道以自贵,但以礼俗进退于诸侯,若执念于送礼者其礼物来路之合义否,则难免不为于陵子仲也。

10.5 孟子曰:"仕非为贫也,而有时乎为贫;娶妻非为养也,而有时乎为养。为贫者,辞尊居卑,辞富居贫。贫富,谓禄之厚薄。**辞尊居卑,辞富居贫,恶乎宜乎? 抱关击柝。**柝,行夜所击木也。**孔子尝为委吏矣,曰'会计当而已矣'。尝为乘田矣,曰'牛羊茁壮,长而已矣'。**委吏,主委积之吏也。○本朝,朝廷。古以朝廷为国之本,故称。○当,准确。乘田,主苑囿刍牧之吏也。茁,肥貌。**位卑而言高,罪也;立乎人之本朝,而道不行,耻也。"**

【述要】

孟子道:"出仕本为行道,不为改变贫穷,而有时因家贫亲老需出仕求禄以养;娶妻本为生子继嗣,不为奉养于家,而有时是为操奉家务,奉养于亲。如果出仕是为改变贫困,便应该辞尊位而居卑位,辞厚禄而取薄禄。辞尊位而居卑位,辞厚禄而取薄禄,那是什么官职适宜呢?便做个抱关守门、击柝巡夜的卑职即可。卑职虽卑亦需尽职,不可苟且;孔子当年为贫而仕,曾为管理粮仓的小吏,彼时他说:'做好每日账目之计、年终总会要确当而已。'又曾于苑囿为蓄养牲畜的小吏,彼时他说:'使牛羊茁壮生长而已。'彼时孔子不言行道之辞,但言尽职之辞而已。位卑者本无行道之责,而其言高出其位之辞,则为过失了,亦容易获罪;但立身于朝廷以事君,而不言道行道,这是可耻之事了。"

【议论】

孔子曾道:"邦有道,贫且贱焉,耻也;邦无道,富且贵焉,耻也。"若以孟子之意解之,则曰:"邦有道而出仕,则当居富贵以行道,若居贫贱,必无大志可言,耻也;邦无道而出仕,则仅居贫贱以谋生,若居富贵,必为干禄之思,耻也。"

10.6 万章曰:"士之不托诸侯,何也?"

孟子曰:"不敢也。诸侯失国,而后托于诸侯,礼也;士之托于诸侯,非礼也。" 托,寄也,谓不仕而食其禄也。古者诸侯出奔他国,食其廪饩,谓之寄公。士无爵土,不得比诸侯。不仕而食禄,则非礼也。

万章曰:"君馈之粟,则受之乎?"

曰:"受之。"

"受之何义也?"

曰:"君之于氓也,固周之。" 周,救也。视其空乏,则周恤之,无常数,君待民之礼也。

曰："周之则受,赐之则不受,何也?"

曰："不敢也。"

曰："敢问其不敢何也?"

曰："抱关击柝者,皆有常职以食于上。无常职而赐于上者,以为不恭也。"赐,谓予之禄,有常数,君所以待臣之礼也。

曰："君馈之,则受之,不识可常继乎?"

曰："缪公之于子思也,亟问,亟馈鼎肉。子思不悦。于卒也,摽使者出诸大门之外,北面稽首再拜而不受。曰:'今而后知君之犬马畜伋。'盖自是台无馈也。悦贤不能举,又不能养也,可谓悦贤乎?"亟,数也。鼎肉,熟肉也。卒,末也。摽,麾也。挥之使去。不悦,数以君命来馈,当拜受之,非养贤之礼,故子思不悦;而于其末后复来馈时,麾使者出拜而辞之。犬马畜伋,言不以人礼待己也。台,贱官,主使令者。无馈,盖缪公愧悟,自此不复令台来致馈也。举,用也。

曰："敢问国君欲养君子,如何斯可谓养矣?"曰："以君命将之,再拜稽首而受。其后廪人继粟,庖人继肉,不以君命将之。子思以为鼎肉使己仆仆尔亟拜也,非养君子之道也。○将,送也。仆仆,烦扰、烦猥貌。尧之于舜也,使其子九男事之,两女女焉,百官牛羊仓廪备,以养舜于畎亩之中,后举而加诸上位。故曰:'王公之尊贤者也。'"○加,与居同。

【述要】

弟子万章问："士不以不仕而食其禄的方式寄居于诸侯,这是为何?"

孟子道："不敢。古代诸侯若失国而出奔他国,而后寄居于他国诸侯,因其有爵位,他国诸侯不得以之为臣,当须馈其生活之用,这是礼;而士无爵,若不仕而寄居于诸侯以食禄,这是非礼!"

万章又问："如国君有馈赠米粟,则可以受之吗?"

孟子道："可以受之。"

又问："受之有何理据呢?"

孟子道："国君对于外来百姓,固然要周济之,这是待民之礼。"

又问："周济之则可以受,赐之以禄则不可以受,这是为何?"

孟子道："不敢。"

又问："敢问此不敢有何意谓?"

孟子道："虽然是抱关守门、击柝巡夜这样的卑职者,皆因有常职而可食禄于君上。无常职而接受君上的禄赐,被认为是不恭的。"

又问："君上馈赠之,则可以受之,不知此馈赠可以常常继续否?"

孟子道："鲁缪公尊子思为师,开始时,他于子思屡次存问,也屡次馈赠熟肉;但子思对此不悦,于末了,挥手将使者斥出大门之外,北面稽首再拜而不受其馈肉,并说:'从今而后知国君是以犬马畜养我孔伋。'自此缪公不敢再使小官馈肉子思。既悦子思之贤却不能举其贤以用,又不能以养贤之道待子思,可以说是悦贤吗?"

又问："敢问国君欲养君子,如何才可以说是养君子之道呢?"

孟子道："初始是以君命来馈,君子再拜稽首而受;其后廪人继续供以米粟,庖人继续供以肉食,但不是再以君命来馈。子思以为国君屡次以君命来馈熟肉,使己屡次拜谢而不胜烦扰,这不是养君子之道。看看尧帝的待舜之道,他使九个儿子事之,二个女儿嫁之,又齐备好百官、牛羊、仓廪,以事奉舜于舜所耕作的畎亩之中,后来举舜之贤而居于上位。故而说王公的尊贤之道当如此。"

10.7 万章曰:"敢问不见诸侯,何义也?"

孟子曰:"在国曰市井之臣,在野曰草莽之臣,皆谓庶人。庶人不传质为臣,不敢见于诸侯,礼也。" 质,与贽同。传,通也。质者,士执雉,庶人执鹜,相见以自通者也。不敢见,国内莫非君臣,但未仕者与执贽在位之臣不同,故不敢见也。

万章曰:"庶人,召之役,则往役;君欲见之,召之,则不往见之,何也?"

曰:"往役,义也;往见,不义也。往役者,庶人之职;不往见者,士之礼。且君之欲见之也,何为也哉?"

曰:"为其多闻也,为其贤也。"

曰:"为其多闻也,则天子不召师,而况诸侯乎?为其贤也,则吾未闻欲见贤而召之也。缪公亟见于子思,曰:'古千乘之国以友士,何如?'子思不悦,曰:'古之人有言:曰事之云乎,岂曰友之云乎?'子思之不悦也,岂不曰:'以位,则子,君也;我,臣也。何敢与君友也?以德,则子事我者也。奚可以与我友?'千乘之君求与之友,而不可得也,而况可召与?齐景公田,招虞人以旌,不至,将杀之。志士不忘在沟壑,勇士不忘丧其元。孔子奚取焉?取非其招不往也。"

曰:"敢问招虞人何以?"

曰:"以皮冠。庶人以旃,士以旂,大夫以旌。○元,首也。丧其元,为人取首级也。皮冠,田猎之冠也,事见《春秋》传;然则皮冠者,虞人之所有事也,故以是招之。庶人,未仕之臣。旃,通帛曰旃。士,谓已仕者。旂,交龙为旂。旌,析羽而注于旌干之首曰旌。以大夫之招招虞人,虞人死不敢往。以士之招招庶人,庶人岂敢往哉?况乎以不贤人之招招贤人乎?以士之招招庶人,则不敢往;以不贤人之招招贤人,则不可往矣。欲见贤人而不以其道,犹欲其入而闭之门也。夫义,路也;礼,门也。惟君子能由是路,出入是门也。诗云:'周道如底,其直如矢;君子所履,小人所视。'"诗,《诗·小雅·大东》之篇。底,与砥同,砺石也。言其平也。矢,言其直也。视,视以为法也。万章曰:"孔子,君命召,不俟驾而行。然则孔子非与?"曰:"孔子当仕有官职,而以其官召之也。"不俟驾而行,孔子方仕而任职,君以其官名召之,故不俟驾而行。

【述要】

弟子万章问:"敢问君子不见诸侯,这有何含义吗?"

孟子道:"君子未仕时,在国称市井之臣,在野称草莽之臣,此称谓皆为庶人。庶人既没有执贽通传于君请为臣属的想法,便不敢无事而见于诸侯,这是礼啊!"

万章又问:"国中庶人,君命召之而从役,则庶人须应召而前往服役;君想见庶人,命召之,则庶人而可以不应召而往见,这是为何?"

孟子道:"前往服役,这是为国家应尽之义;前往见君,不是应尽之义。而且一国之君想见一庶人,这是为何呢?"

万章回答说:"因为此庶人博学多闻,因为其贤。"

孟子道:"因为其多闻,当敬之为师,但天子尚且有不召之师,何况诸侯呢?因为其贤,当敬其为贤,我未闻想见贤者而命召之的。当年鲁缪公屡次造访子思,便以为自己是与子思交友,于是他对子思说:'古代千乘之君与士交友,情形如何?'子思为此不悦,回答说:'古人有言:'以师事之,岂有说以友交之?'子思之不悦,难道不是说:'以地位来说,则你是君;我是臣。我何敢与君交友呢?但以德行来说,则子当事我为师。怎么可以与我交友呢?即使千乘之君求我与之为友,而不可得,何况可以以君命召之呢?当年齐景公田猎,以旌招唤虞人,虞人不听招而未至,景公将杀之。'志士不忘沟壑正是其蹈仁之所,故不惧葬身于沟壑;勇士不忘丧元是其取义之时,故不惧丧其元而赴死。'这句说是孔子对虞人的赞叹,他是取虞人什么品节赞叹呢?是取他虽面对君命,若非规定之礼也不会前往。"

万章便问:"敢问当以何物招虞人?"

孟子道:"当以皮冠。而招庶人当以旃,士当以旂,大夫当以旌。以招大夫的规定招唤虞人,虞人虽死也不敢往。若以招唤士的方式招庶人,庶人岂敢前往呢?何况是以不是招唤贤人的方式招贤人呢!欲见贤人而不以其道,犹如想要贤人入室却已闭门。义是大路,礼是门户,惟君子能由此义路,出入此礼门。《诗·大雅·大东》之篇说:'周室所行之道是大道,其平如磨石,其直如箭矢;大道为君子所践履,为小人所重视。'"

万章又问:"孔子,若君有命召,他不等车驾而急于自行。那么按先生的说法,孔子是不对了?"

孟子道:"彼时孔子当出仕之时,其有官职,而国君是以其官职命召之。"

【议论】

圣贤有言,其言则教;其教教于君子,亦教于君也。君子自当知有礼于君门,而君亦当知养贤之道,尽礼于君子也。何以亚圣反复言之于此?盖君臣为五伦之首,为一国政教之重要;君臣有礼而共道,方可上下通意无碍,施政于既久,施教于既远,仁政德教之久远,方可谓王道之至也。故君子与君,君与君子,其始能无慎乎?其交能无礼乎?其行远能无义乎?

10.8 孟子谓万章曰:"一乡之善士,斯友一乡之善士;一国之善士,斯友一国之善士;天下之善士,斯友天下之善士。○斯,则也。然后能尽友一乡之善士。**以友天下之善士为未足,又尚论古之人。颂其诗,读其书,不知其人,可乎?是以论其世。是尚友也。"**尚论之尚,上也;○尚友之尚,崇也。言进而上也。颂,诵也。论其世,论其当世行事之迹也。

【述要】

孟子谓弟子万章道:"自己是一乡之善士,便与一乡之善士交友;是一国之善士,便与一国之善士交友;是天下之善士,便与天下之善士交友。与天下之善士交友犹为未足，又进一步而上追古人以论交。但若要诵古人之诗，读古人之书，不知其人行迹，其人品节，可以吗？所以要寻论当时之世态，古人于当时的言谈与行迹，这才是确当的尊贤尚友之道。"

【议论】

莫不因其世而有其人，莫不因其人而成其世，人与世不可分论之。故论古人不唯诵其诗，读其书，当知彼时世情如何，知其人何以言其言，何以行其行，并以其人之言行考之于世情，考之于先王之道，以审其言行之是非，然后知其人可友之处；可友则友之，不可友则不友，绝无混含。此尚友之道，亦学问之道也。

友者，同道之人，无分地域，无分古今也。

10.9 齐宣王问卿。

孟子曰："王何卿之问也？"

王曰："卿不同乎？"

曰："不同。有贵戚之卿，有异姓之卿。"王曰："请问贵戚之卿。"

曰："君有大过则谏，反复之而不听，则易位。"大过，谓足以亡其国者。易位，易君之位，更立亲戚之贤者。盖与君有亲亲之恩，无可去之义；以宗庙为重，不忍坐视其亡，故不得已而至于此也。**王勃然变乎色。**勃然，变色貌。曰："王勿异也。王问臣，臣不敢不以正对。"王色定，然后请问异姓之卿。曰："君有过则谏，反复之而不听，则去。"○正：诚。

【述要】

齐宣王询问什么是卿的责守。

孟子道："王所问之卿是哪一类？"

宣王不解地说:"卿还有不同吗?"

孟子道:"不同。有同姓内外亲族之贤者任卿职的,称贵戚之卿;有异姓的贤者任卿职的,称异姓之卿。"

宣王说:"请问贵戚之卿的责守。"

孟子道:"贵戚之卿与君为血亲,共宗庙。君有过则谏,如有大过,其过足以亡国、亡宗庙的,则必苦谏其改过,反复之而不听,则易君位,另选贤者继任。"

宣王听罢,勃然变色。

孟子见状道:"王请勿诧异。王问臣,臣不敢不以诚实以对。"

宣王脸色稍定,然后请问异姓之卿。

孟子道:"君但凡有过则谏,反复之而不听,则离君而去。"

【议论】

一国之卿,或命于天子,或命于国君,是君之股肱耳目也,君命之诏,国政之令,无卿不行。且卿与君最近,君之善恶是非,清楚莫过于卿,故谏以及时,卿之责也。卿职由来已久,宣王岂不知劝谏是其天职,而仍于孟子有意为此疑问,知其必不欲听人劝善,但能自行其是耳。而孟子虽知其不欲,犹诚正以对,于宣王盖亦尽其仁义矣!

卷十一 告子章句上

卷十一　告子章句上 _{凡二十章。}

11.1 告子曰："性，犹杞柳也；义，犹桮棬也。以人性为仁义，犹以杞柳为桮棬。"性者，人生所禀之天理也。○义，仁义也。杞柳，柜柳。桮棬，屈木所为，若卮匜之属。○以仁性为仁义，告子言人性本无仁义，必待矫揉而后成，如荀子性恶之说也。告子之言大错，人性本仁义，而非将人性铸成仁义。

孟子曰："子能顺杞柳之性而以为桮棬乎？将戕贼杞柳而后以为桮棬也？如将戕贼杞柳而以为桮棬，则亦将戕贼人以为仁义与？○戕贼，伤害，残害。○戕贼人以为仁，即告子所言人性本无仁义，需伤害人性而为仁义。**率天下之人而祸仁义者，必子之言夫！"**

【述要】

弟子告子说："以杞柳之木可以通过矫揉曲直的方式制成桮棬这样的木制饮器；此即是说，桮棬虽由杞柳所制，但杞柳并非桮棬，即杞柳之性中并不含有桮棬，需经一番矫揉制作才能成桮棬。同理，仁义虽由人性转变而来，但人性并非仁义，也不含有仁义，需经一番修养作为才能成仁义。因此可以说，人性犹如杞柳，仁义犹如桮棬；将人性变为仁义，犹如将杞柳制成桮棬。也因此不能认同先生所谓的人性本善，以为仁义是人性所本有的观念，仁义只是后天人为而成。"

孟子批驳道："你能顺杞柳之性而制为桮棬吗？如果不行，那你一定是将损害杞柳之性而后制为桮棬了。如果以为只有损害杞柳之性而可以制为桮棬,那么也必以为只有戕贼人性而可以为仁义吗?显然都不是,如果杞柳之性中没有制成桮棬的可能性,或损害了此可能性,则不能制桮棬。同理,人性中若没有成仁义的可能性,即仁义之性,或损害了此仁义之性,则不能成仁义。所以桮棬之制,仁义之成,皆为顺其性,顺其本来啊!如果你坚持以为人性中本无仁义之性,也不必顺此人性、顺此仁义之性而可以为仁义,则天下之人若依顺你之所说,必以为仁义不过是外在强加于我,而非我之本有,仁义之求也非我本有之善,我又何必大费周章以求仁义呢?与其求仁义不如求利为好;且仁义既非我本有,可以求得吗?再者,天下之人若依顺你之所说,以为仁义之为并非顺其人性,而是戕贼人性而逆之,那天下之人谁还敢为仁义呢?谁还愿意为仁义呢?因此率天下之人而祸害仁义的,必定是你的这番言辞了。"

【议论】

人性若无仁义之性,何以有仁义之欲求?何以知仁义之有得?于仁义纵有所得,则此所得于人心将安于何处?人性若无仁义之性,何以有人伦之天成?何以有天下之缔结?盖不能敷礼乐,施善法,求生民之安乐也。圣人昌言仁义,自不能空妄以言,其言必有所据,所据者,人性也;圣人广行仁义,亦不能虚诞以行,其行必有所实,所实者,亦人性也。众生一依此人性之善,而有仁义之共成也。

11.2 告子曰:"性犹湍水也,决诸东方则东流,决诸西方则西流。人性之无分于善不善也,犹水之无分于东西也。" 湍,波流潆回之貌也。人性之无分于善不善,近于扬子善恶混之说。

孟子曰:"水信无分于东西,无分于上下乎? 人性之善

也,犹水之就下也。人无有不善,水无有不下。○信,诚然也。○人无有不善,人性即天理,未有不善者也。**今夫水,搏而跃之,可使过颡;激而行之,可使在山。是岂水之性哉?其势则然也。人之可使为不善,其性亦犹是也。**"搏,击也。跃,跳也。颡,额也。○则然,所致如此。水之过颡在山,皆不就下也;然水之本性未尝不就下,但为搏激所使而逆其性耳。○人之可使为不善,人性本善,故顺之而无不善;人性本无恶,故反之而后为恶,斥人性而为恶,犹逆水性而使之过颡在山也。○犹是,犹水性。

【述要】

弟子告子说:"人性犹如湍回之水,决口于东方则东流,决口于西方则西流;所以人为善则性善,为不善则性不善;故知人性无分于善与不善,犹如水无分于东西。"

孟子批驳道:"水信然无分于东西,岂有无分于上下呢?人性之善,犹如水之就下,皆其自然啊!人性无有不善,其天性本善,水无有不下,其天性就下。今水,搏击之而使之跳跃起浪,可使在下之水高而过颡;激搏之而使之飞溅,可使在下之水高高在山。使在下之水急涌而高跃,这岂是水自然就下的属性呢?这是搏击之力逆水就下之性而使水成腾跃之势所致。人可使为不善,不是其自然本善之性所为,是恶念逆本善之性而为恶所致,故此人性之逆犹如水性之逆啊!"

【议论】

人性者,天之所命赋也;既天所命,则必合于天之性。天生万物,岂有不仁,天行常道,岂有不义,故天之性,是曰至善。至善之合于人,故人之性,亦曰至善,是以人之为善,性善之自然也,犹水自然以就下也。

11.3 告子曰:"生之谓性。" ○生,指人物之特征样貌及知觉运

动者而言。

孟子曰:"生之谓性也,犹白之谓白与?"

曰:"然。"

"白羽之白也,犹白雪之白;白雪之白,犹白玉之白与?"

曰:"然。"

"然则犬之性,犹牛之性;牛之性,犹人之性与?"

【述要】

弟子告子说:"万物之生,各有其样貌、动态;这是万物之生表达了万物之性的不同,因此生便可称为性。"

孟子道:"如生便可称为性,犹如生的白便称其性为白吗?"

告子回答说:"是的。"

孟子于是驳正道:"白羽之白,犹如白雪之白;白雪之白,犹如白玉之白吗?"

告子回答说:"是的。"

孟子道:"那白羽之性,犹如白雪之性;白雪之性,犹如白玉之性了。既然可以这么推理,那可以说,犬可运动,牛可运动,人可运动,三者皆有一个性动使然,则犬之性,犹如牛之性;牛之性,犹如人之性吗?显然不是,白羽、白雪、白玉皆白,非三者同有一个性白使然,而是三者之性皆有不同,三者之白不过是三者之性所产生的特性之一,此特性只是其性生成之象,或称'生然',不能直接称为性;性是为何如此而生,或称'之所以如此而生然'。同理,犬、牛、人三者皆能运动,是三者特性之一,不是三者之性;三者之性各自不同,所以有三者之不同。"

【议论】

性者,是万物之所以如此而生然;而特性,是万物之生然;特性是其性所生成之象,性是特性生成之因。人有仁义礼智之性,所以别于万物也。

论"白马非马""坚白石"之名家,盖不理会事物之性,徒辨析于事物之象,玩弄于物象之名,以至论人时不明人性,已危害于圣人之教,孟子不能不驳也。

11.4 告子曰:"食色,性也。仁,内也,非外也;义,外也,非内也。"食色性也,告子以人之知觉运动者为性,故言人之甘食悦色者即其性。○仁,内也,爱心也,故生于内也,故仁爱之心生于内。○义,外也,在告子以为,义既为事物之宜,而事物在外,故义在外。而在孟子,义本于人心之义端,可以生发心中之仁而自成义理,又能随心仁以应外在事物之宜,而发明王道之大义也。

孟子曰:"何以谓仁内义外也?"

曰:"彼长而我长之,非有长于我也;犹彼白而我白之,从其白于外也,故谓之外也。"我长之,我以彼为长也;我白之,我以彼为白也。

曰:"异于白马之白也,无以异于白人之白也;不识长马之长也,无以异于长人之长与?且谓长者义乎?长之者义乎?"

曰:"吾弟则爱之,秦人之弟则不爱也,是以我为悦者也,故谓之内。长楚人之长,亦长吾之长,是以长为悦者也,故谓之外也。"告子言爱主于我,故仁在内;敬主于长,故义在外。

曰:"耆秦人之炙,无以异于耆吾炙。夫物则亦有然者也,然则耆炙亦有外与?"耆,与嗜同。○物,外在之物。○然,适宜也。

【述要】

弟子告子说:"人天生喜美食、悦美色,这是人性。所以仁,是内在的,非自外来;而义,是外在的,非自内生。因此先生所说的四端中的仁义皆出自内是不对的。"

孟子道:"为何说仁内而义外呢?"

告子回答说:"仁爱之心,发乎内,非自外,这不必有疑;而何以能让我生此仁爱之心,这是因为有外在之物适宜我心,则我心生仁爱,此外在事物之宜即是义,因此义是外在的,非自内。如我前面所说,人天生喜美食、悦美色,此喜悦出自内,而所以有此喜悦,是因为有美食、美色适宜于外。又比如,他人比我年长,而我便以为他年长;之所以能以为他年长,并非早有一个年长的观念于我内心存在,使我以为他年长,而是外在的他比我年长使然;这犹如他人白而我以为他白,这个想法当然是依从于他白于外,所以说'义'是外在的。"

孟子反问道:"按照你的说法,只有外在之白、外在之年长才能让我知晓什么是白,什么是年长。也就是说,即便我能分辨白马之白,也不能分辨白人之白,因为在你看来两者的外在之白不同,所以两者在我心中没有相同之处;如果接此推理,难道不知年长之马的年长,便不能区别出年长之人的年长吗?那你且说说,是因为他是年长者称为义呢,还是说我以为他是年长者称为义呢?依前者之说,义是外在;依后者之说,义是内在。"

告子坚持说:"是我之弟则我爱之,是秦人之弟,我则不爱,这是以我之爱为悦乐,此爱在内,所以说仁爱是内在。尊敬楚人之长辈,也尊敬我之长辈,这是以尊敬他人年长为悦乐,此敬在外,所以敬义为外在。"

孟子譬喻道:"仁爱与敬义皆出自内心,你如何说敬义是外在的呢?如同我嗜好秦人之炙,与嗜好自己之炙并无区别;外在之物的确也有其适宜性,比如这炙的美味,便能引起人的嗜好,那么人于炙的嗜好因此也会有外在的吗?显然不是,嗜炙只是内心之欲求,并不因所嗜之炙为外在之物而变为外在。"

【议论】

我能知其宜而好之,非由外在,皆因我生而能知,外在之物是诱因而已;若我生而不能,纵有诱因,亦不能知之也。是以仁自内,义亦自内也。

11.5 孟季子问公都子曰:"何以谓义内也?" 孟季子,疑孟仲子之弟也。○义,在孟子,为四端之一,是仁心之充实也。在孟季子,与告子之问同,犹事物之宜也。

曰:"行吾敬,故谓之内也。" ○行,运用。所敬之人虽在外,然知其当敬而行吾心之敬以敬之,则不在外也。

"乡人长于伯兄一岁,则谁敬?"

曰:"敬兄。"

"酌则谁先?"

曰:"先酌乡人。"

"所敬在此,所长在彼,果在外,非由内也。" 伯,长也。酌,酌酒也。

公都子不能答,以告孟子。

孟子曰:"敬叔父乎?敬弟乎?彼将曰'敬叔父'。曰:'弟为尸,则谁敬?'彼将曰'敬弟'。子曰:'恶在其敬叔父也?'彼将曰'在位故也'。子亦曰:'在位故也。庸敬在兄,斯须之敬在乡人。'" 尸,祭祀所主以象神,虽子弟为之,然敬之当如祖考也。在位,弟在尸位,乡人在宾客之位也。庸,常也。斯须,暂时也。

季子闻之曰:"敬叔父则敬,敬弟则敬,果在外,非由内也。"

公都子曰:"冬日则饮汤,夏日则饮水,然则饮食亦在外也?"

【述要】

孟季子问孟子弟子公都子说:"为何说义由内而取?"

公都子说:"凡敬人,是用我心以敬之,所以说我的恭敬是由内而取。"

孟季子便问："如有一乡人比你长兄长一岁,那你敬重谁?"

公都子说："虽然乡人年长,还是敬重亲长兄。"

孟季子又问："若在宴饮间,那先给谁斟酒?"

公都子说："宴饮间以长者为尊,所以先给乡人斟酒。"

于是孟季子便说："此时所敬重的在长兄,彼时所敬重的在年长的乡人,你的恭敬是随外在对象不同而变化,可见恭敬果然在外,非由内心而出。"

公都子不能答,以此问题告孟子。

孟子道："你可以问:'是尊敬叔父呢?还是尊敬小弟呢?'他必将回答:'尊敬叔父。'你可以问:'如小弟为受祭之尸,那应当尊敬谁?'他必将回答:'尊敬小弟。'你可以问:'那此时你的敬叔父之义在哪里?'他必将回答:'小弟在受祭之位,所以如此。'你也可以回答说:'我当时敬重乡人,是因为乡人于宴饮间在长者之位,所以如此。我的平常之敬在长兄,暂时之敬在乡人。'我之所以能因时制宜,说明义由内心而出。"

孟季子听闻后说："该敬叔父时则敬叔父,该敬小弟时则敬小弟,叔父、小弟皆为外在之人,故此敬义果然在外,非由内心而出。"

公都子反问说："正常我们冬日则饮热汤,夏日则饮凉水,那你还能说饮食之义也在外吗?如果你说饮食之义在外,那冬日外冷,夏日外热,我们应当随外在冷热选择饮食,冬日则饮凉水,夏日则饮热汤。那么请问,是'冬日饮汤,夏日饮水'是饮食之义呢,还是'冬日饮水,夏日饮汤'是饮食之义呢?显然你无法回答,唯饮食之义自内而取方能定夺啊。"

【议论】

谬见所以为谬见,盖其非天理之自然,徒凭臆断瞽说,落偏颇而不自知,一加推理驳难,则见其窘迫塞困矣。而公都子之辩,已明义由内,不在外也。若义在外,则必有所见方能言义,而往圣既逝,则圣人之义不可知,不可学;而诸贤若远,则贤者之义不可知,不可学;盖天下亦不必有圣贤之说、典籍之传也。又若心中有仁而无义,则仁心不足以生发,但单薄枯索而了无生机矣;心唯禀仁含义,仁义自备,则浩然正气盈积之有所,而沛然王道之流布方为可期也。

11.6 公都子曰:"告子曰:'**性无善无不善也**。'或曰:'**性可以为善,可以为不善;是故文、武兴,则民好善;幽厉兴,则民好暴**。'或曰:'**有性善,有性不善;是故以尧为君而有象,以瞽瞍为父而有舜;以纣为兄之子且以为君,而有微子启、王子比干**。'〇象,舜同父异母之弟,日以杀舜为事,时为尧民。〇瞽瞍,舜父。**今曰'性善',然则彼皆非与?**"

孟子曰:"**乃若其情,则可以为善矣,乃所谓善也**。〇乃,因上启下语。〇若,顺也。〇情者,性之动也。乃若其情,顺人之情,可以为善则性之本善可知矣。**若夫为不善,非才之罪也**。〇才,犹材质,人本有之能。此谓仁义礼智本自具足,且能为也。非才之罪,人有是性,则有是才,性既善则才亦善;人之为不善,乃物欲陷溺而然,非其才之罪也。**恻隐之心,人皆有之;羞恶之心,人皆有之;恭敬之心,人皆有之;是非之心,人皆有之。恻隐之心,仁也;羞恶之心,义也;恭敬之心,礼也;是非之心,智也。仁义礼智,非由外铄我也,我固有之也,弗思耳矣。故曰:'求则得之,舍则失之。'或相倍蓰而无算者,不能尽其才者也**。恭者,敬之发于外者也;敬者,恭之主于中者也。铄,以火销金之名,自外以至内也。〇弗思,为善而无需思之,为不善则未尝思之。算,数也。**诗曰:'天生蒸民,有物有则。民之秉夷,好是懿德。'孔子曰:'为此诗者,其知道乎!故有物必有则,民之秉夷也,故好是懿德。'**"诗,《诗·大雅·烝民》之篇。蒸,诗作烝,众也。〇物,或万物,或人事。〇则,法也,在物为物法,在事为理则。夷,《诗》作彝,常也,谓先天之性。懿,美也。有物必有则,如有耳目,则有聪明之德;有父子,则有慈孝之心,是民所秉执之常性也,故人之情无不好此懿德者。

【述要】

弟子公都子问:"告子说:'性无善无不善。'而有人说:'人性可以为善,可以为不善。所以文王武王兴仁义,则民好善;幽王厉王兴残忍,则民好暴。'又有人说:'有人性善者,有人性不善者。所以,虽以尧为圣君却有象为其不善之民;以瞽瞍为恶父却有舜为其大孝之子;以纣为侄儿之身份而为暴君,却有微子启、王子比干为其忠良之臣。'今先生言'性善',那么以上三种说皆不对吗?"

孟子匡正道:"顺人之性情,则可以为善,而逆人之性情,则可以为不善,可见人之性情本自为善;这是我所谓的性善。至于人要为不善,不是人的本有之能有过失,恰恰是违背了人的本有之能所致。人的本有之能为善,其善是自有的、具足的,我曾说过什么是人的本有之能。恻隐之心,人皆有之;羞恶之心,人皆有之;恭敬之心,人皆有之;是非之心,人皆有之。恻隐之心,是仁;羞恶之心,是义;恭敬之心,是礼;是非之心,是智。所以仁义礼智,非由外渗入于我,是我本来有之。若要为善,则无需思之,但顺此本有之仁义礼智即可;若要为不善,则未曾思仁义礼智原是我本有之能,我为何要逆之。所以说:'欲求仁义礼智,但顺其本有之能则得之;欲舍仁义礼智的,但逆此本有之能则失之。'比较人之品行,或相差数倍甚而至于相差不能计算之,是人不能尽其本有之能啊!《诗·大雅·烝民》之篇说:'天生烝民,有物有则。民之秉夷,好是懿德。'孔子赞叹道:'为此诗者,其已知天道、人道啊!天既生此天下生民,自有万物齐备于生民,也必有相应之物则齐备于生民,自有人伦齐备于生民,也必有相应之理则齐备于生民;诸要则已成生民秉执之常性,故人之情能从此常性而好美德之人。'"

【议论】

人性乃先天之质,其禀自天,而天无有不善,故人性无有不善也;且天自有大道恒运,故此人性中亦有天道之流行,理法之充盈,而能应宇宙之万象、世态之无穷也。又且天之生人,不唯赋人心以天地之广厚,大道之妙密,亦赋人心以觉察、觉知之性,而能自知其心之广厚、妙密也,又以此广厚、妙密,于万物无所不入,于万事无所不知也。就人事而言,人心感物起情以欲求,此自然之情、欲求之念但根植其性而无有不善也。而其所以有不善,是不能节其欲求,其牵心动情,甚而脱其自然之状,中和之位,遂而浊其心性,失其知察之明;心既失明,而不节之欲求之难止则变异为恶欲,但自损其德而为不善于己,又溢其恶欲于外而为不善于人,于己于人皆损于人性之善也。故孟子道性善,一者言为善不难,但自顺其性情而已;二者言人性既善且明,故能自省其不善而改之,此君子修身明德之所在;三者言人性既善,又何能忍心为不善而损人性之善也!

11.7 孟子曰:"富岁,子弟多赖;凶岁,子弟多暴,非天之降才尔殊也,其所以陷溺其心者然也。富岁,丰年也。〇赖,同懒。多赖,丰年衣食饶足,故有所依赖而懒惰。多善,凶年衣食不足,故有以陷溺其心而为暴。〇而,语助。〇殊,不同。〇所以,因凶年不足所以如此。**今夫麰麦,播种而耰之,其地同,树之时又同,浡然而生,至于日至之时,皆熟矣。虽有不同,则地有肥硗,雨露之养,人事之不齐也**。麰,大麦也。耰,覆种也。日至之时,谓当成熟之期也。硗,瘠薄也。**故凡同类者,举相似也。**

何独至于人而疑之?圣人与我同类者。〇举,全也。圣人与我同类,圣人亦人耳,其性之善,无不同也。

故龙子曰:'不知足而为屦,我知其不为蒉也。'屦之相似,天下之足同也。蒉,草器也。不知人足之大小而为之屦,虽未必适中,然必似足形,不至成蕢也。**口之于味,有同耆也。易牙先得我口之所耆者也。如使口之于味也,其性与人殊,若犬马之与我不同类也,则天下何耆皆从易牙之于味也?至于味,天下期于易牙,是天下之口相似也。**耆,与嗜同,下同。易牙,古之知味者。言易牙所调之味,则天下皆以为美也。○其性,口味之特性。○从,同也。**惟耳亦然。至于声,天下期于师旷,是天下之耳相似也。**师旷,能审音者也。言师旷所和之音,则天下皆以为美也。**惟目亦然。至于子都,天下莫不知其姣也。不知子都之姣者,无目者也。**○惟,语词。子都,古之美人也。姣,好也。**故曰:口之于味也,有同耆焉;耳之于声也,有同听焉;目之于色也,有同美焉。至于心,独无所同然乎?心之所同然者何也?谓理也,义也。圣人先得我心之所同然耳。故理义之悦我心,犹刍豢之悦我口。"**然,犹可也。草食曰刍,牛羊是也;谷食曰豢,犬豕是也。

【述要】

孟子开陈道:"富岁丰年而衣食足,子弟多有依赖而懒惰;而逢凶岁荒年,衣食不足,则子弟多有横暴而为不善,这并非天降人才有何特殊,而是子弟因富岁多余、因凶年不足所以陷溺其心,以致如此。今以大麦为例,将大麦播种而耕耰之,所选土地相同,种植之时又同,浡然而生,至于夏至之时,皆已成熟。成熟之麦虽有饱满程度之不同,不是麦种不同,而是土地有肥瘦,又有雨露滋养、人事不齐等诸原因。所以天下凡同类者,虽各自不同,但全都各从其类而相似,即同类皆有其相同之属性,此属性在物为物性,在人为人性。

为何独独至于人类自己却对此有所怀疑呢?圣人如此伟大而与众不同,他与我是同类者、有相同的人性吗?圣人与我当然是同类,有相同的人性啊!

所以龙子说:'不知人足大小而为草鞋,我知草鞋必似足形,而不会是草筐。'草鞋皆相似,因天下之足同形。人口之于滋味,有相同之嗜好。所以易牙能调出好味,是他根据自己的口味提前得知我口所嗜好的味道。如使口味这个特性因人而异,且差异如犬马与我不同类,则天下之人如何能将其嗜好皆同于易牙的口味呢?因此,至于口味,天下皆期待于易牙的调味,是因天下之口味相似。耳闻也是如此,至于声音之闻,天下皆期待于师旷的演奏,是因天下之耳相似。目视也是如此,至于子都之貌,天下之人莫不知其姣好;不知子都容貌姣好的,是无眼目之人。因此说:'口之于滋味,有相同之嗜好;耳之于声音,有相同之听觉;目之于容色,有相同之美感。而至于人心,独独无所相同吗?如有相同,那人心所相同者为何?是道理,是仁义啊!圣人先知先觉,以其仁智发明道理,阐明仁义,是先于我等众生得人心之相同。而圣人之理义出于人心,合于人性,因此理义之善悦于我心,犹如刍豢之味悦于我口啊!"

【议论】

理义有至味,不输易牙之调;理义有至美,不输子都之色;理义有至善,不输师旷之音;此人心相同之处,可任人终生以优游涵泳焉。

11.8 孟子曰:"牛山之木尝美矣,以其郊于大国也,斧斤伐之,可以为美乎?是其日夜之所息,雨露之所润,非无萌蘖之生焉,牛羊又从而牧之,是以若彼濯濯也。人见其濯濯也,以为未尝有材焉,此岂山之性也哉? 牛山,齐之东南山也。邑外谓之郊,言牛山之木,前此固尝美矣,今为大国之郊,伐之者众,故失其美耳。〇以,因也。息,生长也。日夜之所息,谓气化流行未尝间断,故日夜之间,凡物皆有所生长也,萌,芽也。蘖,芽之旁出者也。濯濯,光洁之貌。材,材木也。若彼濯濯,彼,此时之牛山。言山木虽伐,犹有萌蘖,而牛羊又从而害之,是以至于光洁而无草木也。**虽存乎人者,岂无仁义之心哉?其**

所以放其良心者,亦犹斧斤之于木也,旦旦而伐之,可以为美乎?其日夜之所息,平旦之气,其好恶与人相近也者几希,则其旦昼之所为,有梏亡之矣。梏之反复,则其夜气不足以存;夜气不足以存,则其违禽兽不远矣。人见其禽兽也,而以为未尝有才焉者,是岂人之情也哉? 良心者,本然之善心,即所谓仁义之心也。平旦之气,谓晨醒未与物接之时,心体间自有纯然无杂之,清明之气也。好恶与人相近,言得人心之所同然也。几希,不多也。○梏亡,因受梏桎而丧失。梏,械也;○有,又也。反覆,展转也。○夜气,夜静而卧,血气不作,驰心渐收而心体归于大静,心念复其清明也。

故苟得其养,无物不长;苟失其养,无物不消。 ○养,自养也。但自顺其性情,皆得有养也。山木人心,其理一也。**孔子曰:'操则存,舍则亡;出入无时,莫知其乡。'惟心之谓与?"** ○操,持也。

【述要】

孟子陈议道:"牛山之木郁郁苍苍,曾不失其茂美,因处在大国都邑之郊,所以有众人持斧斤而伐之,那牛山还可以为美吗?当然,牛山于其植被仍日夜有所息养,雨露亦有所滋润,并非没有萌芽的再生,然牛羊又从而放牧于此而啃食其萌芽,是以牛山便如此时的濯濯光秃之状了。人见其濯濯之状,以为牛山未尝有茂美之材木生长,这岂是大山之性啊!同其理,虽先天存在于人的,岂无仁义之心啊?他之所以放失其良心,也正如斧斤加于牛山之木,每日而伐之,这还可以为林木之美吗?于其而言,还可以有良心而为仁义之美吗?虽然如此,他的良心于日夜之间也必有所休养生息,清晨醒来时仍有清明之气,此清明之气尚能容留其良心,但他与众人相近的这点好善恶恶的良心已所存不多了,而他白天所为不善,又丧失此所存不多的良心。如此反覆丧失,那他于夜间所养的清明之气也愈发不足,更不足以存其良心了;夜气不足以存其良心,那他离禽兽便不远了。别人见他是禽兽,而以为其心未尝有仁义礼智的才能,他天生便欲为不善,这岂是人自然之性情呢?

因此,如能得顺物之性以息养,无物不长;如失其性而言息养,无物不消啊!孔子感叹道:'操则存,舍则亡;出入无时,莫知所向矣!'这是在说人心吗?操其清明则心神存,舍其清明则心神亡;出心入心无有定时,不能知心之所向啊!"

【议论】

人得其性,顺其情,则能操其清明,存其良心,心体无不受其养,君子修为在此。而治者得顺民之性情,则天下无不受其养,而教化存焉,王道亦行焉。

良心者,存乎清明之气,气有清明,好恶则清清朗朗,此良心也。而清明复存乎性情,顺其性情则清明存,逆其性情则清明失矣。

养者,自养也。但自顺其性情,皆得有养也。自性本善,顺性之情亦善,故养人者,是性情之善以养人也,又谓善能养人也。

11.9 孟子曰:"**无或乎王之不智也。虽有天下易生之物也,一日暴之,十日寒之,未有能生者也。吾见亦罕矣,吾退而寒之者至矣,吾如有萌焉何哉?** ○或,同"惑",疑惑。○暴,同"曝",晒也。○有萌焉,君王听贤者之言而心萌善念。**今夫弈之为数,小数也;不专心致志,则不得也。弈秋,通国之善弈者也。使弈秋诲二人弈,其一人专心致志,惟弈秋之为听。一人虽听之,一心以为有鸿鹄将至,思援弓缴而射之,虽与之俱学,弗若之矣。为是其智弗若与?曰:非然也。"** ○今夫,发语词。弈,围棋也。数,技也。致,极也。弈秋,善弈者名秋也。○鸿鹄,雁属。缴,以绳系矢而射也。

【述要】

孟子开讲道："对于君王之不智,当无需疑惑。虽有天下最易生长之物,如将此物一日置于阳光之下,十日置于寒风之中,未有能生长的。君王也是如此,我拜见之而劝以王道之光明,此机会本来也很少,我一退下而周遭小人便如寒风般吹至,以邪见紧紧裹挟其君王,那我能将还只是萌生善念的君王如何呢?故此君王之不智可知其原委了。然君王真的不智吗?譬如弈棋为技巧,虽是小技,如不专心致志,则不能得。弈秋,是通国上下最善弈棋之人。如使弈秋同时教诲二人弈棋,其中一人专心致志,只听弈秋的讲授。另一人虽听之,却一心以为天上有鸿鹄将至,思援弓而射之,此人虽与同学俱学于弈秋,而不如同学啊!是因为其智不如吗?我说不是的。"

【议论】

君王与贤者虽见于一时,然贤者之言光明正大,君王因此有善之萌生,当就此萌生之善,一专其心以求善,一致其志于进德,虽有小人在侧,亦不碍其心志一往,而终将有所作为也。孟子此番言辞,一者所憾不能日夜进善于君王;二者所憾君王之不智,非不智也,不能见贤思齐而专心致志于善也。

人虽性善,若一曝十寒,亦将迷失。如何不失?专心致志于善也。

11.10 孟子曰:"**鱼,我所欲也;熊掌,亦我所欲也,二者不可得兼,舍鱼而取熊掌者也。生,亦我所欲也;义,亦我所欲也,二者不可得兼,舍生而取义者也**。○欲,好而愿得。○义,仁之动也。鱼与熊掌皆美味,而熊掌尤美也。**生亦我所欲,所欲有甚于生者,故不为苟得也;死亦我所恶,所恶有甚于死者,故患有所不辟也**。○甚于,超也。○苟得,舍义而苟且得其所欲。得,得生也。○恶,厌而务去。○辟,同"避"。欲生恶死者,虽众人利害之常情;而欲恶有甚于生死者,乃秉彝义理之良心,是以欲生而不为苟得,恶死而有所不避也。

如使人之所欲莫甚于生,则凡可以得生者,何不用也？使人之所恶莫甚于死者,则凡可以辟患者,何不为也？

由是则生而有不用也,由是则可以辟患而有不为也。是故所欲有甚于生者,所恶有甚于死者,非独贤者有是心也,人皆有之,贤者能勿丧耳。

一箪食,一豆羹,得之则生,弗得则死。嘑尔而与之,行道之人弗受；蹴尔而与之,乞人不屑也。〇箪,古代盛饭之圆形竹器。〇豆,古代盛食物之木器。〇嘑尔,谓轻蔑以呵叱、吆喝。嘑,同"呼"。行道之人,路中凡人也。蹴,践踏也。乞人,丐乞之人也。不屑,不以为洁也。乞人不屑,言虽欲食之急而犹恶无礼,有宁死而不食者。〇万钟,谓俸禄之巨。钟,古代计量单位。**万钟则不辨礼义而受之。万钟于我何加焉？为宫室之美、妻妾之奉、所识穷乏者得我与？**万钟于我何加,言于我身无所增益也。〇宫室,古代房屋通称。〇所识穷乏者得我,知识贫乏者得教于我,予万钟是感我所惠,实图他人报答之意。

乡为身死而不受,今为宫室之美为之；乡为身死而不受,今为妻妾之奉为之；乡为身死而不受,今为所识穷乏者得我而为之,是亦不可以已乎？此之谓失其本心。"〇乡,同向,向来。〇不受,嘑蹴之食,即嗟来之食,非礼非义,不受也。

【述要】

孟子陈议道："鱼,是我所欲,熊掌也是我之所欲,而二者不可兼得时,我愿舍鱼而取熊掌。生,也是我之所欲,义,也是我之所欲,而二者不可兼得时,我愿舍生而取义。生也是我之所欲,而我之所欲有甚于生的,所以不为苟且偷生的不义之事；死,也是我之所恶,而我之所恶有甚于死的,所以能舍生取义,而于灾患无所逃避。

如使人之所欲没有甚于生的,则凡可以得生的不善之法,为何不用呢?如使人之所恶没有甚于死的,则凡可以避患的不义之事,为何不为呢?

由不善之法则可以得生,而有舍此不用的是贤者;由不义之事则可以避患,而有弃之不为的也是贤者。所以对贤者而言,他们之所欲有甚于生的,他们之所恶有甚于死的。但并非只有贤者有此高尚之心,人人皆有之,只是贤者能守之而不失啊!

一箪食,一豆羹,得之则生,不得则死。但食羹若以呵叱的口吻而予他人,凡行道之人必恨其无礼而宁死不受;若以践踏的方式而予他人,虽行乞之人也必恶其不义而不屑一顾。可见人人皆有羞恶之心,有礼义之辨啊;而我今日于万钟之禄则不辨礼义而受之,那万钟于我有何益处呢?是为建房屋之美吗?是为多娶妻妾以事奉于我吗?是为图他人报答于我吗?我也一向是宁愿身死而不受嗟来之食,今为宫室之美却不辨礼义而受万钟;一向是宁愿身死而不受嗟来之食,今为妻妾之奉却不辨礼义而受万钟;一向是宁愿身死而不受嗟来之食,今为图他人报答于我而受万钟;这不也是可以不为的吗?如此而为不善是失其本心啊!"

【议论】

无仁义不足以为人,成人谓成其仁义也。且仁义乃人性之端,为天之所命,故仁义之欲甚于生之欲也,君子杀身成仁,舍生取义,是成其天命也。

羞恶之心,礼义之辨,人人所固有之,何以于嘑蹴之食则能守之,而于万钟之禄则易失之?盖嘑蹴之食,施者无礼无义,受者当即受辱,故能不受。而万钟之受,实亦受辱,而受者不知也,何也?盖万钟之禄本当赐于贤者以助王道之施,若非王道之用而赐禄,君王是以民脂收买人心以为其爪牙也,此为不义;而赐时仪仪有礼,方掩其不义也,似是有义,故受者易惑之。又且受者亦无有王业之志,徒为宫室之美、妻妾之奉,欲图他人之回报,其心之义已为物欲所蔽,则何能辨明乎其中礼义也!非其礼义而受万钟,亦受辱之甚也。

孟子所言礼义,义当在先,含蕴道义之礼,方可谓礼义;否则无义之礼,虚礼也,不过私心而已。

11.11 孟子曰:"仁,人心也;义,人路也。仁者,心之德,所谓心如谷种,仁则其生之性,谓之人心,则可以见其为此身酬酢万变之主,而不可须臾失矣。义者,行事之宜,谓之人路,则可以见其为出入往来必由之道,而不可须臾舍矣。**舍其路而弗由,放其心而不知求,哀哉!人有鸡犬放,则知求之;有放心,而不知求**。○放,丢失,失去。**学问之道无他,求其放心而已矣。"**

【述要】

孟子开陈道:"仁,是人心,人而无仁,则无心可用;义,是人路,人而无义,则无路可走。自舍其路而不由义以行,自弃其心而不知寻回其仁以用,令人悲哀啊!人有鸡犬丢失,则知寻回之;而有仁心放失,却不知寻回之。学问之道无他,寻回其放失之仁心而已。"

【议论】

学问之道,明乎义理而已矣。而义理存乎内,亦莫不发乎其仁心也,失仁心,则失义理,失义理,则失于明也;故学问之道,求其放心以生义理,以复其明也。

11.12 孟子曰:"今有无名之指,屈而不信,非疾痛害事也,如有能信之者,则不远秦、楚之路,为指之不若人也。信,与伸同。无名指,手之第四指也。**指不若人,则知恶之;心不若人,则不知恶,此之谓不知类也。"**不知类,言其不知轻重之等也。

【述要】

　　孟子开陈道:"今有一人,他的无名之指屈而不能伸直,这并非疾痛而不妨害于做事,但如有人能医治之而伸其手指,那他则不惧秦楚之路远以求医,因为手指不如人呀。手指不如正常之人,则知嫌恶;而心不如君子,则不知嫌恶,这是说他不知轻重啊!"

【议论】

　　指不若人,其美观不足于外而有嫌恶,心不若人,其仁义不足于内而无嫌恶,故知外明易也,而内明难也。然仁义之美甚于其指之美,仁义之美不唯美其性情,犹能推王道而范围天下之美,此非潜志深践者不能知也。

11.13 孟子曰:"拱把之桐梓,人苟欲生之,皆知所以养之者。至于身,而不知所以养之者,岂爱身不若桐梓哉?弗思甚也。" 拱,两手所围也。把,一手所握也。○拱把,树细小也。桐梓,二木名。

【述要】

　　孟子陈议道:"攥手把粗细的桐梓,人若想使之生长,皆知如何以养成的方法。至于自己的身心,却不知用以滋养的方式,难道爱己身不如爱桐梓吗?这过于不用心思了罢。"

【议论】

　　桐梓之生,爱之养之而成良材,而我之生,碌碌乎无所用于天下,是仁义之不养,而身心之不爱也,君子于斯,情何以堪!

11.14 孟子曰:"人之于身也,兼所爱。兼所爱,则兼所养也。无尺寸之肤不爱焉,则无尺寸之肤不养也。所以考

其善不善者,岂有他哉？于己取之而已矣。体有贵贱,有小大。无以小害大,无以贱害贵。养其小者为小人,养其大者为大人。○大人,君子也。贱而小者,口腹也;贵而大者,心志也。

今有场师,舍其梧檟,养其樲棘,则为贱场师焉。场师,治场圃者。梧,桐也;檟,梓也;皆美材也。○养,植也。樲棘,小枣,非美材也。**养其一指而失其肩背,而不知也,则为狼疾人也。**狼疾人,狼善顾,疾则不能,故以为失肩背之喻。**饮食之人,则人贱之矣,为其养小以失大也。**○饮食之人,吃喝之外,一无所求。此类之人,徒知口腹之欲。**饮食之人无有失也,则口腹岂适为尺寸之肤哉？"** ○适,只,仅。

【述要】

孟子开陈道:"人对于身体,所爱兼及全身。所爱既兼及全身,则所养也兼及全身。无尺寸之肤不予爱护,则无尺寸之肤不予保养。从这点看,人人如此,并无差别。既然人人知晓要全身养护,那应当怎样来考察他的养护是善还是不善呢？所用以考察其善与不善的方法,难道还有其他吗？没有,只有看他对于自己要取什么来细心养护而已。要知道,身体除形骸之外,还有精神,其中是有贵贱之分,有小大之分的,不能以小害大,不能以贱害贵。养其小者为小人,养其大者为大人。

譬如有一位管理场圃的场师,他舍弃梧檟之类的良材,而专门种植樲棘之类的劣材,那此人一定是劣等的场师了,因为他不知贵贱之分。又譬如有人只养一指而不顾肩背,于此而不自知,那此人一定是昏聩之人,因为他不知小大之分。而饮食之外一无所求之人,则遭人轻贱,因为他只知养小以致于失大。也许有人以为饮食之人并没有失去什么,那我要问了:'你的口腹之欲仅仅是为了尺寸肌肤的养护吗？'"

【议论】

　　饮食之人之所以无所他求,是以为人之生也,徒形骸之养,故饮食之外别无他求,世间此类之人甚多,盖不知身有其心,心有其志,心志之养为人身最贵最大,养心志者方为大人也。孟子文中所言善与不善则亦可知也,徒知口体之养者为不善,但有心志之养者为善矣。

11.15 公都子问曰:"钧是人也,或为大人,或为小人,何也?"

孟子曰:"从其大体为大人,从其小体为小人。"钧,同也。从,随也。大体,心也。小体,耳目之类也。

曰:"钧是人也,或从其大体,或从其小体,何也?"

曰:"耳目之官不思,而蔽于物,物交物,则引之而已矣。心之官则思,思则得之,不思则不得也。此天之所与我者,先立乎其大者,则其小者弗能夺也。此为大人而已矣。"官,司也。

【述要】

　　弟子公都子问说:"同为人,有人为大人,有人为小人,这是为何?"

　　孟子道:"从随大体为大人,从随小体为小人。大体是心志之求,小体是耳目之欲。"

　　再问:"同为人,有人愿从其大体,有人欲从其小体,这是为何?"

　　孟子陈议道:"耳司听,目司视,是以耳目不能思,而只能遮蔽于外物,而外物之间是无限的交连,耳目则永远为之吸引而已。心之所司则以思为职,思则能接耳目之所遇,而解得其中义理,不思则耳目纵有所遇,义理也不可得。可见耳、目、心,此三者虽是天之所与我者,但以心为大,我当先立其中大者,以心为主,则耳目之小欲便不能夺我之心了,这是我之心不为外物所扰,为大人之法不过如此而已啊!"

【议论】

从耳目之欲者,不为少数,聩聩然没于物欲而不自知,是不知先立乎其大者也。

夫心虽交接耳目,耳目又交接于外,然心能屏外物,绝耳目以自思,外物岂有仁义存焉,耳目岂有仁义得焉,唯心之所思,可得仁义之富藏也,故大人者是从其大体而得仁义之富藏也。

11.16 孟子曰:"**有天爵者,有人爵者。仁义忠信,乐善不倦,此天爵也;公卿大夫,此人爵也。**天爵者,德义可尊,自然之贵也。**古之人修其天爵,而人爵从之。**修其天爵,以为吾分之所当然者耳。人爵从之,盖不待求之而自至也。〇从,至也。**今之人修其天爵,以要人爵;既得人爵,而弃其天爵,则惑之甚者也,终亦必亡而已矣。**"要,求也。修天爵以要人爵,其心固已惑矣;得人爵而弃天爵,则其惑又甚焉,终必并其所得之人爵而亡之也。

【述要】

孟子痛惜道:"有天爵,有人爵。人人有仁、义、忠、信四德,并能乐此四德之善而不倦,此上天所赋之能,属天性,亦称天爵;公卿、大夫之位,此人王所赐之爵,属人位,亦称人爵。古之人知天爵自有,但修明天性则天爵用之无穷,乐之无穷,其贤能总有贤君之知遇,故而不求人爵而人爵自然从之。今之人,皆以修天爵为名,实则以此要求人爵;既得人爵之后,而弃其天爵,这太让人感到疑惑了;弃天爵者,不仅失其人爵,终亦必自取于灭亡而已。"

卷十一 告子章句上 273

【议论】

天人之辨所以难,难在人虽天生,而人往往因私欲蔽其天,蒙其性,不知人性中本有高贵之天爵,常弃之而不惜。

然天爵终不可弃之,弃天爵者是自绝于天也,焉有不亡之理。亚圣于人爵虽未言及人君,而人天共德,则弃天舍命而必亡之悲,虽人君亦有所不免!

11.17 孟子曰:"**欲贵者,人之同心也。人人有贵于己者,弗思耳**。贵于己者,谓天爵也。**人之所贵者,非良贵也。赵孟之所贵,赵孟能贱之**。人之所贵,谓人以爵位加己而后贵也。良贵者,天爵之贵也;良,本然之善也。赵孟,晋卿。**诗云:'既醉以酒,既饱以德。'言饱乎仁义也,所以不愿人之膏粱之味也;令闻广誉施于身,所以不愿人之文绣也。**"诗,《诗·大雅·既醉》之篇。饱,充足也。愿,欲也,羡也。膏,肥肉。粱,美谷。○膏粱,富贵者所食。令,善也。闻,亦誉也。○文绣,衣之美者,有爵者所顺也。仁义充足而闻誉彰著,皆所谓良贵也。

【述要】

孟子陈议道:"心想富贵,人人同此心想呀。但人人皆有天爵之贵,是由天赐之于己,只是不曾想到而已。常人所谓的富贵,是人爵加之于我身的显贵,是人爵之贵,但这并非天生本然的富贵,不过是晋卿赵孟所能赐予的富贵,此富贵既是赵孟尊重我而赐予之,那赵孟也能轻贱我而剥夺之,所以人爵之贵如何能终生依赖之呢,而天爵之贵又有谁能轻贱我而剥夺之呢!因此《诗·大雅·既醉》之篇说:'既醉以酒,既饱以德。'是说君子能自饱于天生之仁义,所以不美慕富贵者的膏粱珍馐之味呀;君子既饱其仁义之良贵,遂而有令闻广誉施于身而有荣光,所以不美慕尊爵者的文华锦绣之衣啊!"

【议论】

君子重良贵,小人重人贵,犹君子重内而小人重外也。

11.18 孟子曰:"仁之胜不仁也,犹水胜火。今之为仁者,犹以一杯水,救一车薪之火也;不熄,则谓之水不胜火,此又与于不仁之甚者也。与,犹助也。仁之胜不仁,必然之理也。**亦终必亡而已矣。"**

【述要】

孟子陈议道:"仁自本心,天生有为,如源泉之水,汩汩不绝;而不仁是背其本心而为之,若燃薪取火,薪尽而火灭;是以仁者能胜不仁者,犹如水之胜火。今之为仁者,不知仁本天性,可用以无穷,但知仁之美名,不过有时一用,而往往不胜于不仁,于是说仁不胜不仁,犹如以一杯之水,救一车柴薪之火而不能熄灭之,于是说水不胜火;此浅尝即止之所为,不仅有损于仁之美名,又更加助长不仁。然持此谬论而不为仁者,也终必将自取于灭亡而已啊!"

【议论】

灭亡之途,多见仁义自损者,光明之域,多见仁义自益者,但愿君子深护其天爵良贵也。

11.19 孟子曰:"五谷者,种之美者也;苟为不熟,不如荑稗。夫仁亦在乎熟之而已矣。" ○五谷,谓稻、黍、稷、麦、菽也。荑稗,草之似谷者,其实亦可食,然不能如五谷之美也。○仁,人性之美善也。

【述要】

孟子开陈道:"五谷熟而能养育民人,所以种五谷是尽种植之美善啊! 五谷若是不熟则不可食,还不如荑稗之草,荑稗虽草,其实尚可以食呀。仁虽至美至善,也在于尽其仁以用,方能显其美善,如五谷之熟而已啊。"所以人必贵乎仁之熟,而不可自持心中有仁而不为,不可以因为仁之难熟,于是放任他道之有成啊!

【议论】

五谷不熟则不如荑稗,是不熟之实不如荑稗之实也,非五谷不如荑稗,故不因此弃五谷而种荑稗也。仁之不熟必陷入不仁,不可谓仁之不如不仁,而从此但为不仁也。

仁者,我心所以为美善者也,亦我心之所以为安也。失仁则失美善,失美善则失仁,一失则心有怅然,而未能须臾心安也;君子当于此未安处知有所失,反求诸己,务求其散逸之美善,放失之仁,渐归其性而复安也。

11.20 孟子曰:"羿之教人射,必志于彀;学者亦必志于彀。羿,善射者也。志,犹期也。○彀,箭靶。学者之彀,仁义也。**大匠诲人,必以规矩;学者亦必以规矩。**"大匠,工师也。规矩,匠之法也。

【述要】

孟子陈议道:"后羿教人习射,必志于箭靶;学者也必志于仁义。大匠诲人学技,必以规矩;学者也必以法则。"

【议论】

无志不足以进取,无法不足以取舍,君子由法向志终以成仁。

卷十二 告子章句下

卷十二　告子章句下 凡十六章。

12.1 任人有问屋庐子曰："礼与食孰重？"

曰："礼重。"○任，国名，今山东河南。屋庐子，名连，孟子弟子也。

"色与礼孰重？"

曰："礼重。"

曰："**以礼食，则饥而死；不以礼食，则得食，必以礼乎？亲迎，则不得妻；不亲迎，则得妻，必亲迎乎！**"

屋庐子不能对，明日之邹以告孟子。

孟子曰："于答是也何有？○是，任人之问。何有，不难也。**不揣其本而齐其末，方寸之木可使高于岑楼**。本，谓下。末，谓上。岑楼，楼之高锐似山者。**金重于羽者，岂谓一钩金与一舆羽之谓哉？**○钩，带钩也。金质重，而一钩金轻。○羽，羽质轻，而一舆羽重。○舆，车也。**取食之重者与礼之轻者而比之，奚翅食重？取色之重者与礼之轻者而比之，奚翅色重？**○食之重者，不得食而死，故饥食为食之重者。○礼之轻者，饮食之礼也，其相较于食之重者为轻。○色之重者，不得妻儿废人伦，故男女婚配为色之重者。○礼之轻者，亲迎之礼也，其相较于色之重者为轻。翅，与啻同，只，止，但也。**往应之曰：'紾兄之臂而夺之食，则得食；不紾，则不得食，则将紾之乎？逾东家墙而搂其处子，则得妻；不搂，则不得妻，则将搂之乎？'**"○紾，戾也，扭转也。搂，牵也。处子，处女也。

【述要】

有位任国人问孟子弟子屋庐子说:"礼与食哪个重要?"

屋庐子答:"礼重。"

又问:"色与礼哪个重要。"

屋庐子答:"礼重。"

此任国人便说:"人饥以待毙时,如坚持以礼食,不礼之食不食,则将饥饿而死;而不坚持以礼食,无礼之食亦可以食,则能得食而活,请问此时必以礼吗?

有人如按礼制娶亲,则不能得妻;不按礼制娶亲,则能得妻,请问此人必以礼制娶亲吗?"

屋庐子不能对答,翌日前往邹国以告孟子。

孟子不假思索道:"对于回答此类问题有何难呢?比较,是着眼于事物之本,而非事物之末。不考量事物之本质,而只考虑比较事物之末节,那举一举方寸之木使之高于岑楼,便可以说方寸之木高于岑楼吗?显然不可以;我们说金重于羽毛,难道是说一钩金与一车羽毛作比较的说法吗?显然不是,如果是一钩金与一车羽毛作比较,则是羽毛重于金了。

不得食则身死性灭,这是饮食的重要所在,即食之重者。而以礼而食,不过是礼在饮食上的表现,属礼之轻者,这位任国人却取食之重者与礼之轻者而比之;不得娶亲则无子嗣,这是色的重要所在,即色之重者,而以礼亲迎,不过是礼在婚姻方面的表现,亦属礼之轻者,这位任国人却取色之重者与礼之轻者而比之;如不同事物间可以这样相互比较的话,何只是得出食重于礼、色重于礼这样荒诞的结论,肯定还有更多荒诞之说,那天下还有法则可言吗?因此你也可以去胡乱回应他说:'强扭兄长之臂而夺其食,则能得食;不强扭,则不能得食,则将强扭之吗?翻越东家之墙而强搂其处子,则得娶其处子为妻;不强搂,则不得娶其处子为妻,则将强搂之吗?'"

【议论】

不以礼则天下大乱,此礼之重者。而欲毁礼者,狡辩如此,幸得亚圣于本末之清楚,未落任人之诡道,并以其人诡道反诘于其人,其间不容丝毫之失也。亚圣心思敏明,赖其义理之坚锐,故无往而不破邪僻之妄执也。

诚然,有非礼不食、非礼不迎之士,此皆重礼之人,亚圣非不知此,而若以此言辩则易陷纠纷;又有忍辱而食者、不告而娶者,非其无礼,但从礼之权者,其未轻于礼,此中大义则更难能言明于任人也。其间亦见亚圣通观取舍之力也。

12.2 曹交问曰:"人皆可以为尧、舜,有诸?" ○曹交,曹君之弟也。

孟子曰:"然。""交闻文王十尺,汤九尺,今交九尺四寸以长,食粟而已,如何则可?" ○以长,以之为准而更长。○食粟,平日饮食生活。**曰:"奚有于是? 亦为之而已矣。有人于此,力不能胜一匹雏,则为无力人矣;今日举百钧,则为有力人矣。然则举乌获之任,是亦为乌获而已矣。夫人岂以不胜为患哉? 弗为耳。** ○奚,如何。○是,"人皆可以为尧舜"之言。匹,字本作鴄,鸭也,从省作匹。《礼记》说"匹为鹜"是也。乌获,古之有力人也,能举移千钧。○任,承担。○而已,不外于。

徐行后长者谓之弟,疾行先长者谓之不弟。夫徐行者,岂人所不能哉? 所不为也。尧、舜之道,孝弟而已矣。 孝弟者,人之良知良能,自然之性也;尧、舜之道,亦率是性而已。○弟,悌也。敬重乡中长辈。**子服尧之服,诵尧之言,行尧之行,是尧而已矣;子服桀之服,诵桀之言,行桀之行,是桀而已矣。"**

曰:"交得见于邹君,可以假馆,愿留而受业于门。" ○邹君,邹国之君。假馆于邹君而后受业,可见其求道之不笃。

曰:"夫道若大路然,岂难知哉? 人病不求耳。子归而

求之,有余师。"○余,多也。归而求之有余师,言道不难知,若归而求之事亲敬长之间,则性分之内,万理皆备,随处发见,无不可师,不必留此而受业也。

【述要】

曹君之弟曹交口吻倨傲地问孟子:"人皆可以为尧、舜,有此言吗?"

孟子不卑不亢道:"是的。"

于是曹交故意说:"我听说文王身高十尺,汤王九尺,如今我九尺四寸多,三人所以高矮不一,是平日饮食生活不同而已,因此天下之人高矮皆有不同,那饮食生活如何便可以使人人为尧舜的身高呢?"

孟子正色道:"于'人皆可为尧舜'这句话,你之所言怎么会有关系呢?这句话也只是劝说人要为尧舜所为而已啊。比如有人在此,力不能胜过一雏鹜,那他是无力人;今能举百钧,那他是有力人;那么能举大力士乌获所任之千钧,他因此也只会是乌获了。

所以,人岂能以不胜其力为患呢?是不作为罢了。徐行在长者之后,称为悌,疾行于长者之前,称不悌。徐行于长者之后,岂是人所不能的?说自己不能的,是其所不愿为之,非不能。尧、舜之道,孝弟而已。你服尧之服,诵尧之言,行尧之行,那你只会是尧了。你服桀之服,诵桀之言,行桀之行,那你只会是桀了。"

曹交连忙说:"我可以谒见于邹君,借馆驿以宿,愿留于此而受业于先生之门。"

孟子婉委拒绝道:"尧舜之道,如大路然,岂有难知的呢?只是人自害良心而病,已不知求之而已。你但且归曹国而求之于事亲敬长之间,事奉双亲有孝,敬顺长辈有悌,此中孝悌之意,必出于你之良心,即性善之心,以你的性善之心便可以为世间一切善,那你的性善之心便透过时时、事事而成你的受业之师了,这受业之师便不可胜数啊!"

【议论】

子曰:"君子求诸己,小人求诸人。"己之所以可求,是其性善之心天禀,已自开仁域于广大,通其义于性天而理气盈抱,可变化万端而接物于无穷矣。故求仁而自可予实,向义而自可予路,是非善恶莫不解化于性善,喜怒哀乐莫不顺化于性善,安身于风雨,立命于颠沛,我之性善莫不由然方便。随时求之而可为师者,性善之心也,亚圣言路所向,总有不尽之意也。

孔子曰"行有余力则以学文",曹交之行不力,尚不足学文于孟子也。

12.3 公孙丑问曰:"高子曰:'小弁,小人之诗也。'"
孟子曰:"何以言之?"

曰:"怨。"高子,齐人也。小弁,《诗·小雅》篇名。周幽王娶申后,生太子宜臼,又得褒姒,生伯服,而黜申后、废宜臼;于是宜臼之傅为作此诗,以叙其哀痛迫切之情也。

曰:"固哉,高叟之为诗也!有人于此,越人关弓而射之,则己谈笑而道之;无他,疏之也。其兄关弓而射之,则己垂涕泣而道之;无他,戚之也。小弁之怨,亲亲也。亲亲,仁也。固矣夫,高叟之为诗也!"○叟,老者,长于孟子。关,与弯同。固,谓执滞不通也。为,犹治也。越,蛮夷国名。道,语也。亲亲之心,仁之发也。

曰:"凯风何以不怨?"凯风,《诗·邶风》篇名。卫有七子之母,不能安其室,七子作此以自责也。

曰:"凯风,亲之过小者也;小弁,亲之过大者也。亲之过大而不怨,是愈疏也;亲之过小而怨,是不可矶也。愈疏,不孝也;不可矶,亦不孝也。矶,水激石也。不可矶,言微激之而遽怨也。孔子曰:'舜其至孝矣,五十而慕。'"言舜犹怨慕,小弁之怨,不为不孝也。

【述要】

弟子公孙丑问:"齐人高子说:'《诗·小雅》中的《小弁》,是小人之诗。'"

孟子疑道:"为何如此以言?"

公孙丑回答说:"高子以为《小弁》之诗有怨气。"

孟子道:"固陋浅薄啊,高叟竟如此治《诗》作解! 如有人曾遭越人弯弓而射,那他可以谈笑风生地说道此事,遭人袭击而能谈笑,没有其他原因,只是关系疏远。若是遭其兄弯弓而射,那他一定是长垂涕泣而说道之,无他,兄弟亲密啊!《小弁》,是孝子无罪,却为其父所放逐,故自伤而为诗,故《小弁》之怨,是亲亲之间的哀怨;而亲亲间的哀怨,也是君子体仁而用心,未至于怨恨而有损于仁,怎么会是小人之诗呢? 固陋浅薄啊,高叟竟如此治《诗》作解!"

公孙丑又问:"同样是述亲亲之诗,《诗·邶风》中的《凯风》何以不怨呢?"

孟子道:"《凯风》,写卫国有七子之母,不能安其家,而孝子却自责是未尽孝于慈母,故心有伤感,这只是母亲的小过。《小弁》,写孝子见逐于父亲,故心有哀怨,这是父亲的大过。亲之大过而不怨,是亲亲之心无所用之,则亲情愈加疏远。亲之小过而怨,是亲亲之心稍有委屈则激越。愈疏,是不孝;不可矶,也是不孝。孔子曾道:'大舜其至孝啊! 五十犹不能见爱于父母而自怨自艾,更生思慕之情啊!'"

【议论】

小人之诗,何以入选乎孔子,是高子固陋也。

仁者爱人,故仁有亲情之大用也。仁之不用则无以生亲情,亲情不及亦不足为仁,而用情太过,由爱生恨,则反损于仁,故仁虽亲情之大用,亦亲情之中节也。诗可以怨,但哀怨也,怨慕也,非怨恨也,怨毒也,怨犹深爱,不失其节,此《诗》所以为《诗》也,其中有深仁矣。

12.4 宋牼将之楚,孟子遇于石丘。宋,姓;牼,名。石丘,地名。

曰:"**先生将何之?**"先生,学士年长者,故谓之先生。曰:"**吾闻秦、楚构兵,我将见楚王说而罢之。楚王不悦,我将见秦王说而罢之,二王我将有所遇焉。**"时宋牼方欲见楚王,恐其不悦,则将见秦王也。遇,合也。按庄子书:"有宋钘者,禁攻寝兵,救世之战。上说下教,强聒不舍。"疏云:"齐宣王时人。"以事考之,疑即此人也。

曰:"**牼也请无问其详,愿闻其指。说之将何如?**"

曰:"**我将言其不利也。**"

曰:"**先生之志则大矣,先生之号则不可。**能于战国扰攘之中,而以罢兵息民为说,其志可谓大矣;然以利为名,则不可也。〇号,称述之名。**先生以利说秦、楚之王,秦、楚之王悦于利,以罢三军之师,是三军之士乐罢而悦于利也。**

为人臣者怀利以事其君,为人子者怀利以事其父,为人弟者怀利以事其兄。是君臣、父子、兄弟终去仁义,怀利以相接,然而不亡者,未之有也。

先生以仁义说秦、楚之王,秦、楚之王悦于仁义,而罢三军之师,是三军之士乐罢而悦于仁义也。

为人臣者怀仁义以事其君,为人子者怀仁义以事其父,为人弟者怀仁义以事其兄,是君臣、父子、兄弟去利,怀仁义以相接也。然而不王者,未之有也。何必曰利?"

【述要】

学者宋牼前往楚国途中,孟子遇他于石丘,问道:"先生将何往？"

宋牼说："吾听闻秦、楚两国构兵交战，我将见楚王劝说之而罢兵；若楚王不悦，我将见秦王劝说之而罢兵。因此二王我都将有所相遇。"

孟子道："我不问详细，愿闻主旨。先生将如何劝说之？"

宋牼说："我将言双方交战之不利。"

孟子劝勉道："劝人罢兵息战以利苍生，先生之志可谓大呀！然先生以利为标帜则不可。先生以利劝说秦、楚之王，秦、楚之王悦于先生所说之利，以罢三军之师，其结果是三军之士之乐于罢兵而悦于有利可图了。

为人臣，怀利以事君；为人子，怀利以事父；为人弟，怀利以事兄；其结果是君臣、父子、兄弟终去仁义，各怀私心以相交接，因此而不破家亡国的，历史以来从未有之！

先生若以仁义劝说秦、楚之王，秦、楚之王悦于先生所说之仁义，以罢三军之师，其结果是三军之士乐于罢兵而悦于仁义啊！

为人臣，怀仁义以事君；为人子，怀仁义以事父；为人弟，怀仁义以事兄，其结果是君臣、父子、兄弟去其私心，心怀仁义以相交接，因此而不能王业有成的，历史以来从未有之啊！先生何必曰利呢！"

【议论】

说者，所以休兵息民也。若以利说之，或可休兵一时，而来日利有可图，又必战端再起，何能息民？而若以仁义说之，罢兵休战方言长久，此生民之永福也。

仁义者，一本天生之性，其隐而为一心之要，其显而为众生之法，藏则荣润身心，用则泽惠天下，不过一羽之轻，甚于泰岱之重，微而点滴，浩为江海，通内外而无有不利，行上下而无有不亨，其贞元善正，故以为圣人所昌之也。

12.5 孟子居邹,季任为任处守,以币交,受之而不报。处于平陆,储子为相,以币交,受之而不报。_{季任,任君之弟。为任处守,任君朝会于邻国,季任为之居守其国也。储子,齐相也。不报者,来见则当报之,但以币交,则不必及时报也。○报,答礼。}他日由邹之任,见季子;由平陆之齐,不见储子。屋庐子喜曰:"连得间矣。"_{○连,屋庐子字。得间矣,屋庐子知孟子之处此必有义理,故喜得其间隙而问之。○间,间隙,机会。}

问曰:"夫子之任见季子,之齐不见储子,为其为相与?"

曰:"非也。书曰:'享多仪,仪不及物曰不享,惟不役志于享。'_{书,《周书·洛诰》之篇。享,奉上也。○多,重也。仪,礼也。○不及物,不称于物也。物,币也。○不享,不成享礼。○惟,唯也。役,用也。}为其不成享也。"屋庐子悦。或问之。屋庐子曰:"季子不得之邹,储子得之平陆。"

【述要】

孟子居邹国,当时季任因其兄任君朝会于邻国,临时代理任国的国政,听闻孟子之贤,于是遣人以币帛之礼前来请与孟子结交,孟子受之而暂时未予答礼。而当孟子处于齐国的平陆时,正值储子为齐相,他也听闻孟子之贤,因此也遣人以币帛之礼前来请与孟子结交,孟子受之而暂时未予答礼。过些时日,孟子由邹国去往任国,专程拜见季子;而由平陆去往齐都时,却不曾拜见储子。弟子屋庐子见此而心喜地说:"我终于有机会可以请教夫子了!"

便问说:"夫子前往任国拜见了季子,前往齐都却不拜见储子,是因为储子只是齐相,而不及季子是任君之弟吗?"

孟子道:"不是的。《尚书·洛诰》之篇说:'享礼是诸侯朝见天子时进献礼物,因此享礼重要的是礼敬之意,如进献礼物时礼敬之意不称,则等于说没有享礼,这是因为进献之人没有将其心意用于享礼。'我不去回拜储子,便是因为他虽送来币帛,却未称礼意啊!"屋庐子闻教后心中大悦。

有人问储子为何未称礼意,屋庐子回答说:"季子遣人送来币帛,是他代理国政,故不能亲自前往邹国以拜见孟子;而储子为齐相,本可以亲自前往平陆以拜见孟子,却遣人送来币帛,可见其礼意不称啊!"

【议论】

典籍多先王之道,可随时据以深论,此亚圣好学慎思之效;世事多模棱之时,可随时断以精义,此亚圣明辨笃行之功。叹赞之而仰服,然后从而学之者,君子也。

12.6 淳于髡曰:"先名实者,为人也;后名实者,自为也。夫子在三卿之中,名实未加于上下而去之,仁者固如此乎?"

名,声誉也。实,事功也。〇先名实者,重名实也。以名实为先而乐为之。〇为人,为他人也。〇后名实者,轻名实也。以名实为后而不为之。〇自为,为己也。〇三卿,指上卿、亚卿、下卿,《礼记》曰:"大国三卿,皆命于天子。"孟子在齐国时,曾位列三卿之中。名实未加于上下,言上未能正其君,下未能济其民也。〇加,作用也。

孟子曰:"居下位,不以贤事不肖者,伯夷也;五就汤,五就桀者,伊尹也;不恶污君,不辞小官者,柳下惠也。三子者不同道,其趋一也。一者何也?曰:仁也。君子亦仁而已矣,何必同?"

仁者,无私心而合天理之谓。〇就,就高处以居官。

曰:"鲁缪公之时,公仪子为政,子柳、子思为臣,鲁之削也滋甚。若是乎贤者之无益于国也!"

公仪子,名休,为鲁相。子柳,泄柳也。削,地见侵夺也。贤者之无益于国也,髡讥孟子虽不去,亦未必能有为也。

曰:"虞不用百里奚而亡,秦穆公用之而霸。不用贤则

亡,削何可得与?"

曰:"昔者王豹处于淇,而河西善讴;绵驹处于高唐,而齐右善歌;华周、杞梁之妻善哭其夫,而变国俗。有诸内必形诸外。为其事而无其功者,髡未尝睹之也。是故无贤者也,有则髡必识之。"王豹,卫人,善讴。淇,水名。○河西,卫国;其在黄河之西。绵驹,齐人,善歌。高唐,齐西邑。○齐右,齐国以西,古时以西方为右。华周、杞梁,二人皆齐臣,战死于莒;其妻哭之哀,国俗化之皆善哭。故无贤者也,髡以此讥孟子仕齐无功,未足为贤也。

曰:"孔子为鲁司寇,不用,从而祭,燔肉不至,不税冕而行。不知者以为为肉也。其知者以为为无礼也。乃孔子则欲以微罪行,不欲为苟去。君子之所为,众人固不识也。"按《史记》:"孔子为鲁司寇,摄行相事。齐人闻而惧,于是以女乐遗鲁君。季桓子与鲁君往观之,怠于政事。子路曰:'夫子可以行矣。'孔子曰:'鲁今且郊,如致膰于大夫,则吾犹可以止。'桓子卒受齐女乐,郊又不致膰俎于大夫,孔子遂行。"○司寇,主掌司法;孔子曾任鲁国大司寇,位与"三卿"并列。○燔肉,亦作"膰肉",即祭肉;按《礼》,祭祀毕,分祭肉于祭祀之人。○税,同脱。○冕,祭祀时所戴礼帽。○微罪,小过,谓鲁君不分祭肉。

【述要】

齐国稷下学者淳于髡讥讽孟子说:"重视名声、事功之人,这是他愿意为众生谋事;而轻视声名与事功之人,只是为了独善其身。夫子受宣王之恩,位在三卿之中,上下至今未感受到夫子有什么声名与事功,这是夫子在为众生谋事吗?现在如何便要离开呢?仁者难道都是如此的独善其身吗?"

孟子平和道:"虽居下位,但不以贤事不肖,这是伯夷的风骨;五次为官于贤君汤,五次为官于暴君夏桀,不论其君是贤或不肖,我皆为官而事君牧民,这是伊尹的风格;君有污行不嫌恶,官虽小不辞,这是柳下惠的风度。三子方式不同,但追求一致。什么是追求的一致,是仁啊!君子也仅是为仁而已,何必处世方式相同呢!"

淳于髡又增语气说:"鲁缪公之时,公仪子为鲁相而治国政,有子柳、子思二贤者为臣,而鲁国却愈加削弱。若如此,贤者无益于国家吧!"

孟子纠正道:"虞国不用贤者百里奚而亡国,秦缪公用百里奚而称霸。可见不用贤则亡国,有贤者如何可能削弱呢?"

淳于髡语气更甚地说:"过去卫国人王豹居处于淇水,因他善讴而河西的卫人皆受其影响而善讴;齐国人绵驹居处于齐国西邑高唐,因他善歌而齐国西部之人皆受其影响而善歌;华周、杞梁为齐国之臣而战死于莒,二人之妻皆痛哭其夫以哀悲,因二人之妻的善哭而改变了一国风俗,齐国女子皆善哭。因此内心有道,必能表现于外,欲为众生谋事而无事功的,我未尝见之。所以齐国并没有真正的贤者,有则我必能识之。"

孟子莞尔一笑道:"孔子为鲁国司寇时,代理行使宰相之职,齐国人听闻后深感恐惧,于是馈赠女乐与鲁国国君,孔子劝鲁君不可受,而鲁君与季桓子往观于女乐,孔子即知自己不再受鲁君重用,但未因此而离开鲁国,而是随从鲁君以行郊祭,郊祭之后,鲁君未将祭肉分至于大夫,孔子也不得祭肉,于是不脱祭祀时的冠冕便离开鲁国。不知者以为孔子离开鲁国是为祭肉,知者也不过是以为孔子是因鲁国无礼了,这正是孔子想要的,因为孔子想让自己背负一些小的罪名,而不愿无故离开。为何孔子想让自己背负一些小的罪名,而不愿无故离开呢?其实孔子于鲁君受齐人女乐时,便知鲁君已无仁义之心而欲离去,只是不愿让人以为是鲁君犯了大错他才离开,而是趁鲁君不分祭肉时离开,这样大家便以为孔子是为了祭肉,是其无礼,从而保全鲁君的颜面,因鲁君是孔子母邦之君,这是孔子的用意之忠厚啊!君子之所为,众人固然不识啊!"

【议论】

哀公有孔子之贤,何曾大用其道!缪公有子思之贤,何曾大用其道!宣王有孟子之贤,何曾大用其道!三公或有养贤、重贤之名,何曾有用贤之实！贤者之用以施王道也,王道不施,何谓用贤？贤之不用,可谓贤者无用乎？可谓贤者非先名实以为人乎？

善歌善哭者可以移风易俗,正可谓天下可共于善也；歌哭之善尚且有众人之趋和,况仁义之大善乎？然一国仁义之施终不同于众人歌哭之效也,必有在上体仁发义,纳百官于仁义之中,然后推施于天下,此岂贤者一人之所能为之哉！淳于髡之讥,是其固陋也。

伐燕之事,宣王不听于孟子,孟子已有去志,所以不去者,不显宣王之失也；此时而行,从淳于髡之讥知众人之追咎在孟子,而非宣王,此不为孟子之欲以微罪而行乎？宣王于贤终有所养,孟子不忍显其失也,故其以微罪行亦显其忠厚。众人既不识孔子,盖亦不能识于孟子也！

12.7 孟子曰："五霸者,三王之罪人也；今之诸侯,五霸之罪人也；今之大夫,今之诸侯之罪人也。五霸,齐桓、晋文、秦穆、宋襄、楚庄也。三王,夏禹、商汤、周文、武也。○罪人,为不善而毁人之善也。**天子适诸侯曰巡狩,诸侯朝于天子曰述职。春省耕而补不足,秋省敛而助不给。入其疆,土地辟,田野治,养老尊贤,俊杰在位,则有庆,庆以地。入其疆,土地荒芜,遗老失贤,掊克在位,则有让。一不朝,则贬其爵；再不朝,则削其地；三不朝,则六师移之。是故天子讨而不伐,诸侯伐而不讨。五霸者,搂诸侯以伐诸侯者也,故曰：五霸者,三王之罪人也**。○省,察也。庆,赏也,益其地以赏之也。掊克,聚敛也。让,责也。移之者,诛其人而变置之也。诛其人而变置之也。○六师,天子设六军,大国诸侯设三军。讨者,天子出命以讨罪,而使方伯连帅帅诸侯以伐之也,天子亲讨曰征。伐者,奉天子之命,声其罪而伐之也。搂,牵也；五霸牵诸侯以伐诸侯,不用天子之命也。**五霸,桓公为盛。葵丘之会诸侯,束牲、载书而不歃血。**

初命曰:'诛不孝,无易树子,无以妾为妻。'

再命曰:'尊贤育才,以彰有德。'

三命曰:'敬老慈幼,无忘宾旅。'

四命曰:'**士无世官,官事无摄,取士必得,无专杀大夫。'**

五命曰:'无曲防,无遏籴,无有封而不告。'

曰:'凡我同盟之人,既盟之后,言归于好。'

今之诸侯,皆犯此五禁,故曰:今之诸侯,五霸之罪人也。按春秋传:"僖公九年,葵丘之会,陈牲而不杀。读书加于牲上,壹明天子之禁。"○葵丘,春秋时宋国地名。齐桓公曾在此会盟诸侯,霸主由此而立。○束牲,古者定盟多以牺牲,如不宰杀,曰束牲。○载书,盟书载于牺牲。○歃血,盟誓时饮牺牲之血以示信守。树,立也;已立世子,不得擅易。宾,宾客也。旅,行旅也。世无世家,士世禄而不世官,恐其未必贤也。官事无摄,官事不可兼任,当广求贤才以充之;○摄,兼也。○取士必得,必得其贤也。无专杀大夫,有罪则请命于天子而后杀之也。无曲防,不得曲为堤防,壅泉激水,以专小利,病邻国也。无遏籴,邻国凶荒,不得闭籴也。○遏籴,禁购米粮;遏,禁也;籴,买入。无有封而不告者,不得专封国邑而不告天子也。**长君之恶其罪小,逢君之恶其罪大。今之大夫,皆逢君之恶,故曰:今之大夫,今之诸侯之罪人也。**"长君之恶,君有过不能谏,又顺之者。逢君之恶,君之过未萌,而先意导之者。○逢,逢迎也。

【述要】

孟子抨击道:"五霸,是三王的罪人;今之诸侯,是五霸的罪人;今之大夫,是今之诸侯的罪人。天子莅临诸侯之国以视察其责守疆土的情况,称为巡狩;诸侯朝见于天子并陈述其职守的情况,称为述职。巡狩时,春日要考察耕作的情况而补充生产不足者,秋日要考察收成情况而帮助匮乏粮食者。入诸侯疆界,如见土地开辟,田野治理,能养老尊贤,并使俊杰在位,则当有奖赏,奖赏以土地。

入诸侯疆界,如见土地荒芜,遗弃老者,不用贤者,只有贪者在位,则须有责罚。诸侯一年不来朝见述职,则贬其爵位,二年不朝,则削减其土地,三年不朝,则出动六师以讨其有罪。所以天子出兵诸侯是征讨有罪诸侯,而非攻伐;诸侯奉天子之命以讨伐有罪诸侯,而非征讨。攻伐只为争夺霸主,而非讨伐有罪,春秋五霸,却不用天子之命,而是霸主与几位诸侯相互勾结以攻伐其他诸侯,可见他们的攻伐完全背离了天子征讨之义,因此他们是三王的罪人,五霸中,又以齐桓公为盛。五霸虽有罪于三王,而言行中尚存有信义,齐桓公在葵丘会盟诸侯时,并没有杀牲,只是束缚牺牲以载盟约之书,而且也没有以歃血为盟的方式来表示对盟誓的信守,可见当时诸侯彼此间仍有所信任;再看其盟约。

第一条:'诛杀不孝,不擅自变更已树的太子,不以妾为妻。'

第二条:'要尊贤育才,以彰显有德。'

第三条:'敬老而慈爱幼小,无忘宾客与行旅之人。'

第四条:'士可以世代受禄,而不可以世代为官,惟恐其不贤;公家之事不可兼理,当广求贤才以充任;取士必得其人,不可以不贤充贤;不可擅杀大夫,大夫有罪,当请命于天子以定夺。'

第五条:'不可于边界遍设堤防,以致壅塞泉源,阻断河水而灾害邻国;不禁止从邻国买入粮食;不能擅自分封国邑而不告天子。'

盟约最后说:'凡我同为盟约之人,既定盟约之后,言归于好。'

可见盟约中多为善道,而今之诸侯,皆犯此五条盟约,凡盟约中提倡的皆背之,凡禁止的皆为之,已无善道可言,彼此再无信义可守,甚而至于为扩充土地相互杀伐,因此说,今之诸侯,是五霸的罪人。那么今之大夫又如何呢?不能谏君之恶,间接助长了君之恶,这是小罪;君有恶意尚未为恶,而逢迎君之恶意而使君为恶,这是大罪;今之大夫,皆逢迎君之恶,因此说今之大夫,是今之诸侯的罪人啊!"

【议论】

罪者,毁人性之美善者也。当时上下交征利,天下为罪已久而美善亦远矣。

三王者,其仁义美善,故为万世之法;至于五霸则仁心已损,而信义犹存,故孔子倡仁以复礼;至于今之诸侯、今之大夫,仁心殆尽,而信义亦大损矣,故孟子力倡仁义也。

12.8 鲁欲使慎子为将军。慎子,鲁臣。

孟子曰:"不教民而用之,谓之殃民。殃民者,不容于尧、舜之世。教民者,教之礼义,使知入事父兄,出事长上也。用之,使之战也。**一战胜齐,遂有南阳,然且不可。"**

慎子勃然不悦曰:"此则滑厘所不识也。" 滑厘,慎子名。

曰:"吾明告子。天子之地方千里;不千里,不足以待诸侯。诸侯之地方百里;不百里,不足以守宗庙之典籍。 待诸侯,谓待其朝觐聘问之礼。宗庙典籍,祭祀会同之常制也。**周公之封于鲁,为方百里也;地非不足,而俭于百里。太公之封于齐也,亦为方百里也;地非不足也,而俭于百里。** 俭,止而不过之意也。**今鲁方百里者五,子以为有王者作,则鲁在所损乎? 在所益乎? 徒取诸彼以与此,然且仁者不为,况于杀人以求之乎?** 徒,空也,言不杀人而取之也。○与,予也。**君子之事君也,务引其君以当道,志于仁而已。"** 当道,谓事合于理。志于仁,谓心在于仁。

【述要】

鲁国想任命慎子为将军以攻伐齐国。

孟子劝勉道:"治国者不教民以忠信礼义,使民安居乐土,而一味地驱之以攻伐争战,其结果是民生困苦,流离失散,这是殃毒人民,最终祸及国家呀。祸殃人民,不可容忍于尧舜之世,尧舜之世,爱民如子。即便将军这一战胜齐,遂而夺回被齐人侵占的南阳之地,纵然有功如此,仍不可为之。"

慎子勃然不悦地说:"你的此番高论,是我所不能理解的。"

孟子正色道:"那我便向你讲明吧。天子之地方圆千里,没有千里,不足以接待诸侯的朝觐与聘问;诸侯之地方圆百里,没有百里,不足以会同诸侯、保宗庙之祭祀,而守先祖之常制。周公分封于鲁地,为方圆百里,天下之地并非不足,而是周公以为国土大小以俭为好,百里已足。太公分封于齐地,也为方圆百里,天下之地并非不足,而太公也以为国土大小以俭为好,百里已足。二公皆有大功于天下,所取国土不过百里,今鲁国已有五个方圆百里,难道还嫌不足吗?你以为鲁国现在如有王者兴作,那鲁国会在乎国土有所减损呢?还是在乎国土有所增益呢?如有王者兴作,定然不会在乎国土损益,只会在乎仁义之施、民人之教,民生之计啊!不费力便能取来他国的土地,仁者尚且不为,何况于杀人的方式以求取之呢?君子事君,务必引导其君以当正道,志于仁义而已。"

【议论】

王者所思者,不在国之大小,而在王道之施,生民之安乐者也。以国为一己之私,而不顾生民以争战,王者不为也。

12.9 孟子曰:"今之事君者曰:'我能为君辟土地,充府库。'今之所谓良臣,古之所谓民贼也。君不乡道,不志于仁,而求富之,是富桀也。乡,与向同。辟,开垦也。**'我能为君约与国,战必克。'今之所谓良臣,古之所谓民贼也。君不乡道,不志于仁,而求为之强战,是辅桀也**。约,要结也。与国,和好相与之国也。**由今之道,无变今之俗,虽与之天下,不能一朝居也。"**

【述要】

孟子痛心道："今之事君者皆说：'我能为君王开辟土地，充实府库。'这便是今之所谓良臣的忠良之言，他们其实是古之所谓民贼啊！君王不向道，不志于仁，他们却一心使其君富有，这其实是富有了暴君夏桀。他们又说：'我能为君与他国约盟，争战必胜。'今之所谓良臣，其实是古之所谓民贼啊！君王不向道，不志于仁，他们却一心谋求为之强行争战，这其实是辅助暴君夏桀呀。由今日所行之道，不能改变今日败坏之风俗，虽以天下给予之，不能居一日而必亡啊！"

【议论】

民贼者，残害人民也。残害人民，即今日所行之道，其天良既绝而泯仁义则必亡也。

12.10 **白圭曰："吾欲二十而取一，何如？"** 白圭，名丹，周人也。欲更税法，二十分而取其一分。按《史记》：白圭能薄饮食，忍嗜欲，与童仆同苦乐。乐观时变，人弃我取，人取我与，以此居积致富。其为此论，盖欲以其术施之国家也。

孟子曰："子之道，貉道也。 貉，北方夷狄之国名也。**万室之国，一人陶，则可乎？"**

曰："不可，器不足用也。"

曰："夫貉，五谷不生，惟黍生之。无城郭、宫室、宗庙、祭祀之礼，无诸侯币帛饔飧，无百官有司，故二十取一而足也。 北方地寒，不生五谷，黍早熟，故生之。饔飧，以饮食馈客之礼也。**今居中国，去人伦，无君子，如之何其可也？** 无君臣、祭祀、交际之礼，是去人伦；无百官有司，是无君子。**陶以寡，且不可以为国，况无君子乎？** 因其辞以折之。**欲轻之于尧、舜之道者，大貉小貉也；**

欲重之于尧、舜之道者，大桀小桀也。"什一而税，尧、舜之道也。

【述要】

周人白圭于魏国为官，主张减轻田税，他问孟子说："先王十取其一的田税太高了，我想在魏国实行二十取一的田税制度，夫子以为如何？"

孟子道："你的方法，是蛮夷之道。万室之国，仅一人作陶器，那可以吗？"

白圭回答说："不可，器物不足用了。"

孟子于是道："蛮夷之邦，五谷不生，唯生黍稷。而且蛮夷之地没有城郭、宫室、宗庙、祭祀之礼，没有诸侯用币帛以祭祀、进贡、馈赠，没有诸侯以饔飧之礼待客，也没有百官有司，所以二十取一而足以用之。今居中国之大，人口之多，去人伦而不讲礼仪礼节，无君子而不能设朝廷命臣，这如何可以呢？少制陶器，尚且不可以为国之用，何况无君子为命臣了？可见养君子，厚人伦，建城郭、宫室、宗庙等，无不需要田税。因此，想轻于十取其一的尧舜之道以征田税，不过是大小的蛮夷之邦；而想重于十取其一的尧舜之道以征田税，那是刻虐生民而成大小的暴君夏桀了。"

【议论】

道之取法有其中，中者偏倚之不失，而能兼养万物之有余也。税于轻重，则为貉桀，而税之适中，则有尧舜；尧舜之道稍失则为貉桀，君子惟旦夕于惕厉也。

12.11 白圭曰："丹之治水也愈于禹。"

孟子曰："子过矣。禹之治水，水之道也。顺水之性也。是故禹以四海为壑，今吾子以邻国为壑。壑，受水处也。水逆行，谓之洚水。洚水者，洪水也，仁人之所恶也。

吾子过矣。"○洚水,大水泛滥。

【述要】

白圭颇为自负地说:"我的治水之道已胜于大禹。"

孟子劝正道:"你错了。大禹治水,是顺水就下之性而使其流远,所以大禹以四海为众水流归之壑;如今你却不顺流水之性,结果是以邻国为壑。你的治水是高建堤防,以致雍塞下流而使水流逆行,这叫大水泛滥;大水泛滥是洪水,为君子所恶啊!你错了。"

【议论】

人之性亦然,顺其性善则为善,阻其性善则为恶。万物之性亦然,顺其性则生,逆其性则亡矣。

12.12 **孟子曰:"君子不亮,恶乎执?"** 亮,信也,与谅同。恶乎执,言凡事苟且,无所执持也。

【述要】

孟子陈议道:"君子不笃信贞亮,如何能执道以操守,执仁以取义呢?"

【议论】

君子笃信圣人之言,遂能贞亮其性善而不疑,则执在其中矣。

12.13 **鲁欲使乐正子为政**。○乐正子,复姓"乐正",名克,为孟子弟子。

孟子曰:"吾闻之,喜而不寐。"
公孙丑曰:"乐正子强乎?"
曰:"否。"

"有知虑乎?"

曰:"否。"

"多闻识乎?"

曰:"否。""然则奚为喜而不寐?"

曰:"其为人也好善。"

"好善足乎?"

曰:"好善优于天下,而况鲁国乎? <small>优,有余裕也。优于天下,言虽治天下,尚有余力也。</small>夫苟好善,则四海之内,皆将轻千里而来告之以善。<small>轻,易也。轻千里,言不以千里为难也。</small>夫苟不好善,则人将曰:'訑訑,予既已知之矣。'訑訑之声音颜色,距人于千里之外。士止于千里之外,则谗谄面谀之人至矣。与谗谄面谀之人居,国欲治,可得乎?"<small>○訑訑,自满之状。○距,同"拒"。</small>

【述要】

鲁君欲使孟子弟子乐正子为政。

孟子道:"我听闻后,喜而不寐。"

弟子公孙丑问:"乐正子很有能力吗?"

孟子道:"没有。"

又问:"他有智略与谋虑吗?"

孟子道:"没有。"

又问:"他博闻多识吗?"

孟子道:"没有。"

公孙丑于是不解地说:"那么夫子为何喜而不寐呢?"

孟子道:"乐正子为人好善。"

公孙丑更为疑惑说:"好善便足以为政了吗?"

孟子道:"君子好善,于治天下绰绰有优裕,何况于治鲁国了?如为政者好善,则四海之内,皆将不远千里而来告之以善。如为政者不好善,那他一定会常常说:'好了,好了,我早已知晓你要说的了。'他那訑訑自满的声音颜色,是拒人于千里之外。有道之士被止于千里之外,那谗谄面谀之人便随时而至了。旦夕与谗谄面谀之人居为一处,而欲治国,可得吗?"

【议论】

好善,深信于人性之善而有善性之流露也。好善者,有善言,有善行,亦知他人之善,喜听他人之善,善他人之嘉行也。因其好善,故能知恶止恶;而善之为大者,不亦王道乎?恶之为巨者,不亦暴政乎?苟夫好善者当道,自然有天下之享治也。

12.14 陈子曰:"古之君子何如则仕?" ○陈子,即陈臻,孟子弟子。

孟子曰:"所就三,所去三。其目在下。**迎之致敬以有礼,言将行其言也,则就之;礼貌未衰,言弗行也,则去之。**○衰,减也。**其次,虽未行其言也,迎之致敬以有礼,则就之;礼貌衰,则去之。其下,朝不食,夕不食,饥饿不能出门户。君闻之曰:'吾大者不能行其道,又不能从其言也,使饥饿于我土地,吾耻之。'周之,亦可受也,免死而已矣。"**

【述要】

弟子陈子问说:"古之君子如何则可以入仕。"

孟子道:"所以就任的理由有三,所以去职的理由有三。君迎之致敬以有礼,并许诺将推行君子所言,则就任;君礼貌未衰,而于君子所言不再推行,则去职。其次,君虽未推行君子所言,而迎之致敬以有礼,则就任;如礼貌衰,则去职。其三,君子早不食,晚不食,因饥饿不能出门户,君闻后说:'我于大政原则不能行此君之道,又不能听从此君之言,而若使此君饥饿于我土地,是我之耻辱。'于是君周济君子,君子也可受之,但只为免死而已。君既不行此君子之道,听从此君子之言,此君子难道要到了如此受辱难堪的境地还不去职吗?他早该离去了!"

【议论】

道不行而不去,不唯君子受辱,其所守之道亦见讥于世人;世人讥之曰:"其人有道,何以受辱?其人之道岂为道乎?"故君子见机不去,失人亦失道也。

12.15 孟子曰:"舜发于畎亩之中,傅说举于版筑之间,胶鬲举于鱼盐之中,管夷吾举于士,孙叔敖举于海,百里奚举于市。○傅说,其筑于傅岩,故以傅为姓。○版筑,古人筑墙,两版相夹,实土其中,以杵築之。发者,舜耕历山,三十登庸。举者,说筑傅岩,武丁举之。胶鬲遭乱,鬻贩鱼盐,文王举之。管仲囚于士官,齐桓公举以相国。孙叔敖隐处海滨,楚庄王举之为令尹。百里奚混杂于集市,秦穆公举之为上卿。**故天将降大任于是人也,必先苦其心志,劳其筋骨,饿其体肤,空乏其身,行拂乱其所为,所以动心忍性,曾益其所不能。**曾,与增同,曾益,增加。降大任,使之任大事也,若舜以下是也。空,穷也。乏,绝也。○行,有意为之。拂,戾也,言使之所为不遂,多背戾也。动心忍性,谓楝动其心,坚忍其性也。○忍,韧也。○性,善性。**人恒过,然后能改;困于心,衡于虑,而后作;征于色,发于声,而后喻。**恒,常也。犹言大率也。衡,与横同。不顺也。作,奋起也。征,验也。喻,晓也。**入则无法家拂士,出则无敌国外患者,国恒亡。**○法家,不言仁义道德,惑君以偏邪之法,威民以峻刻之政。○拂士,拂逆于道之士。**然后知生于忧患而死于安乐也。"**

【述要】

孟子劝贤道:"大舜是于畎亩耕种之中发迹,商王国相傅说是于版筑劳作之间被举用,殷贤人胶鬲是于鱼盐贩卖之中被举用,齐相管夷吾是从卑贱之士被举用，楚国令尹孙叔敖则举用于海滨的隐居，秦相百里奚则举用于集市之中。故天将降大任于有为者，必先苦其心志，劳其筋骨，饿其体肤，空乏其身，有意拂逆其意而扰乱其所为，所以竦动摇荡其心志以坚韧其善性，以增益其所不能之能。常人往往有过，然后能痛改前非；因此要使其困于心焦，不顺于思虑，而后方能有所振作；要使其痛苦表征于色，使其激扬奋发于声，而后方能有所警喻。国家亦如此，于内没有法家之徒对于有道之士的拂扰与排斥，于外没有敌国的外患，国则无内忧外患而失警惕，国家必亡。故有大任者然后可知，于忧患中方能生存，而于安乐中必趋灭亡啊！"

【议论】

生于忧患，死于安乐，君子之命也；而无忧患、图安乐者，其为君子乎？

12.16 孟子曰："教亦多术矣，予不屑之教诲也者，是亦教诲之而已矣。"多术，言非一端。屑，洁也。不以其人为洁而拒绝之，所谓不屑之教诲也。其人若能感此，退自修省，则是亦我教诲之也。

【述要】

孟子开陈道："教也有多种方法，我有时于某人不屑于教诲，而这也是教诲之法，并非不教诲。"

【议论】

教诲者，乃训戒人之不善而著其善，有所不屑，必于其人之不善也，其人若能感师者之不屑，而愧责于己之不善，则教在其中矣。故知教亦多术，相机无不可以言教，正反无不可以成教也。

卷十三 尽心章句上

卷十三　尽心章句上凡四十六章。

13.1 孟子曰："尽其心者，知其性也。知其性，则知天矣。○心者，谓人之神明，所以具众理而应万事者也。一谓本心，谓恻隐、羞恶、辞让、是非之四端。一谓人心之用。一谓性之用，或性之动也。○性，谓本性，与四端相应，是仁义礼智之四性。一谓心之性，或人之性。一谓天性、性天。一谓心之体也。一谓心之理也。○天，一谓天道。一谓人之主宰。一谓人之所从来。一谓人性之所从来。**存其心，养其性，所以事天也。**存，谓操而不舍；养，谓顺而不害。事，则奉承而不违也。○事天，尊善性，尽天良。

殀寿不贰，修身以俟之，所以立命也。" 殀寿，命之短长也。贰，疑也。不贰者，不疑也。○俟之，俟良心自省，善心自用也。所以可俟，其良善之心自有，但自修身不染，则良善之心自可生发而用之无穷也。○命，天赋良能，用之以成命。立命，谓全其天之所付，不以人为害之。

【述要】

孟子开陈道："我心所以能感通万类，体会众理，尽用我心而后方知，是我心生而能知，而此感通之能从何而来？理则之端从何而生？尽用我心而后方知，来于'心之性'，生于'心之性'。而人为何有恻隐之心、羞恶之心、辞让之心、是非之心，尽用我心而后方知，是'心之性'中本有。人固有其心，心固为人心，人与心不可分之，心由'人之性'而生，因此'心之性'本于'人之性'，而'人之性'又由心的感动而现，因此由心的感动而呈现的'心之性'实为'人之性','心之性'可称为心性,'人之性'可称为人性。心性中自有仁义礼智的道德范畴,而心性因感动而自然生四端之心,属情感范畴;因此心性中的道德与情感是具足的,且四端之心又可体现仁义礼智,并与之一一相应,由此而能充分体现出人性本有的美善。由美善而知其心,由心而知其性,由性而知人之所以为人啊!人之所以为人,无不本于其性,则其性所从何来?是天生予我,天既能赋我无所不知之心,无所不善之性,则我已知天道必广大无边,纯然至善,有生生不已之大德啊!天既是我性之所本,我之性便为天性,我之天性自能上通天道,下开人道,因此我心自有天生良能啊!但存此天良之心以为善,但养此本善之性以尽道,所谓顺天道以尽人道,这便是事天了!无论是夭是寿,此事天之心不疑,但自修身不染,以待其天良之良、善性之善自来充塞于心,充实于言,充实于行,并永保此天良善性,则此天良善性是我终生之命,这也是所谓的君子立命啊!"

【议论】

或曰:"尽其天良之心,则知其本善之性;知其本善之性,则知天有所命,谓知天命也。存诚其心,涵养其性,此君子所以事天也;终生不改其志,修身谨持,以待其天良自省,善性自用,遂能尽其天命之所赋,此君子所以立命也。"

心者,性者,天者,一也。心乃性之动也,性乃天之赋也,天乃心之寄也。

13.2 孟子曰:"莫非命也,顺受其正。○命,或为生死之命数;或用天之所赋性,以成性命。**是故知命者,不立乎岩墙之下。**命,谓正命。岩墙,墙之将覆者。知正命,则不处危地以取覆压之祸。**尽其道而死者,正命也。桎梏死者,非正命也。"**桎梏,所以拘罪人者。言犯罪而死,与立岩墙之下者同,皆人所取,非天所为也。

【述要】

　　孟子开陈道:"生死莫非命数;而人之生,或顺其天所命之的天良善性,或逆其天所命之的天良善性,而顺之者生,逆之者亡,故人之生,必当顺受其天良善性,这是人生之正,也是正命。因此知命者从不逆其天良善性,逆其天良善性,如处危墙之下,随时遭倾覆之祸啊!君子虽顺其天良善性而能受其正命,享其天年;然君子一生,或不免杀身成仁之际,舍身取义之时,但尽其道而死,这也是君子的正命;若为犯法而受桎梏以死的,这便不是正命了。"

【议论】

　　正命之反,非命也,君子不死非命。

13.3 孟子曰:"**求则得之,舍则失之,是求有益于得也,求在我者也**。在我者,谓仁义礼智,凡性之所有者。**求之有道,得之有命,是求无益于得也,求在外者也**。"有道,言不可妄求。有命,则不可必得。在外者,谓富贵利达,凡外物皆是。

【述要】

　　孟子开陈道:"如果有一种存在,我有求于它便能得之,且使我有得于善,我舍弃它便会失之,且使我失于善;可见它有求必应,并能有益于我,也可见它正是我所欲求的,即有求于它才有益于我的求善得善,而这种有求必应、求善得善的存在只有存在于我自身才有可能,那这一存在是什么呢? 它是我的天良与善性。

　　而如果又有一种存在,不能有求必应,只有求之有道,能否得之,还要看我有没有得之之命,说明于此存在的欲求无益于我的求善得善,则所求的存在必然在我身外,它们不过是富贵名利之类的身外之物而已。"

【议论】

子曰:"君子求诸己,小人求诸人。"此之谓也。

13.4 孟子曰:"万物皆备于我矣。反身而诚,乐莫大焉。

○诚,无私也。言反诸身,而所备之理,皆如恶恶臭、好好色之实然,则其行之不待勉强而无不利矣,其为乐孰大于是。**强恕而行,求仁莫近焉。**"强,勉强也。恕,推己以及人也。

【述要】

孟子开陈道:"万物皆可应于我心,众生皆可接于我怀;应物之无穷,知我心天良,是良心也;接人之有情,知我性本善,是善性也;我但反身而诚,无杂私欲,则我之心中,莫不流润善性之情,莫不充溢天良之理,情其接人以生意,显善端之美,理之应物以成文,著道德之善,人生之乐,莫大于此啊!而于此勉励于己,推己及人,恕而行我心中所乐,既有所乐,仁行何有倦怠之时,则求仁而得仁莫近于此啊!"

【议论】

道家之流,务无为而去我,归复虚极静笃,齐于万物。而孟子一反于此,言万物皆备于我,已使大造有主,苍茫生魂,天地遽尔有心也。

天以其至善而生万物,则万物之性岂有不善?我之性岂有不善?天既生万物,岂不有万物皆备于我?天既生万物而赋其理,则我之心岂不含乎万类而具乎众理?而此本然之心又岂有不良?此性善,此心良,自然也。

万物皆备于我,则我心为天地之心,遂已植灵根于无极,可以吞吐天下之众学,方立儒门于广大无穷也。

13.5 孟子曰:"行之而不著焉,习矣而不察焉,终身由之而不知其道者,众也。"著者,知之明;察者,识之精。〇由,用。〇众,众庶。

【述要】
孟子开陈道:"虽有行仁之善而不能明了我何以能如此,虽反复于为善而不能识察此善究竟何来,但终身由此为善之德而不知其中道理的,这是众民呀!"

【议论】
生民但顺受其天性而为善,然生民不识天性,唯圣人心智先觉,从生民之善中喜得门径,知为善者所以为善,在其善心,善心在其善性,善性在天也。圣人知善,知心,知性,知天,遂以仁义礼智为纲,挈领道德,管辖心理,以为生民立命也。

13.6 孟子曰:"人不可以无耻。无耻之耻,无耻矣。"〇耻,一为羞恶之心,亦为羞耻之心。一为无耻之事。

【述要】
孟子开陈道:"人不可以无羞耻之心,任由无羞耻之心者而造成的可耻,这样的可耻真是无耻了。"

【议论】
不知善之为善,不知善而为善,无耻也;不知仁义之美为美,不知仁义之美而为之,无耻也;无耻之徒,可以为善乎? 可以为仁义乎?

13.7 孟子曰:"耻之于人大矣。耻者,吾所固有羞恶之心也。

为机变之巧者,无所用耻焉。**○**机变,机谋巧诈。**不耻不若人,何若人有?"** ○不耻,有羞恶之心而不为无耻之事,此有修养之谓。○何若人有,何有若人。若,比也。

【述要】

孟子陈议道:"有羞恶之心,不为无耻之事于人而言可谓是大事了,那些一贯巧为机变,习于为恶者,是于其羞恶之心无所用之啊!不为无耻之事的修养不如他人,那还有什么能比得上他人呢。"

【议论】

一念有耻,其心则足以省也,一落无耻,其余则不足观也。

13.8 孟子曰:"古之贤王好善而忘势,古之贤士何独不然?乐其道而忘人之势。故王公不致敬尽礼,则不得亟见之。见且由不得亟,而况得而臣之乎?" ○势,权势。○亟,屡也。○由,同犹。

【述要】

孟子解述道:"古之贤王好善而忘了自己有君王威势,所以能下其尊贵,礼于贤士;古之贤士为何独独不是如此呢?他们乐道而忘了王公之威势,所以不为谄笑逢迎之言,不事于无礼。也因此王公不致敬尽礼,则不得屡见于贤士。见于贤士且犹不得屡次,何况欲得贤士而以之为臣啊!"

【议论】

好善,但本于善性而能好之,而善性之中岂有其势,故于好善者,心中本无其势之想。孟子所谓忘其势,是好善之心起,则心中已无其势,有其势则已失其善性之心,失其好善,亦无善可言矣;故仗其势,王公则无善可得也。

乐道亦然,但出于本心方能体道以全,向道以真,行道以诚,从而有乐道之不止也。乐道之中,岂有人之势,孟子所谓忘人之势,是乐道之心起,则心中已无人之势;有人之势则失其本心,失于乐道,亦无道可言矣;故迫于人之势,贤士则无道可陈也。

是以贤王好善而忘其势,则可得贤士,而贤王之善可施也;而贤者乐其道而忘人之势,则可得贤王,而贤者之道亦可行也。

13.9 孟子谓宋句践曰:"子好游乎?吾语子游。 宋,姓。句践,名。游,游说也。**人知之,亦嚣嚣;人不知,亦嚣嚣。"** 嚣嚣,自得无欲之貌。

曰:"何如斯可以嚣嚣矣?"

曰:"尊德乐义,则可以嚣嚣矣。 德,谓所得之善。尊之,则有以自重,而不慕乎人爵之荣。义,谓所守之正。乐之,则有以自安,而不殉乎外物之诱矣。**故士穷不失义,达不离道。**○穷,不得志。○达,得志。**穷不失义,故士得己焉;达不离道,故民不失望焉。** 得己,言不失己而自得也。民不失望,言人素望其兴道致治,而今果如所望也。**古之人,得志,泽加于民;不得志,修身见于世。穷则独善其身,达则兼善天下。"** 见,谓名实之显著也。

【述要】

孟子谓宋句践道:"你好游说吗?我与你说说游说吧。为人所知,为人所用,并不以为荣,因此也不改我内心嚣嚣的自得之乐;不为人知,不为人用,并不以为辱,因此也不改我内心嚣嚣的自得之乐。"

宋句践问:"如何才可以嚣嚣以自得其乐呢?"

孟子开陈道:"尊德性,乐道义,皆是我善性之欲,天良之求,既是我本性使然,本心所愿,则内心自然可以有嚣嚣的自得之乐了。所以士虽困穷不失节义之守,虽荣达不离善道之行。困穷不失节义之守,是不失其本心之义,故而士是自得于己而乐啊!荣达不离善道之行,故而民不失望于我,而我之善行不过是从我之善性而为善,不因民无失望而增益我心中的自乐。古之君子无不嚣嚣然,得志而达,则恩泽加于民;不得志而穷,则修身以节义而见著于世。穷则独善其身,达则兼善天下,这是君子所为啊!"

【议论】

唯嚣嚣然,然后可以论去留。嚣嚣然以去留,是与道去留也;非嚣嚣然,是与势去留也。

穷则独善其身,是善性自用而为善也;达则兼善天下,是共天下之善性相而与为善也;是故君子穷达无不为善也。

13.10 孟子曰:"待文王而后兴者,凡民也。若夫豪杰之士,虽无文王犹兴。"兴者,感动奋发之意。凡民,庸常之人也。〇豪杰,才智过人,仁义特出者。

【述要】

孟子畅言道:"需待文王再世,由他言道方令我信服,由他行道方令我奋起,持这般言论的,大都是庸常之辈。至于豪杰之士,虽无文王再世,犹自能动发灵机,激扬道义。"

【议论】

当时诸侯,孰信王道!何况文王已远,孰信孔孟之言!待文王不过懦弱回避之辞。兴与不兴,无关乎文王之待,关乎仁义之信,性善之信也。仁义虽为共性,而唯俊发仁义者为豪杰也。

13.11 孟子曰："附之以韩、魏之家，如其自视欿然，则过人远矣。" 附，益也。韩、魏，晋卿富家也。欿然，不自满之意。

【述要】

孟子称许道："韩、魏两家是晋国六卿中的大富之家，如以韩、魏之家附加于某人，而此人犹能自视己之修养欿然不足，色有谦虚，那此人不以大富蔽其心，其修养真是远过于常人了。"

【议论】

自视欿然亦已过人，附以大富犹自视欿然，则过人远矣！此心最易为外物所夺，所谓一物障蔽，本心全失，而大富不能夺其心者，高士也。

13.12 孟子曰："以佚道使民，虽劳不怨；以生道杀民，虽死不怨杀者。" ○佚道，同逸道。

【述要】

孟子开陈道："教民趋农，有劳而获，乐业以居，虽有劳役不夺民时，这是以佚道使民，民虽劳不怨。教民人伦，为政怀惠，刑则有宽，虽有杀必因其奸恶，这是以生道杀民，虽死不怨杀者。"

【议论】

佚道、生道，无不养民也，天下之重亦莫过于养民。今君失其道而滥杀，民失其佚而困苦，圣人睹之而不忍也！

13.13 孟子曰："霸者之民，驩虞如也；王者之民皞皞也。 ○民，人也。皞皞如也。○驩虞，与欢娱同。欢娱之情往往一时，过而即没。○皞皞，同浩浩，广大久远之貌。**杀之而不怨，利之而不庸，民**

日迁善而不知为之者。夫君子所过者化，所存者神，上下与天地同流，岂曰小补之哉？"君子，圣人之通称也。所过者化，身所经历之处，即人无不化，如舜之耕历山而田者逊畔，陶河滨而器不苦窳也。所存者神，心所存主处便神妙不测，如孔子之立斯立、道斯行、绥斯来、动斯和，莫知其所以然而然也。○上下，上谓君王，下谓臣民。○小补，以为王道不过小用，唯霸道大用。

【述要】

孟子慨然道："以武力称霸之人，其霸业不过使其欢娱一时，而使民陷于痛苦，其霸业岂可永图，五霸中无人能长久之！唯以王道治国之人，其政教有施，民得其惠亦受其教，享人伦而乐国土，故上下之情随四时以长序，皞皞然如日月之经常。虽有除逆杀恶而不为民所怨，虽有国难之赴而民不辞，虽有所取利于民而民亦不恃功计酬，民日迁善而不知其中有王道的作为。是以王者之国，君子之德所被泽，无不化民成俗，所存者唯生民之善性，神明清耀，上下与天地同光合流，有诘祚之长延啊！唉！王道之大用岂能说是小补于世呢！"

【议论】

热衷于霸，是欢娱一时，诸侯不知也；而长享于王，有皞皞之乐，诸侯更不知也！

不知之徒，何所与图！

13.14 孟子曰："仁言，不如仁声之入人深也。○仁言，谓以口头之仁加于民。仁声，谓仁闻，谓有仁之实而为众所称道者也。**善政，不如善教之得民也**。○善政，善于法令之制，无善教，其政必为苛也。政，谓法度禁令，所以制其外也。教，谓道德齐礼，所以格其心也。**善政民畏之，善教民爱之；善政得民财，善教得民心。**"

【述要】

　　孟子开陈道:"仁爱之言不如仁惠之声更深入人心,善于制定法令不如善于教以人伦更得民心。善于法令之制,民畏服之,善于人伦之教,民爱慕之;善于法令之制,不过是为得民财,唯善于人伦之教能得民心于长久啊!"

【议论】

　　既不予民以实惠,又不予民以教化,是不予民以安身立命也。口头之仁,政令之苛,在上者丑陋之状,已于言外得窥。

13.15 孟子曰:"人之所不学而能者,其良能也;所不虑而知者,其良知也。良者,本然之善也。良知良能,皆无所由;乃出于天,不系于人。**孩提之童,无不知爱其亲者;及其长也,无不知敬其兄也。**孩提,二三岁之间。爱亲敬长,所谓良知良能者也。**亲亲,仁也;敬长,义也。无他,达之天下也。"**

【述要】

　　孟子开陈道:"人所不学而能之能,是天生本善之能,称为良能;人所不虑而知之知,是天生本善之知,称为良知。孩提之童,无不知爱其亲;待其长大,无不知敬其兄。亲爱双亲为仁,是良知良能;敬重兄长为义,是良知良能。为何仁义是良知良能呢?无他,只因仁义能通达天下而无有不同,天下之人无不爱其亲,敬其长,可见人人生而具仁义,仁义是良知良能啊!"

【议论】

　　圣人倡仁义,岂是将仁义强加于我,仁义本良知良能,我自具足也。圣人所以倡之,是仁义之美善,今之众人不识亦不用也。

卷十三　尽心章句上

13.16 孟子曰:"舜之居深山之中,与木石居,与鹿豕游,其所以异于深山之野人者几希。及其闻一善言,见一善行,若决江河,沛然莫之能御也。"居深山,谓耕历山时也。○沛然,水大貌。

【述要】

孟子称叹道:"当年大舜居深山之中耕作,日夜与林木荒石同居,与鹿群野豕伴游,他与深山之野人相异无几;一旦闻一善言,见一善行,则感动其良知之善而为善,其为善也如决江河,沛然浩大而水流澎湃,无能抵御!"

【议论】

大舜以一己之善而使天下慕往,成一代之圣王,是其善之沛然也。是故圣人之大,无他,是其良知良能之大用也。

13.17 孟子曰:"无为,其所不为,无欲,其所不欲,如此而已矣。"

【述要】

孟子道:"所谓的无为,就是不为嘛;所谓的无欲,就是不欲嘛,如此而已。"

【议论】

老耽无为无欲之学,或可求一己之偏安,而不为仁义,无欲于仁义,何能救天下于水火,使天下有菽粟哉?

13.18 孟子曰:"人之有德慧术知者,恒存乎疢疾。○德慧术知,德行之慧,道术之知。德,为善有得。慧,颖悟之能。道,为善之术。

知,是非之明。疢疾,犹灾患也。**独孤臣孽子,其操心也危,其虑患也深,故达。**"○孤臣,忠臣见弃于君也。○孽子,孝子见弃于亲也。○危,不安。

【述要】

孟子认为道:"人之所以有德行之慧、道术之知,是因他常处于灾患,或一直存有灾患之忧虑。他见所以有灾患是因善之不足,于是有德慧之生,他思虑如何以避灾患,于是有道智之用。尤其是那些见弃于君的孤臣,见弃于亲的庶子,他们每日操心于危亡,虑患于深远,所以能达于德慧,致于道知。"

【议论】

徒求安乐之徒,比比见于朝中,其于德慧道知之昧,已陷天下于灾患而不知也。

13.19 孟子曰:"**有事君人者,事是君则为容悦者也**。容悦者,阿谀以为容,逢迎以为悦,此鄙夫之事、妾妇之道也。**有安社稷臣者,以安社稷为悦者也**。○安社稷之臣,与君同姓或异姓,以社稷为先祖私传而安守。○社稷,土谷之神,以谓国家。**有天民者,达可行于天下而后行之者也**。○天民,先觉知道而欲行其道者也。民,无位也。**有大人者,正己而物正者也**。"○大人,大德为君者。○物,他人,众人。

【述要】

孟子开陈道:"有人是事君之臣,事其君的方式便是以巧言令色取悦于君;有人是安社稷之臣,一心所想只是如何守其祖先宗庙,不使社稷落于他人之手;有人是先觉知道、天良能尽之人,如能知遇于君以显达而可行其道于天下,因此他一旦显达而后必能大行其道;有人是大德为君之人,他为君正己而天下之人皆正。"

【议论】

以人品设等,方便识人,亦方便识贤也,识人识贤为治国之大要,君子需知。前二者大体为当时朝中之臣,天民是亚圣自谓,而大人者,则为贤明之君也,然则终亚圣一生,盖未能遇此贤明之君也。

13.20 孟子曰:"君子有三乐,而王天下不与存焉。父母俱存,兄弟无故,一乐也。○故,灾患疾病。**仰不愧于天,俯不怍于人,二乐也。**○怍,惭也。**得天下英才而教育之,三乐也。君子有三乐,而王天下不与存焉。"**

【述要】

孟子兴然道:"君子有三乐,而统治天下不含在其中。父母俱存,兄弟无故,所谓天伦具足,是一乐呀!仰不愧于天,俯不怍于人,心地纯然清洁,是二乐呀!得天下英才而教育之,师生以道之相交契,方使圣人之道流布,而可长传后世,是三乐呀。君子有三乐,而统治天下不含在其中。"

【议论】

天伦之乐,人而有之,修身之乐,人可为之,传道之乐,人能学之,是以君子有三乐,则有与天下共享之乐也。有共享之乐,则君子有行道之资,治国之本也,其于王天下有何难哉,王天下不过是君子三乐之外事耳,即所谓内圣必有外王也。

13.21 孟子曰:"广土众民,君子欲之,所乐不存焉。中天下而立,定四海之民,君子乐之,所性不存焉。君子所性,虽大行不加焉,○所性,所本之性,谓仁义礼智。**虽穷居不损**

焉,分定故也。○分定,天生本命所定。**君子所性,仁义礼智根于心。其生色也,睟然见于面,盎于背,施于四体,四体不言而喻。"** 仁义礼智,性之四德也。根,本也。生,发见也。睟然,清和润泽之貌。盎,丰厚盈溢之意。施于四体,谓见于动作威仪之间也。○施,延及。喻,晓也。四体不言而喻,言四体不待吾言,而自能晓吾意也。

【述要】

孟子自述道:"广辟土地、聚众人民,可以大行王道,远施惠泽,所以广土众民为君子所欲,而此所欲并非君子乐之所在。能居中于天下而立,以定四海之民,君子方有所乐,而此所乐并非君子所本之性的所在。那何为君子所本之性呢?即君子所本的先天之性,此先天之性,虽有大道之行不能加此性以分毫,虽为穷居潦倒也不能损此性以分毫,此先天之性之所以纯然善洁,不能加损以分毫,是此先天之性天生本然命定的原故。君子所本的先天之性,有仁、义、礼、智四德深根于心,此四德郁然茂盛于心而能生明亮之色,其色睟然和润清澄,能现于颜面、洋溢于脊背而延及于四体,四体不言而自能晓喻此四德,动止不失礼义而有威仪之表,方合言语以现仁义之德啊!"

【议论】

君子有其所本之性,性中四德,能自发于心而见著于外,此君子所乐也,是为性分之乐;君子既有性分之乐,必乐于范围四海之民以同乐,其必乐亦出性分之乐,而愿为同乐,盖四海之民皆生而有性分之乐也;君子既有所乐,则广土众民是为君子所欲也。

13.22 孟子曰:"**伯夷辟纣,居北海之滨,闻文王作兴,曰:'盍归乎来!吾闻西伯善养老者。' 太公辟纣,居东海之滨,** ○辟,同避。西伯,指周文王。**闻文王作兴,曰:'盍归乎来!**

吾闻西伯善养老者。'天下有善养老,则仁人以为己归矣。己归,谓己之所归。**五亩之宅,树墙下以桑,匹妇蚕之,则老者足以衣帛矣。五母鸡,二母彘,无失其时,老者足以无失肉矣。百亩之田,匹夫耕之,八口之家足以无饥矣。所谓西伯善养老者,制其田里,教之树畜,导其妻子,使养其老。五十非帛不暖,七十非肉不饱。不暖不饱,谓之冻馁。文王之民,无冻馁之老者,此之谓也。"** 田,谓百亩之田。里,谓五亩之宅。树,谓耕桑。畜,谓鸡彘也。

【述要】

孟子开陈道:"伯夷躲避纣王,居北海之滨,听闻文王兴作,他高兴地说:'何不归来依附之?我闻西伯善养老者。'太公躲避纣王,居东海之滨,听闻文王兴作,也高兴地说:'何不归来依附之?我闻西伯善养老者。'天下有善养老者之人,则仁人以为是己之所归啊!五亩之宅,在墙下种以桑树,匹妇用以养蚕缫丝,则老者足以有衣可穿了。一家养五只母鸡,二只母猪,不失其时以喂,老者足以不失肉食了。百亩之田,匹夫耕之,八口之家足以无饥馁了。所谓西伯善养老者,不过是田亩土地和里居房舍按一定制度分配给民人,教之以种植树木、畜养家禽,教导其妻子儿女,使养其家中之老。五十非衣帛不暖,七十非肉食不饱。不暖不饱,称为冻馁。文王之民,无冻馁之老者,说的正是此意啊!"

【议论】

仁人所归者,文王之仁也,天下所归者,文王之仁也;而文王之仁,其性也,故而天下之所归者,其性也。

13.23 孟子曰:"**易其田畴,薄其税敛,民可使富也。**○易,通埸,田间界限;易,亦治也。畴,耕治之田也。**食之以时,用之以**

礼,财不可胜用也。民非水火不生活,昏暮叩人之门户,求水火,无弗与者,至足矣。圣人治天下,使有菽粟如水火。菽粟如水火,而民焉有不仁者乎?"

【述要】

　　孟子陈议道:"划分好田地的界限,采用十取其一的薄税制度,可使人民富裕。教民饮食以时而有节制,用度以礼而能俭省,那财货便不可胜用了。民无水火不能生活,昏暮之时,如叩人门户求水火,没有人会不给与,因家家皆有水火,从来不缺啊!同理,圣人治天下,使民有充足之菽粟,如水火可随时而得。菽粟如水火可随时而得,而民焉有不仁呢?"

【议论】

　　暴君乱天下,富己而已,圣人治天下,富民而已;富己是纵其私欲,富民是顺其善性;故善性之用大矣!而圣人之言性善,已定天下人心之光明,亦使诸恶无所遁其形,仁义之彰显方为可期也。

13.24 孟子曰:"孔子登东山而小鲁,登太山而小天下。故观于海者难为水,游于圣人之门者难为言。东山,盖鲁城东之高山,而太山则又高矣。○言,统言其道德言行。

观水有术,必观其澜。日月有明,容光必照焉。澜,水之湍急处也。明者,光之体;光者,明之用也。**流水之为物也,不盈科不行;君子之志于道也,不成章不达**。"○科,坑,坎。○成章,君子之道,内以润身,外而彰于言语、文章、事功者。成章,所积者厚,而文章外见也。达者,足于此而通于彼也。

【述要】

　　孟子道:"孔子登东山以远望,而鲁国已显得小了,可尽收眼底;待登泰山以远望,而天下已显得小了,亦可尽收眼底。因此,曾观于沧海之浩瀚无涯者,再也不能为随流之水了,既为水,必流归于沧海之大,方能称之为水啊!曾游于圣人之门,既见识过圣人气象者,再也不能为随意之言了,其为言,必高就于圣人之道,方能称之为言啊!

观水有术,必观其澜,或远水轻波,或洪涛巨浪,起伏间有无穷之量,迟速间有连绵之力,是大道之用啊!而听言亦有术,圣人之言如日月而有光明,所谓光明,凡可容留光明之处必照,而圣人之言,凡有人心处亦无不照彻啊!流水之为物,不填满沟坝不行,不入于海不止。君子之志于道,德不积厚,则不能复其性善;学不积厚,则不能致于高明,不能显其德厚;其学不致用以成就,则不能行道而通达于天下啊!"

【议论】

水之归海,言以就道,是君子所立乎大者。又所谓君子之大者,其自有深广如海之性,其本具高明如圣之道也。

13.25 孟子曰:"鸡鸣而起,孳孳为善者,舜之徒也。孳孳,勤勉之意。○善,众生之利。言虽未至于圣人,亦是圣人之徒也。**鸡鸣而起,孳孳为利者,跖之徒也。**○利,一己之私。跖,盗跖也,古时大盗。**欲知舜与跖之分,无他,利与善之间也。**"○间,异,不同。善与利,公私而已矣;才出于善,便以利言也。

【述要】

孟子析义道:"鸡鸣而起,勤勉以为善者,这是大舜之徒;鸡鸣而起,努力为利者,这是盗跖之徒。欲知大舜与盗跖的分别,无他,只是利与善之间啊!"

【议论】

君子与小人之分,无他,利与善之间也。君子所以为君子,是其所为为君子,而小人所以为小人,是其所为为小人也。君子所为者,志践于行,德见于事也。

13.26 孟子曰:"杨子取为我,拔一毛而利天下,不为也。杨子,名朱。○取,主张。**墨子兼爱,摩顶放踵利天下,为之。**墨子,名翟。兼爱,无所不爱也。摩顶,摩突其顶也。放,至也。**子莫执中,执中为近之,执中无权,犹执一也**。子莫,鲁之贤人也。执中,知杨、墨之失中也,故度于二者之闲而执其中。近,近道也。权,称锤也,所以称物之轻重而取中也。○执一也,道之所贵者中,中之所贵者权。执中而无权,则胶于一定之中而不知变,是亦执一而已矣。**所恶执一者,为其贼道也,举一而废百也。"** 贼,害也。举一而废百,为我害仁,兼爱害义,执中者害于时中,皆举一而废百者也。

【述要】

孟子辨微道:"杨子主张为我,而拔一毛以利天下,不为之,这是害仁,因其极端自私而仁无所用。墨子视天下为一家而兼爱之,摩顶放踵以利天下,必为之,这是害义,因爱无等差而义无所取。鲁之贤者子莫知杨墨各极一端而失中,故审度两端而执中,执中是近道之法了。然中也是时时而变,虽时时而变却不离其中称为'时中',若不知'时中'之义,以为中有一定而不变,则执此一定之中而无权变,这犹如固执于一而不知有其他。执一者为人所恶,因它是贼害仁义之道,执一者举一而废百,这与杨墨有何区别呢!"

【议论】

中道之为道,时中也;时时而中,则有随时之义也,万事时时以变化,岂不有随时之义焉?有随时之义方可以言道也,故君子执中而非执一也。

13.27 孟子曰:"饥者甘食,渴者甘饮,是未得饮食之正也,饥渴害之也。岂惟口腹有饥渴之害?人心亦皆有害。○害,为不利所伤。**人能无以饥渴之害为心害,则不及人不为忧矣。"**

【述要】
　　孟子道:"饥者有食而心甘,渴者能饮亦心甘,这是未得正常的饮食,为饥渴所害,只要有正常的饮食,便没有饥渴。难道只有口腹有饥渴之害吗?人心也皆有饥渴之害呀,修养不足,则有内心之饥渴,修养足,则无内心之饥渴。因此人如能时时进德修业,无使心有饥渴之害,那即便他暂时修养不及人,也不足以为忧了。"

【议论】
　　心无修养则害,一如口腹无饮食则害,而饮食之欲人而有之,修养之欲,则唯君子有之;饮食可以饱腹,人而知之,而修养可以饱德,亦唯君子知之也!

13.28 孟子曰:"柳下惠不以三公易其介。"○三公,上卿之位。○易,改也。○介,直道而不屈。柳下惠进不隐贤,必以其道,遗佚不怨,厄穷不悯,直道事人,至于三黜,是其介也。

【述要】
　　孟子道:"柳下惠以直道事人,三黜而不去,不以三公之位改易其信念。"

【议论】

介直者,直取仁义也,而仁义根乎性,则其介直岂能改易之?

13.29 孟子曰:"有为者辟若掘井,掘井九轫而不及泉,犹为弃井也。"○辟,同譬。○轫,同仞。八尺为仞。

【述要】

孟子道:"什么是有为者呢? 譬如掘井,掘井九轫而不及泉,犹为弃井,有为者知晓其中道理,故而有为者从不中途而止,尽弃前功,必坚韧其志而一往无前啊!"

【议论】

必有及泉见道之志,方可谓有为,有为者,不改其志也。

13.30 孟子曰:"尧、舜,性之也;汤、武,身之也;五霸,假之也。○之,仁义也。○性之,以仁义为人性,以人性为仁义,自尧、舜始。尧、舜天性浑全,不假修习。而躬行仁义,其心言其行无不仁义,故仁义为其性,其性为仁义,从此而有仁义之实也。身之,汤、武知仁义之美而修身体善道,以复其性。五霸则假借仁义之名,以求济其贪欲之私耳。**久假而不归,恶知其非有也。**"归,还也。有,实有也。○恶知,五霸久假仁义,一者是五霸如何自知,二者是众人如何知之;故此句有二重之义。

【述要】

孟子道:"尧舜天生道善,仁而博施,义以广济,开先王之道,而定性于仁义;汤武,躬身行践,无不仁义,更充实于先王之道,充实于仁义。尧舜汤武之为圣王,是其仁义自用,又以仁义治天下啊! 而五霸,却假借仁义之名,行名利之私呀。久假仁义而不知归于仁义之实,他们如何能自知心无仁义呢? 是自欺已久啊! 众人又如何能知晓他们心无仁义呢？是因为他们久假仁义而不归于仁义之实,所以不能欺人啊!"

【议论】

仁义可达于天下,故假借仁义以自欺欺人者多矣。久假仁义而不归其实,终不能掩其假也,故自欺尚可,终不可欺人也。

13.31 公孙丑曰:"伊尹曰:'予不狎于不顺。'放太甲于桐,民大悦。太甲贤。又反之,民大悦。予不狎于不顺,《太甲》篇文。狎,习见也。不顺,言太甲所为,不顺义理也。○反,同返。**贤者之为人臣也,其君不贤,则固可放与?"**

孟子曰:"有伊尹之志则可,无伊尹之志则篡也。"伊尹之志,公天下以为心而无一毫之私者也。

【述要】

弟子公孙丑问:"伊尹说:'我不能容忍太甲所为不顺于先君之道。'于是将太甲放逐于桐,人民大悦。待太甲贤而知礼,仁而爱民,又迎返太甲为君,人民大悦。请问贤者为人臣,其君不贤,是本来便可以放逐的吗?"

孟子陈议道:"有伊尹之志,便可以;无伊尹之志,便为篡位了。"

【议论】

伊尹之志,公天下之心也,篡位之想,私天下之心也;而公私之分,又有民悦之与否也;故心志于内,民悦在外,二者需兼之,方可论公也。

13.32 公孙丑曰:"诗曰'不素餐兮',君子之不耕而

食，何也？"

孟子曰："**君子居是国也，其君用之，则安富尊荣；其子弟从之，则孝弟忠信。'不素餐兮'，孰大于是？**"诗，《诗·魏风·伐檀》之篇。素，空也。无功而食禄，谓之素餐。○尊荣，国治而民有享。尊，重也，贵也。荣，有华色。

【述要】

弟子公孙丑问："《诗·魏风·伐檀》之篇说：'不能无功而食禄啊！'君子却不耕而食，这是为何呢？"

孟子陈议道："君子居是国，其君用其道，则国能安富、民有尊荣；其子弟从之，则可以学孝悌忠信。'不能无功而食禄啊！'这是说有食者须有所作为，有所作为者方可以为食，那谁能大于君子的所作所为呢？"

【议论】

孝悌忠信，生民所以立身也，安富尊荣，天下所以治平也，君子之用大矣哉！故君子以其天爵享食，岂有不可乎？

13.33 **王子垫问曰："士何事？"**垫，齐王之子，名垫。

孟子曰："尚志。"尚，高尚也。志者，心之所之也。

曰："何谓尚志？"

曰："仁义而已矣。杀一无罪，非仁也；非其有而取之，非义也。居恶在？仁是也；路恶在？义是也。居仁由义，大人之事备矣。"

【述要】

齐王之子王子垫不解地问："公卿大夫为王事，百工为器用，商贾为货贩，农人为稼穑，那士有何事呢？"

孟子道:"士一心尚志。"

又问:"何谓尚志?"

孟子道:"仁义而已。杀一无罪之人,不仁,非其有而取之,不义。士居于何处?是居仁;君子路由何处?是由义。君子居仁由义,则上可以辅佐君王,下可以教化生民,率天下以就有道,致广土以成乐土,此大人之事啊!大人之事,君子则已足备能力了!"

【议论】

士何事?大人之事也;大人者,尚志之人也。

尚志,是尚仁义也;士终生唯以仁义为事,无他。

13.34 孟子曰:"仲子,不义与之齐国而弗受,人皆信之,是舍箪食豆羹之义也。人莫大焉亡亲戚、君臣、上下。以其小者信其大者,奚可哉?" 仲子,陈仲子也。豆羹之义,小廉耳。人莫大焉,仲子避兄离母,不食君禄,无人道之大伦,其人有罪,罪莫大焉。○亲戚、君臣、上下,为人伦也,人之大义所在。

【述要】

孟子陈议道:"陈仲子嫌其兄之财为不义,因此他远避其兄,远离母亲;他也嫌国君之禄为不义,因此不食君禄;如不义而给与他整个齐国,而他肯定不受,众人皆会相信之,并以为陈仲子这样做便是大义所在。但陈仲子之义,是舍弃箪食豆羹之类的小义,而人之大义在人伦之得,并非国土之得,因此人之所失莫大于没有了亲戚、君臣、上下,陈仲子所为,全然没有了人伦,早已失大义,还谈何大义呢?众人以其小义而信其有大义,是错会了大义,这怎么可以呢?"

【议论】

君子论义,必从其大,不受天下亦不过小廉耳。

13.35 桃应问曰:"舜为天子,皋陶为士,瞽瞍杀人,则如之何?" 桃应,孟子弟子也。○士,士官。掌刑法。○瞽瞍,舜父。○杀人,谓杀舜之事,非杀他人。

孟子曰:"执之而已矣。" 言皋陶之心,知有法而已,不知有天子之父也。

"然则舜不禁与?"

曰:"夫舜恶得而禁之?夫有所受之也。"

"然则舜如之何?"

曰:"舜视弃天下犹弃敝蹝也。窃负而逃,遵海滨而处,终身䜣然,乐而忘天下。" 蹝,同屣。草履也。遵,循也。䜣,同欣。

【述要】

弟子桃应问说:"舜为天子,皋陶为法官,瞽瞍杀舜之事,若皋陶知晓了,则将如何处置?"

孟子道:"将瞽瞍执而法办而已呀!"

又问:"那舜不阻止吗?"

孟子道:"舜如何得而阻止呢?皋陶所执之法是有所受之于先王。"

再问:"那舜将如之何?"

孟子道:"舜视弃天下犹弃敝屣。故而他必私下背负其父而逃,远处海滨而深居,终身欣然悦然,乐而忘天下啊!"

【议论】

亲亲为大,天下为小,故舜之弃天下,不亦宜乎?法为大,天子之父为小,故皋陶之执瞽瞍,不亦宜乎?小大以分,则各有事宜也。

13.36 孟子自范之齐,望见齐王之子。喟然叹曰:"居

移气,养移体,大哉居乎! 夫非尽人之子与?"范,齐邑。居,谓所处之位。养,奉养也。

孟子曰:"**王子宫室、车马、衣服多与人同,而王子若彼者,其居使之然也;况居天下之广居者乎?** ○广居,指仁。**鲁君之宋,呼于垤泽之门。守者曰:'此非吾君也,何其声之似我君也?'此无他,居相似也**。"垤泽,宋城门名也。

【述要】

孟子自范地去往齐都,望见齐王之子气度不凡,喟然而叹道:"居处方式可潜移气质,教养内容可默化仪容,与何人居处,受何人教养,其中作用大呀! 不是所有人子皆如此啊!"

孟子又因此道:"王子所居宫室、所乘车马、所穿衣服,多与人同,而王子却是那样的与众不同,其居处方式、教养内容使之如此。以王子之所居,尚有潜移默化之用,何况那些居于仁域之广大、以圣人之言教为养者,他们的心胸气度,如何能不变化呢? 当年鲁君去往宋国,呼于垤泽之门。守门者说:'他不是我们国君,而他的声音与我君何其相似!'此无他,居处、教养相似呀! 同其理,那些居于仁域之广大、以圣人之言教为养者,岂不也有相似之处? 皆有仁义之情怀,皆有道义之相投啊!"

【议论】

居于仁域,则居于天下之广居,故君子自有其气象,必不落于庸常也。

13.37 孟子曰:"**食而弗爱,豕交之也;爱而不敬,兽畜之也**。交,接也。畜,养也。豕,猪也。兽,谓犬马之属。**恭敬者,币之未将者也**。○币,币帛,进贡、馈赠之礼。将,犹奉也。《诗》曰:"承筐是将。"**恭敬而无实,君子不可虚拘**。"

【述要】

　　孟子陈议道："只施食而不爱,这是与豕交接的方式;爱之而不敬,这是畜养狗马的方式。奉送币帛以示恭敬,而恭敬之心,是在币帛未奉前已有;因此,虽有人奉送币帛而无恭敬之心,君子亦不可为所送之礼所局限了。"

【议论】

　　虽有礼物,未必有礼;礼者,恭敬之心也,礼物者,以现其恭敬之心也。若虚拘于币帛之奉,是好财货,而非好礼也。

13.38 孟子曰:"形色,天性也;惟圣人,然后可以践形。"○形色,形貌。○践形,籍形色之躯以尽人性之善。践,如践言之践。

【述要】

　　孟子陈议道："人之形色形貌,是人的天性使然。天性既存于形色之中,因此人可以借形色以尽其天性之美善。庸常者徒有形色,但不知借形色而践行其中天性之美善,使天性之美善充盈其形色,达于四体而使精神登于美善之域;唯有圣人能尽其天性之美善,然后可以践形复性,登于天地之辽阔啊!"

【议论】

　　君子者,岂能徒负形色?但能效圣人践形尽性,不辜负此生平也。

13.39 齐宣王欲短丧。

公孙丑曰:"为期之丧,犹愈于已乎?"○期,一年。已,犹止也,谓除服。

孟子曰:"是犹或紾其兄之臂,子谓之姑徐徐云尔,亦教之孝弟而已矣。"○紾,戾也,扭也。

王子有其母死者,其傅为之请数月之丧。公孙丑曰:"若此者,何如也?"○母,庶母,君之妾;君之正妻谓嫡母。傅,师也。

曰:"是欲终之而不可得也。虽加一日愈于已,谓夫莫之禁而弗为者也。"

【述要】

齐宣王欲将三年之丧缩短为一年的短丧。

公孙丑因此问说:"为期一年的服丧,仍然强过不服丧吧?"其言下之意是认同短丧。

孟子道:"这犹如有亲弟强扭其兄之臂,本当立即阻止之以防其兄受伤,你却说不妨事,姑且徐徐开导之,劝其不可,这也就是你所谓的孝悌之教而已吧。本当立即阻止的,却不予阻止,这是减损了这位亲弟的悌心啊!同理,本当三年之丧,却减为一年,这也是减损了人子的孝心啊!"

有王子的亲生母亲去世,其师傅为他向国君请数月之丧。公孙丑便问:"有像这样的短丧,又如何作解释呢?"

孟子道:"王子是想终三年之丧,却迫于父亲在、嫡母在而不可得啊!在此情形下,虽多加一日服丧,也强过不服呀!这其实是说王子若不受禁则不会为短丧啊!"

【议论】

孔子曰:"子生三年,然后免于父母之怀。夫三年之丧,天下之通丧也。予也有三年之爱于其父母乎?"

13.40 孟子曰:"君子之所以教者五:有如时雨化之者,时雨,及时之雨也。**有成德者,有达财者,**○达,成也。财,与材同。

有答问者,有私淑艾者。私,窃也。淑,善也。艾,治也。**此五者,君子之所以教也。**"

【述要】

孟子开陈道:"君子之教之所以称之为教化,有五者:一者,君子之教有如时雨润泽,有广化民心之能;二者,君子之教有成人美德之能;三者,君子之教有达成贤才之能;四者,君子之教有答问解惑之能;五者,君子之教可以流芳百世,后世君子犹有所取善而以为自治,以为天下之治。有此五者,君子之教所以称教化啊!"

【议论】

君子之教无所不被,小大由之,百世由之也。

13.41 公孙丑曰:"道则高矣,美矣,宜若登天然,似不可及也。何不使彼为可几及而日孳孳也?"

孟子曰:"大匠不为拙工改废绳墨,羿不为拙射变其彀率。彀率,弯弓之限也。**君子引而不发,跃如也。中道而立,能者从之。**"引,引弓也。发,发矢也。跃如,如踊跃而出也。中者,无过不及之谓。○中道,求道之法不失其中。

【述要】

弟子公孙丑问:"道,当然是高明的、美善的,而要学道、体道、中道,好像登天一般,似不可及呀!为何不使道变为有希望可及的目标而能日日孳孳以求呢?"

孟子陈议道:"大匠不因为拙劣的工匠而改弃绳墨的精确,后羿不因为拙劣的射手而变更弯弓的标准,可见教人之法不可易,易则无法。君子传道犹如教人射箭,引弓而不发,使箭如跃然待飞之状,这样便可使学者明了射箭之法,能否中靶,不过在具体技艺之中,技艺纯熟,何愁中靶,同其理,道术精纯,何愁中道。因此君子只求中道而立其教法,能者从之而能领悟其中的奥妙,自然能从容中道,何必于一个所谓的道字耿耿于怀呢?"

【议论】

道在日常用度之中,所谓由义行仁中其有之,言行诚正中其有之,反身省觉中其有之;未曾于日用之外,有一纯然独立之道待人孳孳以求之者也。

13.42 孟子曰:"天下有道,以道殉身;○以道殉身,身所在则道相随之。**天下无道,以身殉道**。○以身殉道,道所在则身相随之。○道,以成人也。殉,如殉葬之殉,以死随物之名也。○身,以载道也。**未闻以道殉乎人者也**。"以道从人,妾妇之道。

【述要】

孟子道:"天下有道,君子则以道相随而成就其身;天下无道,君子则不惜杀身以追随于道,即以其身成就其道。可见道唯存于成就其身、成就其道者,从未闻无成就者,能以道相从随的。"

【议论】

以道殉身,以身殉道,身与道之不可分,方有道可言;可分者,则无道可言;故身外无道,道外无身也。

13.43 公都子曰:"滕更之在门也,若在所礼。而不答,何也?" 更,滕君之弟,来学于孟子者也。○在所礼,举止所在有礼。

孟子曰:"挟贵而问,挟贤而问,挟长而问,挟有勋劳而问,挟故而问,皆所不答也。滕更有二焉。" ○挟,自恃。○故,故旧之好。孟子与滕君昔有交谊,滕更挟之。

【述要】

弟子公都子问:"滕更来学在先生门下,其举止好像皆在礼,而先生不答其所问,这是为何?"

孟子道:"自挟身贵而问,自挟才贤而问,自挟年长而问,自挟有勋劳而问,自挟与我有故而问,此皆我所不愿作答。滕更挟贵挟贤,故不答。"

【议论】

学问之道,首在意诚,意诚而道心大用,则于学问不亏也。有所挟则无意诚,无意诚,岂有学问之可为?孟子不屑于教,滕更若能反思其诚,则教在其中矣。

13.44 孟子曰:"**于不可已而已者,无所不已;于所厚者薄,无所不薄也**。○薄,减也。已,止也。**其进锐者,其退速。**"进锐者,用心太过,其气易衰,故退速。○锐,锋利也。○速,迅也,快也。

【述要】

孟子道:"进德不可止,于进德而止,那没有什么不可止了;为仁所当厚,于为仁而薄,那没有什么不能薄了。为仁进德也当由中道,若锐意求进而用心太过,其退往往也快啊!"

【议论】

进与退之间,皆有理势之当然,过犹不及,中道而已。

13.45 孟子曰:"**君子之于物也,爱之而弗仁;于民也,仁之而弗亲。亲亲而仁民,仁民而爱物。**"物,谓禽兽草木。○

爱,爱物也。○仁,爱人也。○亲,爱亲也。

【述要】

孟子道:"君子之于物,爱惜之而不仁爱之;君子之于民,仁爱之而不亲爱之;君子之于亲,亲爱之;君子亲爱其亲而后仁爱其民,仁爱其民而后爱惜于草木禽兽。"

【议论】

君子之仁,推而为亲亲、仁民、爱物也。亲亲、仁民、爱物一归于仁,此谓理一而分殊也;所以分殊,是亲疏不同,仁有等差也;而仁虽及于物,已无同仁之仁,盖物之与人不类也。

君子之于物,因爱惜之,故于草木禽兽当取之以时,用之以节也。君子之于民,有同仁之宜,故为讲信修睦也。君子之于亲,因亲爱之故,故有孝悌之义也。

13.46 孟子曰:"**知者无不知也,当务之为急;仁者无不爱也,急亲贤之为务。尧、舜之知而不遍物,急先务也;尧舜之仁不遍爱人,急亲贤也。不能三年之丧,而缌小功之察;放饭流歠,而问无齿决,是之谓不知务。**"三年之丧,服之重者也。缌,缌麻也,丧服名,以细麻制丧服,服期三月,为亲属也。小功,丧服名,以稍粗熟麻制丧服,服期五月,为兄弟也。缌、小功,服之轻者也。察,致详也。放饭,大饭。流歠,长歠,不敬之大者也。问,讲求之意。○歠,饮,啜。齿决,啮断干肉,不敬之小者也。○齿决,不咬断干肉,有礼。《礼》曰:"濡肉齿决,乾肉不齿决。"

【述要】

孟子道:"智者于世事无不能知,而知晓当先之事务为急要;仁者于世人无不能爱,而爱亲人贤者为急务。以尧舜之智却不遍知于物,是因急于首先之事务;以尧舜之仁却不遍爱于人,是因急于爱亲人贤者。不能为父母尽三年之丧,却关注于为亲属的缌麻三月之丧、为兄弟的小功五月之丧;于尊者前用饭,放任大吃大喝的恶习,却讲究不咬断干肉的小节,这都是不知急务啊!"

【议论】

　　智无不知,仁无不爱,而知有先后本末,爱有亲疏远近,知先知本,爱亲爱近,仁智者之急务也。然后由先而后,由本而末,由亲而疏,由近而远,此仁智者之长务也。虽有急务,后须长务;虽有长务,先当急务,则其身有修,其国能治也。

卷十四 尽心章句下

卷十四　尽心章句下 凡三十八章。

14.1 孟子曰："不仁哉，梁惠王也！仁者以其所爱及其所不爱，不仁者以其所不爱及其所爱。"○及，推也。

公孙丑曰："何谓也？"

"梁惠王以土地之故，糜烂其民而战之，大败，将复之，恐不能胜，故驱其所爱子弟以殉之，是之谓以其所不爱及其所爱也。"糜烂其民，使之战斗，糜烂其血肉也。复之，复战也。○殉，为之而死。

【述要】

孟子痛心道："真是不仁啊，梁惠王！仁者以其所爱推及其所不爱，不仁者以其所不爱推及其所爱。"

弟子公孙丑不解地问说："先生此话作何解呀？"

孟子道："梁惠王以贪求土地之故，不惜糜烂民之血肉而与他国争战，大败之后将要复仇，恐不能胜，故而驱使其所爱的国中子弟以送死。靡烂血肉以送死是人之所不爱，国中子弟是人之所爱，而梁惠王却将靡烂血肉推及于国中子弟，可见梁惠王之不仁，不仁者，便是说以其所不爱推及其所爱啊！"

【议论】

亲亲、仁民、爱物，此仁者推仁也；而不仁者推恶，是梁惠王也。

14.2 孟子曰:"春秋无义战。彼善于此,则有之矣。《春秋》每书诸侯战伐之事,必加讥贬,以著其擅兴之罪,无有以为合于义而许之者。**征者上伐下也,敌国不相征也。**"征,所以正人也。

【述要】

孟子痛陈道:"《春秋》所记,诸侯间之争战,不过争霸主之名,拓疆域之广而已,没有合道义的。当然,其中有些诸侯好于另一些诸侯,那是有的。所谓征,是以天子之令讨伐有罪之诸侯,诸侯间互为敌国是不能相征伐的。而春秋诸侯不奉天子之命以相互攻伐,所以无义战。"

【议论】

而自春秋以至于今,征伐一自诸侯出,天下无道久矣。

14.3 孟子曰:"尽信书,则不如无书。吾于武成,取二三策而已矣。武成,《周书》篇名,武王伐纣归而记事之书也。策,竹简也。取其二三策之言,其余不可尽信也。**仁人无敌于天下。以至仁伐至不仁,而何其血之流杵也?**"杵,舂杵也。或作卤,楯也。

【述要】

孟子释疑道:"《尚书》多有记事,记事之辞则与事实难免出入,学者自当辨识其中之义;如学者不能慎思明辨,尽信《书》中所言之事,会反害其义,则不如无《书》了。比如我于《尚书·武成》之篇,只取信其中二三策而已。《武成》之事是武王伐纣而归所记,其中大义是仁人奉天伐暴,无敌于天下。书中有说伐纣时血流漂杵,以为是武王杀伐太重,其实是商人队伍的前卒倒戈而自相残杀,非武王杀之。武王以至仁讨伐纣王的至不仁,而如何会有血之流杵呢?"

【议论】

孟子所重者,仁而不杀之心也。

14.4 孟子曰:"有人曰:'我善为陈,我善为战。'大罪也。制行伍曰陈,交兵曰战。**国君好仁,天下无敌焉。南面而征北狄怨,东面而征西夷怨。曰:'奚为后我?'武王之伐殷也,革车三百两,虎贲三千人**。两,车数,一车两轮也。千,《书》序作百。**王曰:'无畏!宁尔也,非敌百姓也。'若崩厥角稽首。**《书·太誓》文与此小异。○厥角,叩头。厥,同蹶,顿也。角,额角。**征之为言正也,各欲正己也,焉用战?"**○欲,愿也。

【述要】

孟子开陈道:"有人说:'我善为兵阵,我善为争战。'欲无故杀人,这是大罪啊!国君好仁,天下无敌。商汤向南面而征,北夷之民便会埋怨;向东面而征,西夷之民便会埋怨;埋怨的理由是说:'仁者征伐,为何后伐于我们。'他们皆希望商汤早来征伐啊!武王伐殷商时,革车三百两,虎贲三千人。武王安慰商人道:'无需畏惧,是来安抚你们的,非与百姓为敌。'于是商人稽首叩拜至地,声响若山崩。仁者征伐之征,是言除暴安良,以正其国呀!而各方百姓所愿,是仁者速来正己之国,既是百姓所愿,如何还要用争战呢?"

【议论】

不仁者有罪。

14.5 孟子曰:"梓匠轮舆能与人规矩,不能使人巧。"○梓匠轮舆,梓,做器具之工匠。匠,造房屋之工匠。轮,造车轮之工匠。舆,造车厢之工匠。规矩,法度可告者也。

【述要】

孟子劝学道:"做器具,房屋、车轮、车厢的能工巧匠能教人以规矩法度,却不能使人有巧思,巧思心悟,下学上达是强学而后能得。"

【议论】

巧思乃心之所悟,非由人授,而不由规矩法度,亦不能悟得巧思也;故规矩之授在匠,而巧思之得在己。君子于道亦然,道由心悟,而不由道术,不能悟道也;故道术之传在师,而悟道在己也。

14.6 孟子曰:"舜之饭糗茹草也,若将终身焉;及其为天子也,被袗衣,鼓琴,二女果,若固有之。" 饭,食也。糗,干糒也。茹,亦食也。袗,画衣也。二女,尧二女也。果,同婐,女侍也。

【述要】

孟子称述道:"舜在野为农时,食干粮,吃草根,似乎将终身为农于田野。及其为天子,被袗衣,鼓琴,有尧之二女为侍,似乎为天子是他固然有的天命。"

【议论】

圣人本性安命而已,有则有之,无则无之,有则尽性以为善,无则顺命以为安也。

14.7 孟子曰:"吾今而后知杀人亲之重也:杀人之父,人亦杀其父;杀人之兄,人亦杀其兄。然则非自杀之也,一间耳。" ○一间者,我往彼来,间一人耳,其实与自害其亲无异也。

【述要】

孟子痛心道:"我从今而后知杀人亲的严重了,杀人之父,人也杀我父;杀人之兄,人也杀我兄。然而父兄不是由我亲自杀之,是由他人杀之,杀人者往往如此以为。其实我杀与他杀只有一点间隔,没有我杀人之父兄,岂有人杀我之父兄!如此则杀父兄者,难道不是我自己吗?"

【议论】

恨怨既深,不相杀何以解恨,恨非仁,解恨亦非仁也。故唯非杀离恨,而有仁心之长养也。

14.8 孟子曰:"**古之为关也,将以御暴**。讥察非常。**今之为关也,将以为暴。**"

【述要】

孟子愤然道:"古代设关隘禁区,将作为抵御外来之暴;今设关隘禁区,层层盘剥,限制民生,将成为暴虐之政了。"

【议论】

为关一事已见其暴,可见今日为政之酷烈也,亚圣心忧之。

14.9 孟子曰:"**身不行道,不行于妻子;使人不以道,不能行于妻子。**"○身不行,力不逮也。○不能行,亦不行也。

【述要】

孟子开陈道:"身不行道,则无以安身立命,己不安立,则不足以安立妻子;使人不以道,则不足取信于人,取信不足,亦不能信于妻子了。"

【议论】

修身以道,使人以道,齐家之本也。

14.10 孟子曰:"周于利者,凶年不能杀;周于德者,邪世不能乱。" 周,足也,言积之厚则用有余。○杀,窘困。○邪世,无道之世。

【述要】

孟子道:"周足于财利者,凶年不能使之困窘;周足于仁德者,邪世不能使其迷乱。"

【议论】

利在积厚,德亦在积厚也;利不厚则窘,德不厚则乱矣。

14.11 孟子曰:"好名之人,能让千乘之国;苟非其人,箪食豆羹见于色。" ○名,誉有其实。

【述要】

孟子开陈道:"真好君子名誉之人,能辞让千乘之国。若非真好名誉之君子,仅以箪食豆羹之小利,足使其现贪婪之色。"

【议论】

君子好名,小人爱利。君子轻富贵,能让千乘之国,小人贪财货,但争一豆之羹。

14.12 孟子曰:"不信仁贤,则国空虚。 空虚,言若无人然。

无礼义，则上下乱。礼义，所以辨上下，定民志。**无政事，则财用不足。"**

【述要】

孟子陈议道："不信仁贤，则国朝空虚无人才；无礼义以定人伦，立纲常，则上下乱；无政事之良，则百业不兴，财用不足。"

【议论】

信仁贤，礼义，国政，三者为治国之大要也。以信仁贤先，次礼义，再次国政，治国次第如此。

14.13 孟子曰："不仁而得国者，有之矣；不仁而得天下，未之有也。" ○国，国土、民众。○天下，广土众民及人心所在。

【述要】

孟子道："不仁而窃国的，历史有之；不仁而赢得天下人心的，有史以来从未有之啊！"

【议论】

天下，不唯国土之广，民人之众，更有人心之属也，若无人心之属，则不足言天下；而人心得失唯在仁，故无仁，亦不足以言天下也。

14.14 孟子曰："民为贵，社稷次之，君为轻。○社稷，谓土谷之神，亦谓祀土谷之祭坛。社，一方土地之神。稷，一方五谷之神。建国则立坛墠以祭祀土谷之神，谓社稷坛。社稷虽为土谷之神，而就国家而言，其所服者，民也，故社稷轻于民。**是故得乎丘民而为天子，得乎天子为诸侯，得乎诸侯为大夫**。○丘，众。○得，以其功勋得信。**诸侯**

危社稷,则变置。诸侯无道,将使社稷为人所灭,则当更立贤君,是君轻于社稷也。**牺牲既成,粢盛既洁,祭祀以时,然而旱干水溢,则变置社稷。**○粢盛,供祭祀之谷物。黍稷曰粢,在器曰盛。○变置社稷,社稷因社稷坛而有灵,祭祀社稷而不能去旱干水灾,则此社稷坛已不能使社稷显其神用,故毁旧坛而更置新坛,以使社稷重现神用。故变置社稷非变置土谷之神,唯毁旧置新而已。

【述要】

孟子陈议道:"国以民为本,社稷为民而立,国君的尊荣系于民与社稷的存在;因此民为贵,社稷次之,君为轻。也因此,以大勋绩得民心而能为天子,以功劳得天子之心而能为诸侯,以政绩得诸侯之心而能为大夫。若诸侯无道,将使本国社稷为人所灭,则当变其国君而更置新君,可见君轻于社稷。祭祀社稷的牺牲既已备好,所供谷物又已净洁,且祭祀以时,然而干旱、水灾仍然不绝,则当毁弃旧的祭坛而更置新的,可见社稷虽重于君,却轻于民啊!"

【议论】

近贤有云孟子所谓"民为贵",只是民有民享,未有民治也;民无治权,不能参与社会决策,无实际之政治地位,则所谓"民为贵"盖不能比美于现代民主,果如其说乎?

民主,其基础是人生而平等。而孟子早已言人人有仁义之性,此为性分平等;又言人人可以为尧舜,而尧舜者,先王也,故其亦肯定人格可以平等;可见孟子所言平等,极尽人性而言,其内涵已是人全然生命之平等,无论是人之初生,或后来生命之延展。孟子哀生民位卑之多艰,愤君王政劣之多暴,其言"民为贵",根本是强调人人平等。故"民为贵"是就人性而言,并非从民具体之用而言,"民主"是"民为贵"之具体实践,可见"民为贵"先于"民主",按今日学说,两者是高下不同之范畴,"民主"是以"民为贵"为基础,即以人性而基础,是"民为贵"之具体实践,两者岂可等量其观?若觉性与智慧,智慧是觉性于具体事物之运,觉性先于智慧,二者不可混淆。

"民为贵"既已备极人性,其天理之完备,是一切民主实践之基础,是民主实践之内在义理。在孟子,未必说民主,而观《孟子》,其所以能陈大义于诸侯之前,是其以天下为生民之天下也;其所以敢斥诸侯,是其以为天下之治必为圣贤君子也,圣贤君子者岂不可出乎民?此皆可谓民主实践之先声也。

民有民享民治则为民主之具体,是民主实践于具体文化制度下之产物,三者范畴既在民主之下,又何能直接追比于"民为贵"之说?故近贤将史上民治之缺归咎于"民为贵"之不足,实在是未解于孟子之大体,民治之缺非孟子之说之不足,是民主实践之未足也。

14.15 **孟子曰:"圣人,百世之师也,伯夷、柳下惠是也。故闻伯夷之风者,顽夫廉,懦夫有立志;闻柳下惠之风者,薄夫敦,鄙夫宽。奋乎百世之上。百世之下,闻者莫不兴起也。非圣人而能若是乎,而况于亲炙之者乎?"** ○顽,贪也。兴起,感动奋发也。亲炙,亲近而熏炙之也。

【述要】

孟子赞叹道:"圣人,是百世之师啊!伯夷、柳下惠皆是啊!伯夷不忍居乱世,避纣王而远遁于北海之滨,以待天下之清,故而听闻伯夷的立世风骨,能使顽劣贪婪之徒生廉耻之心,懦弱胆怯之辈有立志之意。柳下惠三黜而不离父母之邦,被国君遗佚不用,而无怨怼之心,处阨困穷而不自悯自怜;听闻柳下惠的立世风骨,能使薄情寡义之辈敦厚其性,鄙陋狭隘之徒宽其心胸。圣人早已昂扬奋发于百世之上,而百世之下,凡听闻圣人事迹者,莫不感动其心而兴然起志,非圣人而能如此吗?听者尚能兴然起志,何况那些于圣人能亲近而受其熏炙者啊！"

【议论】

亚圣追怀往圣，情不自禁兴由衷之赞叹，希冀往圣在侧而能日夜以亲炙。道云亲切，心曰相与，虽百世而无间矣。

14.16 孟子曰："仁也者，人也。合而言之，道也。"或曰"外国本，'人也'之下，有'义也者宜也，礼也者履也，智也者知也，信也者实也'，凡二十字。"〇仁，成人之理，即人之天性。〇道，物与理合，人与仁合。

【述要】

孟子开陈道："人之所以为人，是因有仁，无仁则无人，因此，仁便是人。仁只存在于人，无人则无仁，故仁与人须合而言之。又所谓仁，即言人人有仁，仁是人之天性，也是成人之理，而人是仁之载体，也是仁之体现。而所谓道，即言万物有道，道为成物之理，而物为道之载体，也为道之显现。因此，物与理的合一，是道；也因此故，仁与人的合一，也是道啊！"

【议论】

成人之道，成仁也；成仁者，成道也；故道者，人与仁合也。

14.17 孟子曰："孔子之去鲁，曰：'迟迟吾行也。'去父母国之道也。去齐，接淅而行，去他国之道也。"〇去，离也。

【述要】

孟子同情道："孔子离开鲁国时，他曾深情道：'但能迟迟而缓，我行将离开鲁国，真是不舍啊！'这是去父母国之道。而要离开齐国时，孔子是捞起正在淘洗的水中之米而行，刻不容缓，这是去他国之道啊!"

【议论】

孟子亦为子于鲁,其去鲁而游列国,岂无同情于孔子哉!

14.18 孟子曰:"君子之戹于陈蔡之间,无上下之交也。" 君子,孔子也。戹,与厄同,困也。君臣皆恶,无所与交也。○上下,诸侯君臣也。交,交之以道也。

【述要】

孟子感慨道:"当年,楚国听闻孔子在陈蔡之间,于是使人聘孔子,孔子将往。陈、蔡大夫见孔子将往,私下合谋说:'孔子大贤,言语所刺讥的,皆能切中诸侯之蔽。他久留陈、蔡之间,我们的所作所为,皆不称其意,一旦他重用于楚国,我们便危险了。'于是陈蔡大夫相互派人去围困孔子,孔子不得行,绝粮,从者多病,不能振作。由此可知,孔子受困于陈、蔡之间,是他与陈蔡两国的君臣上下无有交道啊!"

【议论】

交之以道,何其难也!圣人之困,无他,其道与上下不交也。然圣人之困于陈蔡,犹自弦歌之不绝,其道之云流自若,何尝有困焉?其困者不过一时之拘形而已。亚圣慨然之词,但以自况,虽亦不交于上下,其何尝有困焉!

14.19 貉稽曰:"稽大不理于口。" 赵氏曰:"貉姓,稽名,为众口所讪。"理,赖也。

孟子曰:"无伤也。士憎兹多口。○憎,为之所憎。憎,讪也。

诗云:'忧心悄悄,愠于群小。'孔子也。'肆不殄厥愠,亦不陨厥问。'文王也。"诗,《诗·邶风·柏舟》,及《诗·大雅·绵》之篇也。悄悄,忧貌。愠,怒也。〇群小,小人为群。肆,发语辞。陨,坠也。问,声问也。

【述要】

士者貉稽抱怨说:"我貉稽常为众口所讥,众人也不大理会于我。"

孟子劝慰道:"无伤大雅。有道之士从来都为众口所憎。《诗经·邶风·柏舟》之篇说:'我之心忧以悄悄,奈何无端见怒于群小。'这是卫国的仁者见妒于小人,也是孔子周游列国时的处境呀!《诗经·大雅·绵》之篇说:'虽不能消除他人之愠怒,也不因此自损名誉。'这是周人祖先古公亶父面对昆夷的入侵时所表现的自信,也是文王面对纣王的敌意时,所体现的从容达观的心境啊!"

【议论】

圣人之心,纯而善洁,王者之道,大而光晖,故能无惧于险恶,亦无铄于众口也。

14.20 孟子曰:"贤者以其昭昭,使人昭昭;今以其昏昏,使人昭昭。"昭昭,明也。昏昏,暗也。

【述要】

孟子陈议道:"贤者德性明洁,其言其行无不昭昭然允为天理,显为良知,故贤者所为无不使人昭昭然归于明德,向于善道。而今之所谓贤士,德性昏昏然暗昧,又如何能使人昭昭然明其所归,明其所向呢?"

【议论】

昭昭然者,明德也,王道之善也。明德,我之所归也,王道之善,我之所向也。

14.21 孟子谓高子曰:"山径之蹊间,介然用之而成路。为间不用,则茅塞之矣。今茅塞子之心矣。"○高子,齐人,曾学于孟子。径,小路也。蹊,人行处也。○介,因也,因藉蹊径也。然,语助。路,大路也。为间,少顷也。茅塞,茅草生而塞之也。

【述要】

孟子谓学者高子道:"山径小蹊间,行人一直用之久了而成路。闲着不用,则野草丛生而堵塞之了。如今你之心已为茅塞了。"

【议论】

蹊之间,心之理,一概于通也,于蹊则常常行之,于理则时时疏之,不能间断也。

14.22 高子曰:"禹之声,尚文王之声。"○尚,胜也。

孟子曰:"何以言之?"

曰:"以追蠡。"○追,比也。○蠡,虫蛀木也。有痕迹之意。

曰:"是奚足哉?城门之轨,两马之力与?"轨,车辙迹也。两马,一车所驾也。

【述要】

高子说:"禹王的声誉胜于文王的声誉。"

孟子道:"何以言之如此?"

高子回答说:"文王是追比禹王的圣迹。"

孟子兴然道:"这如何足以说明禹王的声誉胜于文王的声誉

呢?城门间的车轨,难道只是由两马飞车之力形成的吗?若没有城门加以规范,使入城之车必由此城门而入,岂能形成车轨呢?故不能说城门之轨是由前车留下,后车只是沿着前车之轨而行,也不能说城门之轨的形成,前车的功劳比后车大,城门之轨是众车共同形成的,众车皆有功,而众车何能建功呢?有城门的规范啊!同其理,禹王的圣迹是仁义之路,而仁义是人世之大道,人人可行,人人须行,人人必行;因有仁义之规范,禹王行之而成其仁义之路,文王行之而成其仁义之路,众人行之而成人世间的仁义之路啊!仁义在人性之仁义,不在禹王、文王,禹王就其人性而行仁义,文王就其人性而行仁义,众人就其人性而行仁义,故不必言文王追禹王之迹,众人追禹王、文王之迹,也不必言禹王胜于文王,禹王、文王胜于后来众行仁义者;禹王、文王虽是先知、先觉、先行,但仁义之路一定是众人就人性仁义之光辉、众志所共同以成就啊!"

【议论】

众车一轨,城门之路也,诸圣一轨,仁义之路也,无分先后,莫不由其路而深其轨,欲成诸圣者,但由仁义而后必同其轨,将合于诸圣而无异也。孟子之言自然妙应,神乎其神,极尽天理、良知;孟子,圣人也。

14.23 齐饥。陈臻曰:"国人皆以夫子将复为发棠,殆不可复。" 先时齐国尝饥,孟子劝王发棠邑之仓,以赈贫穷。○发,开仓赈济。○棠,齐国邑名。

孟子曰:"是为冯妇也。晋人有冯妇者,善搏虎,卒为善士。则之野,有众逐虎。虎负嵎,莫之敢撄。望见冯妇,趋而迎之。冯妇攘臂下车。众皆悦之,其为士者笑之。" ○冯妇,古人名。手执曰搏。之,适也。负,依也。山曲曰嵎,山坳也。撄,触也。笑之,笑其不知止也。

【述要】

齐国又有饥荒。弟子陈臻问说："国人皆以为夫子又将劝齐王发放棠邑粮仓中粮食,如今恐怕夫子不可再劝齐王了吧。"先前齐国饥荒,孟子曾劝齐王发棠邑之仓以赈济贫穷。

孟子婉拒道："再劝齐王便是冯妇了。晋国人冯妇,善于徒手搏虎,后一直为善,士人皆效法之。某日,山野中有众人追逐猛虎。猛虎负山嵎不出,无人敢上前触犯,他们忽然望见冯妇,忙趋步上前而迎之,冯妇便捋袖攘臂下车,准备搏虎,众人皆喜悦之,但他却为士者所讥笑。冯妇虽以搏虎成名,今为取悦众人而再搏于虎,是为博虚名,故为士者所笑。我虽曾劝王发棠,但彼时我为大夫,有言责呀,今既不为大夫,再劝于王,这也是为博虚名,终不免为大夫所笑啊!"

【议论】

开仓赈济,既是齐人所望于孟子,则孟子之言必闻于朝中君臣。齐王闻之,若曰:"昔日能听孟子之言而发棠,今孟子不在,我为何不能发棠?"诸大夫闻之,若曰:"孟子为大夫,能劝于王,我为大夫,何不能劝于王?"则孟子之言已不劝而劝矣。

14.24 孟子曰:"口之于味也,目之于色也,耳之于声也,鼻之于臭也,四肢之于安佚也,性也,有命焉,君子不谓性也。○臭,气味。○性,生之质,有恒常意。○命,运数,有变化意。

仁之于父子也,义之于君臣也,礼之于宾主也,智之于贤者也,圣人之于天道也,命也,有性焉,君子不谓命也。" ○命,人所禀受。○性,理也。

【述要】

孟子讲述道:"口之于美味有欲,目之于美色有欲,耳之于美声有欲,鼻之于香味有欲,四肢之于安逸有欲,此五种欲求虽是人的天生之性,而此五欲可否得以满足,命运不同而各自不同,且此五欲也会随命运之变化而不断变化,故君子不称此变化无常的五欲为人性,因人性有其常,非变化无常之物。

而仁之于父子,义之于君臣,礼之于宾主,知之于贤者,圣人之于天道,即所谓父子有仁,君臣有义,宾主有礼,贤者有知,圣人有天道,仁、义、礼、知、天道,这是为人者的生命中应当被赋予的五德。五德虽是有所命赋,而人性之善正合此五德,人性之善也能充分体现与践行此五德,因此君子不称此五德为命,而称之为天性,也因五德有其常,非变化无常之物。"

【议论】

性命之辨,要在性命之定义。所以要定,是定义中能见君子与小人也。

小人但以五欲为人性,贪之而不知返,以五德为命数,或有或无而不以为然;君子则以五德为人性,求之而不知足,以五欲为命数,或有或无而不以为然。

14.25 浩生不害问曰:"乐正子,何人也?"

孟子曰:"**善人也,信人也。**"浩生,姓;不害,名,齐人也。○乐正子,孟子弟子。

"何谓善?何谓信?"

曰:"**可欲之谓善,**○可欲,可求当求也。欲,求也。**有诸己之谓信。**善,志仁无恶之谓善,信,诚善于身之谓信。**充实之谓美,充实而有光辉之谓大,大而化之之谓圣,圣而不可知之之谓神。乐正子,二之中,四之下也。**"○二,为善,为信。○中,在其中。○四,为美,为大,为圣,为神。○下,未及也。

【述要】

齐人浩生不害问说:"乐正子是何类人呢?"

孟子道:"是善人,是信人。"

浩生不害又问:"何谓善?何谓信?"

孟子道:"万物皆备于我,故凡饮食男女、财货名利、道德仁义种种皆为可欲,然饮食男女、财货名利皆身外之物,虽可欲而未必求之可得,但有命焉;而道德仁义本自我心,求之无不能应,无不能得,故唯此可欲可求,谓之善啊!道德仁义既本自我心,此有之于己,方谓真实可信啊!信之以力行,遂能充实此道德仁义,泽润身心而畅神,无不为美啊!待此道德仁义冲然盈积,英华俊发,则其周洽远近,施于人伦则美,用于事业则盛,终可使礼乐灿然,人性洁然有光辉,若能充实此光辉,岂不有天下之大啊!礼乐所及,光辉所照,虽天下之大,而民无不为化,化而无不成俗,大有为而无为,无为而无不为,举熙熙然同登于圣域啊!而其成圣之因和性天之众妙,又此圣域合性天之一旨,故为寻因则渺然不知其所始,欲为求迹亦浑然不知其所之,忽兮恍兮,复灿兮烂兮,神神其不可明状啊!乐正子,他之所欲是道德仁义,故为善人;他志于所欲,行而坚实,故为信人!然于为美、为大、为圣、为神,尚未逾迈啊!"

【议论】

善、信、美、大、圣、神,君子进德之次第,圣者成仁之总纲也。

14.26 孟子曰:"逃墨必归于杨,逃杨必归于儒。归,斯受之而已矣。○逃杨,前既已逃墨而归杨,则此"逃杨"是逃杨而不归于墨也。归斯受之者,悯其陷溺之久,而取其悔悟之新也。**今之与杨、墨辩者,如追放豚,既入其苙,又从而招之。"** 放豚,放逸之豕豚也。○豚,豕,猪也。苙,拦也。○招,手呼也;谓细心以顾,无使再失。

【述要】

孟子道:"墨子说兼爱而无亲亲之仁,杨子说为我而无爱人之仁,可见杨、墨两家之说互为正反,故逃离墨子之说必归于杨子之说,逃离杨子之说也必归于墨子之说;而要逃离杨子之说又不归于墨子之说,只有归于儒家之说,因儒家在杨、墨正反之间,取为中道。既然是归于儒家,那便接受之而已。今与杨、墨两家的辩论,如追丢失之豚,既已追回而入于栏圈,又从而仔细招呼之,照看之。"

【议论】

儒家允为中道,虽有范围,而稍失傲省,则出范围而沦为杨墨;若豚之于苙,稍失招呼,则放而难追也。故驳杨墨不易,而守中道亦难矣,唯当诫慎耳。

14.27 孟子曰:"有布缕之征,粟米之征,力役之征。君子用其一,缓其二。用其二而民有殍,用其三而父子离。"征赋之法,岁有常数,然布缕取之于夏,粟米取之于秋,力役取之于冬,当各以其时;若并取之,则民力有所不堪矣。○布缕,布匹、线缕。○征,征收税赋。○力役,劳役。

【述要】

孟子神色凝重道:"国有征收税赋之法有三项,夏有布缕之征,秋有粟米之征,冬有力役之征,征赋当各以其时。君子使用征赋之法,是用其中一项,而暂缓其他二项;若同时用其中二项,则民力有所不堪,而民有饿殍;若同时用其中三项,则民力耗竭,而父子离散,家室不完啊!"

【议论】

君子治政,必以征赋,君子爱民,必有用缓,稍有不忍者,则为虐政矣！在位君子，其权力之用能无慎乎？

14.28 孟子曰："诸侯之宝三：土地，人民，政事。宝珠玉者，殃必及身。"

【述要】
孟子劝诫道："诸侯之宝有三：土地、人民、政事。土地者，川林山泽之所在，百物以生，又有平畴广野，百谷所殖，土地有则人民有，物产以丰饶则人民以富足；人民者，为天之所生，生息繁衍而蔚为家国，熙熙和睦而兴有天下；政事者，君臣代天牧民，其责为崇高，其任为重大呀。不知三者为宝，徒知以珠玉为宝，如此为诸侯，灾殃必降及于身啊！"

【议论】
既不以土地、人民、政事为宝，则必失此三宝，为诸侯者失此三宝，灾殃莫大焉。

14.29 盆成括仕于齐。
孟子曰："死矣盆成括！"盆成括见杀。
门人问曰："夫子何以知其将见杀？"
曰："其为人也小有才，未闻君子之大道也，则足以杀其躯而已矣。" 盆成，姓；括，名也。○曾学于孟子，未成即去。

【述要】
盆成括入仕于齐国。
孟子闻知后道："必死无疑了，盆成括！"
后来盆成括被杀，孟子门人问说："夫子何以知其将被杀？"
孟子道："盆成括的为人，小有才能，可惜未闻君子之大道，行

卷十四 尽心章句下

不知道,则足以杀其躯而已了。"

【议论】

恃才者必欲显能而逞其才,若不知君子之道,不知谦柔相逊,不知修诚忠恕,恃才者必以自傲,自傲者无不攻人之恶也;若不知君子之道,不知本末所在,不知义利所以,恃才者必为妄作,妄作者多求己利而损义也;攻人之恶者,为恶也,求利损义者,亦为恶也,为恶之不止,岂免于死乎?不死亦为身败名裂也。

14.30 孟子之滕,馆于上宫。有业屦于牖上,馆人求之弗得。○馆人,掌管馆舍之人。馆,舍也。上宫,别宫名。○业屦,未织成之草鞋。

或问之曰:"若是乎从者之廋也?"
曰:"子以是为窃屦来与?"
曰:"殆非也。夫子之设科也,往者不追,来者不距。苟以是心至,斯受之而已矣。"廋,匿也。○是心,窃屦之心。

【述要】

孟子前往滕国,住宿于上宫,馆人将一双未织完的草鞋放置于窗牖之上,之后馆人寻求之而不得。

有弟子因此问孟子说:"从学于夫子者,也会是这样藏匿东西吗?"

孟子神情肃然道:"你以此便以为从学者是为学偷窃草鞋来的吗?"

问者闻之,敛容沉思,然后说:"应该不是。夫子教学,有设学为君子之科目,学者须当敬守之条规以待学者;于学者所定原则是,不追究其过往是否有过,但来者不拒。因此匿屦者若有窃屦之心也是过往有之,他既愿来学,当有向道之心,故夫子不追过往而受之了;且夫子相信匿屦者学习之后,也必有良心之发见,从而能改过其恶了。"

【议论】

问者已悟,虽往者不追,但来者可教。往者虽有窃屦之心,不碍其有向道之心,而所谓教学,固增益其善而去其恶也,斯为孟子坦然于良心,而能不追于往者也。一番问答之后,在匿屦者闻之,盖已有良心之发见也。

14.31 孟子曰:"人皆有所不忍,达之于其所忍,仁也;人皆有所不为,达之于其所为,义也。○不忍,即恻隐之心,为仁之端也。○不为,即羞恶之心,羞恶之心,为义之端也。**人能充无欲害人之心,而仁不可胜用也;人能充无穿窬之心,而义不可胜用也。**充,满也。穿,穿穴;窬,逾墙,皆为盗之事也。**人能充无受尔汝之实,无所往而不为义也。**○尔汝,被他人称尔、汝之类,而不称子、夫子、先生之类,可见我为他人所轻贱。**士未可以言而言,是以言餂之也;可以言而不言,是以不言餂之也,是皆穿窬之类也。"**餂,探取之也;今人以舌取物曰餂,即此意也。

【述要】

孟子开陈道:"人皆有同情他人的不忍之心,如能以此不忍之心,推而用之于他所忍心之处,即以不忍之心断其恶念,去其恶行,这样的不忍之心才是仁,否则此不忍之心,也只是仁之端,还未显用为仁。

人皆有不欲为恶的羞耻之心,如能以此羞耻之心,推而用之于他不知羞耻的所为,这样的羞耻之心便为义了,否则,此羞耻之心只是义之端,还未显用为义。

人能充实不愿害人的不忍之心,而仁便不可胜用了;人能充实不愿穿逾偷盗的羞耻之心,而义便不可胜用了。我若不为仁义,必为他人所轻贱,并以尔、汝这样轻蔑的称谓来称呼于我,若不愿受尔、汝这样的蔑称,唯有用心以行仁义之实,人若能充实此欲行仁义之实的用心,便无所往而不为仁义了。

诚然,仁义无时不能为之,而欲仁义之大有为于天下,则必得时君之资,当说君以王道;说君以王道,有可以言,有不可以言,明知不可以言王道于君而言,这是欲以言诱取名禄;明知可以言王道于君而不言,这是欲以不言诱取名禄;二者皆诚意不真,矫情作伪,不过是穿逾偷盗的货色罢了。可与不可,君子当知其时,见其机啊!"

【议论】

不忍之心,仁之端也,唯以不忍之心达之于其所忍,方为仁也。不为之心,义之端也,唯以不为之心达之于其所为,方为义也。

14.32 孟子曰:"言近而指远者,善言也;守约而施博者,善道也。君子之言也,不下带而道存焉。○约,存心唯道,不杂其余。有杂其余,则为繁也。○道,至理也。○不下带,古人视不下于带,则带之上乃目前常见至近之处也。古人视不下于带,则带之上,乃目前常见至近之处也。君子之守,修其身而天下平。人病舍其田而芸人之田,所求于人者重,而所以自任者轻。"○自任,以道为己任也。

【述要】

孟子陈议道:"言语能就近前之事而旨意深远者,这是善为言语;内心能循守至简至约而外施广博者,这是善为行道啊!君子善为言语,故君子之言,虽近于目前却有大道存焉;君子善为行道,故君子之守,虽为修其身,却能平天下。而人易犯的毛病却是,自舍其田而不耕,冀希耕芸他人之田以收获,这是所求于他人者重,而所以自任者轻啊。"

【议论】

近前之事，人人所见，而其中之道，唯君子见之，言近而旨远，所言易为人知，故君子善言善教也。心为守约，有其可守，故能守；心为思繁，无有可守，故不能守。心守约，则其心唯道，故能施博；心思繁，则其心多私，故为施薄。是故失其约，则其身不修，而无道自任也；既无自任，则芸人之田以求人，岂有所免之矣。

14.33 孟子曰："尧、舜，性者也；汤、武，反之也。○性者，无意行善而自善行之不止，即顺其性也。所以然者，是尧舜之性，得全于天，无所污坏，不假修为，圣之至也。○反之，行善之不止，而后有善行之自然，是返其性也。反，返也。汤武修为以复其性，而至于圣人也。**动容周旋中礼者，盛德之至也；哭死而哀，非为生者也；经德不回，非以干禄也；言语必信，非以正行也。**自然而中，而非有意于中也。经，常也。回，曲也。**君子行法，以俟命而已矣。"**○法，天理、性理、心理之当然，以道、德、仁、义、礼、智、信为法要。○俟命，但顺其性而不抗于命。○命者，情势之必然也。

【述要】

孟子开陈道："尧舜所为，莫不性天自发，性善自用，发而中节，用则至善，其始终不失善道，是全其天性啊！汤武知尧舜所为，学尧舜所为，渐而体尧舜之道，莫不欣然于心，悦然于民，知尧舜之道本人心乐处，而此乐处存于尧舜之心，存于我心，存于天下之心，此心何以有乐？是我性天本善啊！故为言为行莫不以此性善为出发，为依归，天下之事莫不以此性善为衡量，故我行王道，也是我返于性天之善啊！

君子如能效尧舜以顺性，或效汤武而反性，那他的举止仪容，周旋应对，无不体仁而和，雍闲中礼，而有盛德之至了；他为死者而哭以至哀痛，是出于仁心，不是为生者故作哀痛；他贞行道德而不邪曲，是出于义心，不是以干禄为目的；他言语必信，是出于信心，不是以正行为诱因；总之，君子顺性、反性，则仁、义、礼、信无不出其本心，流于自然，君子但行此自然流露之法，以俟命而已啊！"

【议论】

性者，人之所来，人之所用，人之所归也。

14.34 孟子曰："说大人，则藐之，勿视其巍巍然。赵氏曰：'大人，当时尊贵者也。藐，轻之也。巍巍，富贵高显之貌。藐焉而不畏之，则志意舒展，言语得尽也。'**堂高数仞，榱题数尺，我得志弗为也；食前方丈，侍妾数百人，我得志弗为也；般乐饮酒，驱骋田猎，后车千乘，我得志弗为也。在彼者，皆我所不为也；在我者，皆古之制也，吾何畏彼哉？"** ○榱，桷也。橡也。题，额也。榱题，屋檐也。食前方丈，馔食列于前者，方一丈也。○般，大也。○制，典章制度。○畏，心不足志。

【述要】

孟子毅然道："游说权贵大人时，则藐视之，而非视其魏魏然高显而心生怯意。权贵大人家中堂屋阶高数仞，榱檐橡头数尺，我若得志，不为之；权贵大人馔食列前，有一丈见方，侍妾数百人，我若得志，不为之；权贵大人大肆作乐饮酒，驱骋田猎，后车千乘，我若得志，不为之。在权贵大人心中所看中的，皆是我所鄙视不为的；而在我心中，皆为古圣人之制、古先王之法，我有何畏惧权贵大人呢！"

【议论】

私欲生则心不足志，心不足志，则心有畏惧也。君子良能自满,不为物役,但听命于圣人之言,何能折腰于权贵;而心有所畏,则志意不得舒,言语不得尽,又何能进说于大人。

14.35 孟子曰:"养心莫善于寡欲。其为人也寡欲,虽有不存焉者,寡矣;其为人也多欲,虽有存焉者,寡矣。"○心,本心也,其良善具足。○欲,或口鼻耳目四肢之欲,或名利之欲。○不存,本心良善有损。

【述要】

孟子开陈道:"养我本心而使良善无损,最善之法莫过于寡欲。为人寡欲,则心思清洁,虽有良善损于本心,也是少之又少。为人多欲,则心思混杂,虽有良善存于本心,亦少之又少了。"

【议论】

寡欲,非无欲,节欲也。君子有养生之需,不可无口鼻耳目四肢之欲,有于嗣之需,不可无男女之欲,有行道之需,不可无名利之欲,然唯于欲寡而有节,淡然无溺,方能于所需之外,无淫佚骄奢之失也。而何能寡欲?盖我本心自有良善,养此良善之心,则道之优游为大乐,非纵欲者所能知也。孔子所谓无欲则刚,盖亦此之谓也。

14.36 曾皙嗜羊枣,而曾子不忍食羊枣。○曾子,人名,曾皙子,名参。羊枣,实小黑而圆,又谓之羊矢枣。曾子以父嗜之,父殁之后,食必思亲,故不忍食也。

公孙丑问曰:"脍炙与羊枣孰美?"

孟子曰:"脍炙哉!"

公孙丑曰:"然则曾子何为食脍炙而不食羊枣?"

曰:"脍炙所同也,羊枣所独也。讳名不讳姓,姓所同

也，名所独也。"○脍，鱼、肉切片。○炙，烤肉。

【述要】

曾子父亲曾晳喜食羊枣，而曾子于父亲去世后，不忍食羊枣，以免思亲而伤心。

弟子公孙丑问说："脍炙与羊枣孰为美味？"

孟子道："当然是脍炙啦。"

公孙丑便又问说："曾晳不只是喜食羊枣，他也喜食脍炙呀，那么曾子为何选择食脍炙而不食羊枣呢？"

孟子道："脍炙是众人共同所喜食的，羊枣是曾晳独自所喜食的，共同喜食的，不易为人所察知，独自喜食的易为人所记起；比如通常说避讳，是讳名不讳姓，姓是大家所共同的，而名是一个人所独有的，要记起某人，是记其名，非记其姓，因此避讳是讳名不讳姓。"

【议论】

天性之善是人之共性，而不同之人又有具体之善，即个性，是所谓人人共性，其德各异也。故欲知人，但从其德，非从其性也。

14.37 万章问曰："孔子在陈曰：'盍归乎来！吾党之士狂简，进取，不忘其初。'孔子在陈，何思鲁之狂士？" 盍，何不也。○党，乡里。○士，谓留于鲁国之孔门弟子。狂简，谓志大而略于事。○狂，疏也。○简，慢也。进取，谓求望高远。不忘其初，谓不能改其旧也。

孟子曰："孔子'不得中道而与之，必也狂狷乎！狂者进取，狷者有所不为也'。孔子岂不欲中道哉？不可必得，故思其次也。" ○中道，中正之大道。不得中道有不遇明君之谓。○狷，同獧。孤洁独善。○狂，瞻望高远，志求兼济。○不为，不为恶俗，不求名利。

"敢问何如斯可谓狂矣？"

曰："如琴张、曾皙、牧皮者，孔子之所谓狂矣。"琴张，名牢，字子张。子桑户死，琴张临其丧而歌。事见庄子。虽未必尽然，要必有近似者。曾皙见前篇。季武子死，曾皙倚其门而歌，事见《檀弓》。又言志异乎三子者之撰，事见《论语》。牧皮，未详。

"何以谓之狂也？"

曰："其志嘐嘐然，曰'古之人，古之人'。夷考其行而不掩焉者也。嘐嘐，志大言大也。夷，平也。掩，覆也。狂者又不可得，欲得不屑不洁之士而与之，是獧也，是又其次也。狂，有志者也；獧，有守者也。屑，洁也。○不屑，虽好善而反性不足，故其善犹有所杂者，其人反省不足。○不洁，心性明洁不足者，其人志意低落。孔子曰：'过我门而不入我室，我不憾焉者，其惟乡原乎！乡原，德之贼也。'"

曰："何如斯可谓之乡原矣？"○乡原，即乡愿，谨愿也，谓乡里伪善欺世、好博名声者。乡愿者不知道，不学道，不行道。德之贼也，谨愿之人也。孔子以其似德而非德，故以为德之贼。过门不入而不憾者，以其不见亲就为幸，深恶而痛绝之也。

曰："'何以是嘐嘐也？言不顾行，行不顾言，则曰：古之人，古之人。行何为踽踽凉凉？生斯世也，为斯世也，善斯可矣。'阉然媚于世也者，是乡原也。"踽踽，独行不进之貌。凉凉，薄也，不见亲厚于人也。○踽踽凉凉，即不与人亲厚，落落寡合之貌。阉，如奄人之奄，闭藏之意也。媚，求悦于人也。

万子曰："一乡皆称原人焉，无所往而不为原人，孔子以为德之贼，何哉？"

曰："非之无举也，刺之无刺也，同乎流俗，合乎污世；居之似忠信，行之似廉洁；众皆悦之，自以为是，而不可与入尧、舜之道，故曰德之贼也。无举无刺，言乡愿之人，欲非之则无可举，欲刺之则无可刺也。流俗者，风俗颓靡，如水之下流，众莫不然也。污，浊也。孔子曰：'恶似而非者：恶莠，恐其乱苗也；恶佞，恐其乱义也；恶利口，恐其乱信也；恶郑声，恐其乱乐也；恶紫，恐其乱朱也；恶乡原，恐其乱德也。'**莠，似苗之草也。佞，虽有才智之称，其言却似义而非义也。利口，多言而不实者也。郑声，淫乐也。乐，正乐也。紫，间色。朱，正色也。乡原不狂不獧，人皆以为善，有似乎中道而实非也，故恐其乱德。**君子反经而已矣。经正，则庶民兴；庶民兴，斯无邪慝矣。"反，返也，复也。经，常也，万世不易之常道也。○反经，返于常道。兴，兴起于善也。邪慝，如乡原之属是也。经正则庶民兴，世衰道微，大经不正，故人人得为异说以济其私，而邪慝并起，不可胜正，君子于此，亦复其常道而已；常道既复，则民兴于善，而是非明白，无所回互，虽有邪慝，不足以惑之矣。

【述要】

弟子万章问说："孔子在陈时，曾道：'何不归回鲁国啊！我乡党中的众弟子已变得疏狂不拘，简慢失礼了，他们当思进取，不能忘其学道、进道、行道之初心啊！'孔子在陈，为何思鲁之狂士呢？"

孟子道："孔子周游列国，游说诸侯，终不得遇明君而与之共谋中正之大道；必退而求其次，归鲁国以再教其狂狷之徒，以振其精神，传其道法。狂者，但有进取之志，而无谋事之能；狷者，但能有所不为，而少进取之志。孔子岂不欲得明君以申其中正之道？不可必得，故思其次，退而教其子弟。"

万章又问："敢问什么样的人可谓狂呢？"

孟子道："如琴张、曾晳、牧皮三人，是孔子所谓的狂。"

又问："为何说他们狂呢？"

孟子道："他们之志高亢，落拓不羁，动则大言：'古之圣人如何如何！'考察他们平日言行，皆卓尔不群，故而能不为众人所掩没。奈何此等狂者又不可多得，但欲得自我反省暂且不足的不屑之徒、志意尚且低落的不洁之徒，而与之切磋学问精粹其道业，此等弟子虽不屑不洁，而尚能自守其身，不媚于世俗，以他们作为弟子，是又在其次了。而乡愿之徒则为孔子痛恨，他曾道：'过我门而不入我室,我不感到遗憾的,只有乡愿之辈吗?乡愿之辈,他们是德之贼啊!'"

又问:"如何才可称之为乡愿呢?"

孟子道:"乡愿者不知道为何物,圣人为何,君子为何,是以常常讥讽狂者说:'他们何以总是高调地大放厥辞,大言其志;你看他们言不能顾及其行,行不能顾及其言,言行如此不一,又一无成就可言,却动不动便说,古之圣人如何如何。'乡愿者讥讽狷者也有一番说词:'他们之行止,为何总是这般踽踽孤独、落落寡合的模样,生于斯世,为人于斯世,妥善安顿好此生便可以了。'他们掩没其良知,无问乎天下苍生,只知求媚于世俗,这是表面谨厚、实则庸碌无为的乡野中人。"

万章便再问说:"一乡皆称他为谨厚之人,所到之处而无不为人称为谨厚之人,孔子却以为此类人是德之贼,为何呢?"

孟子道:"非难他却不能举出他的不是,讽刺他似乎也无有可刺之处,他的言行混同乎下流之俗,迎合乎污浊之世,居之看似忠信,行之看似廉洁,众人皆悦之,他也自以为是,却无一言痛斥暴政,为民请命,无一行显其良心,堪为君子,全然不可与入尧、舜之道,此类之人反被称为有德之人,这不是'德之贼'吗?

孔子曾道:'憎恶那些似是而非者之所以憎恶稂莠之草,是恐其乱田中禾苗;之所以憎恶巧佞之人,是恐其乱是非之义;之所以憎恶利口之言,是恐其乱诚正之信;之所以憎恶淫俗之声,是恐其乱雅乐之音;之所以憎恶紫色之偏,是恐其乱朱色之正;之所以憎恶乡愿之徒,是恐其乱君子之德啊!'君子所为,返于经常之道而已;返于常道而正,则为政以德令,施教以仁义,而庶民莫不归于正道而兴善;一旦庶民兴善,知良知之好,天道之公,世间邪愿便无立锥之地了。"

【议论】

圣人岂不欲得明君以申其主张?而所游之处,似无人君欲行大中之道以兴王业；王业不兴，道其零落飘摇，悲凉之意不免，然圣人反而审详情势，笃定心志，不亦有鲁之狂士以待其教者乎？虽狂者难得，而狷者不乏，既有与之之徒，则我之道术可张皇于讲席，我之义辩可磅礴于问答，复与子弟辑理条绪，刊定文字，则道之有文以载，犹可传之于万世者也！孟子之欲效孔子，退而教授子弟，其志已明；而朝野间乡愿之众，焉能知圣人之志哉！又焉能阻圣人之行也哉！

14.38 孟子曰："**由尧舜至于汤，五百有余岁，若禹皋陶，则见而知之；若汤，则闻而知之。**○皋陶，舜之臣，掌刑狱。五百岁而圣人出，天道之常；然亦有迟速，不能正五百年，故言有余也。○见而知之，见其人知其道也。**由汤至于文王，五百有余岁，若伊尹、莱朱则见而知之；若文王，则闻而知之。**○伊尹，商汤之相。莱朱，汤贤臣。**由文王至于孔子，五百有余岁，若太公望、散宜生，则见而知之；若孔子，则闻而知之。**○太公望，即姜尚，文王国师，后辅武王伐纣。散，氏；宜生，名；文王贤臣也。○闻而知之，闻其人而知其道。子贡曰："文、武之道，未坠于地，在人。贤者识其大者，不贤者识其小者，莫不有文、武之道焉。夫子焉不学？"此所谓孔子闻而知之也。**由孔子而来至于今，百有余岁，去圣人之世，若此其未远也；近圣人之居，若此其甚也，然而无有乎尔，则亦无有乎尔？**"○居，邹鲁；孔子所居。○甚，甚近也。

【述要】

孟子大声道："由尧、舜至于汤王，有五百余岁；如尧舜的贤臣禹、皋陶，则亲见过尧舜而知尧舜仁善之实；如后来的汤王，则于尧、舜的仁善之实，只是闻而知之。由汤王至于文王，有五百余岁。如汤王的贤臣伊尹、莱朱，则亲见汤王而知汤王的仁善之实；如后来的文王，则于汤王的仁善之实，只是闻而知之。由文王至于孔子,有五百余岁。如文王的贤臣太公望、散宜生,则亲见文王而知文王仁善之实;如后来的孔子,则于文王的仁善之实,只是闻而知之。由孔子而来,至于今已有百余岁,我们离孔子所在之世,时间是如此之短而未长!我们去圣人所居之地,距离是如此之近而不远!然而见而知圣人之道者,却已经没有了!但闻而知圣人之道者,则也已经没有了吗?"

【议论】

则亦无有乎耳?岂不有后来如我者已闻而知圣人之道乎?孟子于己当然之许已在言外。尧、舜、禹、汤、文、武、周公、孔子,至于孟子,诸圣光辉朗耀,其道统序于斯,其教丕显在兹,后世欲续圣迹、继道统、光扬圣教者,莫不从于此也矣!

人其茫茫之众,而于家国之忧,忧深者唯是圣人,盖圣人深知家国之好,天下之美,唯在先王之道,唯在礼乐之运也。而今之情势,邪说流行,人心既坏,暴政横出,世道不堪;人心陷溺之不止,生民哀号之不绝,原野流血,尸骨填壑,仍不能阻诸侯之贪婪,暴君之刻忍,犹视圣人之道如寇仇,充其耳而不闻,堕其良知于泥涂之中,拒人良言于千里之外,侈靡纵性,荒怠灭裂以至于如此,瞢瞢盲盲之中,斯世独谁人与清?圣人于斯不可为之世,犹然言情恺切,声色俱厉。盖以圣道之隆,闻者岂无万一之传,后世岂无闻声愤起之士,则于圣道光弘之期,固已期期然勉乎圣人之言矣!

告 成

专诚素心,有意常伦,今述既成,敢告亚圣孟子明灵,其辞曰:

战国凶恶　天下无主　野有饿莩　路有死骨
哀乎社稷　痛乎群灵　何以解患　何以济民
当时诸侯　上下征利　故仁义衰　而王声熄
当时百家　相竞争理　致雅颂寝　而圣教微
独有斯人　于时悲悯　疾声仁义　欲君王省
残虐不止　桀纣已亡　德泽以施　尧舜恒昌
时之要务　唯立大体　众听既惑　辟邪是急
不悱不发　不愤不启　不争不鸣　不破不立
兼爱无差　是其无君　贵生为我　无父不伦
无为无欲　何以言命　服人以力　德之不允
义之在内　辨名何益　天时地利　人和为贵
野人之语　偏听之弊　纵横有术　无道之极
徒知劳力　不知劳心　诸般邪侈　造说无本
斯人挥斥　手中何御　原来神器　六艺是举
风雅之引　诗尽比兴　血无漂杵　书从义引
去留于君　礼无失和　不如众乐　乐之至德
圣之时也　易其了悟　是无义战　春秋然乎
斯人也哉　义已心裁　斯人也矣　道既承矣
善性之道　源直天理　良知之谓　恶能不弃

诸欲无常	仁义为性	动心忍性	增益不能
小人小体	大人大体	孝爱为大	故小天下
民之为贵	振聋发聩	天之有爵	富贵不屑
人皆尧舜	等其性分	尽心不慊	立命事天
五亩之宅	民可乐在	百亩之利	家有乐岁
庠序申义	风化成习	王风怡怡	国祚不匮
塞乎道义	斯人凛然	充乎正气	斯人浩然
天将大任	舍我其谁	虽千万人	吾往也矣
道之不坠	斯人大功	儒之规模	斯人已宏
列乎先圣	何遑多让	矩于后世	永为高尚
善也信也	美也大也	化而不知	圣也神也

（附：孟子诞辰为农历二月初二，忌日为冬至，二时均为祭祀、告成之时。）

后 记

　　之所以能述孟子,不能不提吾友孟斌孟令香兄也。令香兄与吾同庚,虽商界人才,乃儒家心肠。廿二年前吾随季谦先生推广儿童读经,令香兄即全程出资出力以支持。之后吾于海上立私塾"知春草堂",亦因令香兄之故,得以将私塾改名为孟母堂,遂而广交于孟氏宗亲。2004年与之同往邹城祭孟,平生首次入孟庙,见圣人庙貌千秋,为万世景仰,忽觉人之生也竟有如此神圣而光辉者,不禁动心;后又二度前往河北正定文庙祭孔,虽不敢言因此立志为贤圣,然贤圣之高尚为人生之追求已无疑。与令香兄,与诸孟氏宗亲之谊,虽历风雨而弥新,此焉能无助乎传述?

　　此书之述,多有切磋于同道季惟斋、梁涛、杨海文、陈荦仁(煜峰)、张连山(真)、方宇诸兄,又有内人吕丽委予以整理,友人邱伟治兄予以编排校对,在此一并谢之以万分之诚也!

2020年12月6日
周应之于海上孟母国际

感 谢

助印　孟　斌（中国博鳌儒商论坛发起人、副理事长）
　　　孟圣喜（浙江省孟子文化促进会会长）
　　　孟宪立（天津市孟子文化促进会会长）
　　　孟　涛（邹城儒商商会会长）
　　　孟德志（武夷山孟丘生态茶业董事长）

图书在版编目（CIP）数据

孟子述要 / 周应之传述. -- 北京：华文出版社，2021.5
ISBN 978-7-5075-5074-0

Ⅰ. ①孟… Ⅱ. ①周… Ⅲ. ①儒家②孟子－研究 Ⅳ. ①B222.55

中国版本图书馆CIP数据核字（2021）第085348号

孟子述要

作　　者：	周应之
出版统筹：	吕丽委
责任编辑：	南　洋
出版发行：	华文出版社
地　　址：	北京市西城区广外大街305号8区2号楼
邮政编码：	100055
网　　址：	http://www.hwcbs.com.cn
电　　话：	责任编辑 010-63427615　发行部 010-58336267
	总编室 010-58336239
经　　销：	新华书店
印　　刷：	三河市航远印刷有限公司
开　　本：	880×1230　1/32
印　　张：	12.5
字　　数：	322千字
版　　次：	2021年5月第1版
印　　次：	2021年5月第1次印刷
标准书号：	ISBN 978-7-5075-5074-0
定　　价：	58.00元

版权所有，侵权必究